DIE KÜCHE

TIM MÄLZER

mosaik

DIE KÜCHE

TIM MÄLZER

mosaik

INHALT

VORWORT

Ich und die Küche – das war eine Zufallsliebe. Eigentlich wollte ich gar kein Koch werden. Mit 21 Jahren waren meine Ideen für die Zukunft noch ziemlich vage. Ich hatte gerade den Zivildienst im Krankenhaus hinter mir und ein bisschen in der Gastronomie gejobbt. Meinem Berufsberater sagte ich also ziemlich selbstbewusst, ich könne mir eine Karriere als Hoteldirektor vorstellen. Weil das nicht ohne Kochausbildung ging, begann ich als Azubi in der Hotelküche des Hamburger Interconti.

Die Küche und ich – das hat sofort gepasst. Ich mochte die Teamarbeit. Ich mochte die Uniform. Ich mochte die Messer, das ganze Drumherum, das direkte Feedback zu unseren Kreationen. In den ersten Jahren verantwortete ich zwar nur Schnippelarbeiten und Wurstplatten, fühlte mich aber von Anfang an als richtiger Koch, selbst wenn das nicht alle so sahen. In der Küche fiel es mir immer leicht, gute Arbeit zu leisten. Deshalb wurde ich relativ schnell souverän und hatte nie Angst vor Fehlern.

Meine Sicherheit, meine Koordination, meine ganze handwerkliche Basis verdanke ich meinem ersten Lehrherrn, dem mittlerweile leider verstorbenen Helmut Helwig. Er brachte mir bei, mich zu strukturieren, Mengen zu bewältigen, mit Stress umzugehen. Von seiner Ausbildung zehre ich bis heute und folge in den Grundtechniken immer noch seinem Weg. Nicht zuletzt lernte ich bei ihm das Lernen und wie man sich den Dingen immer wieder neu widmet.

Mit der ganz großen Leidenschaft fürs Kochen, insbesondere für die italienische Küche, hat mich Gennaro Contaldo angesteckt: Seine emotionale, intuitive, oft auch impulsive Art, die Küche mit Leben zu füllen, macht für mich den Unterschied zwischen Qualifikation und Berufung. Sein Satz »Jetzt bist du einer von uns« war mein persönlicher Ritterschlag.

Ein weiteres großes Vorbild ist der New Yorker Starkoch Jean-Georges Vongerichten, für mich einer der begnadetsten Köche und Unternehmer überhaupt. Solche Authentizität, kulinarische Mischung und persönliche Handschrift, wie ich sie in der Küche seines Londoner Restaurants kennenlernen durfte, waren mir bis dahin noch nirgendwo begegnet. Seine Art und Weise, eine Küche zu strukturieren, zu führen, das Kochen zu leben und zu lehren, ist bis heute auch meine. Vongerichten war es aber auch, dessen Arbeit mir meine Grenzen aufzeigte. Von ihm lernte ich Demut vor dem Originalgericht. Obwohl ich mit ihm zusammengearbeitet habe, seine Rezepte besitze, dieselben Produkte benutze und die Routinen kenne, werden sich meine adaptierten Gerichte niemals mit seinen Originalen messen können. Die perfekte Süße-Säure-Harmonie, die aromatische Tiefe und Konsistenz, zum Beispiel seiner Hummergratiniersauce oder seiner Ceviche, sind für mich ein Buch mit sieben Siegeln geblieben.

An einem gewissen Punkt musste ich erkennen, dass es in dieser Richtung für mich nicht mehr weiterging. Ich wollte keine Taschenspielertricks, keine winzigen Portionen wie in der Nouvelle Cuisine, keine zweifelhaften Kombinationen wie in der »Crossover-Küche«, kein hoch aufgetürmtes Essen mit frittiertem Topping, keine wilden Muster aus Saucen, Vinaigretten und Dressings auf den Tellern. Keine Ablenkung mehr, nur noch das Wesentliche. Denn: Über das Anrichten haben einige das Kochen und die Produkte vergessen. Spätestens wenn die Effekthascherei verschwindet, trennt sich die Spreu vom Weizen.

>DIE KÜCHE< IST MEIN ERSTES BEST-OF-ALBUM UNPLUGGED, ES IST MEIN BISHER PERSÖNLICHSTES KOCHBUCH.

Dann zeigt sich, wer es wirklich kann und wer nur so tut. Ich wollte immer zu denen gehören, die es wirklich können. Nicht nur, weil ich mein Handwerk auf eine bestimmte Weise gelernt habe – ich wollte, dass das Kochen aus meinem Inneren kommt, dass es ein Teil meiner Persönlichkeit ist und nicht nur ein Mittel, um irgendein Rezept passabel zu imitieren. Also fragte ich mich: Für welche Gerichte stehe ich? Was will ich ausdrücken? Und was braucht es, damit ich aus voller Überzeugung von ihnen sagen kann: Das ist nicht nur lecker, sondern ein sehr gutes, echtes Original?

Viele Menschen halten das Kochen für eine hochkomplexe und vielschichtige Angelegenheit – ich bin dagegen zu der Überzeugung gekommen, dass es nicht kompliziert sein muss. Im Kern geht es nur darum, für sich den Sinn eines Gerichts herauszufinden und es zu verstehen, um es kochen zu können. Hat man zum Beispiel einmal begriffen, wie das Schmoren funktioniert, gelingt mit ein wenig Erfahrung jedes Schmorgericht, ob Roulade, Gulasch, Bœuf Bourguignon, Osso Buco oder Massaman Curry. Denn die Technik folgt immer demselben Prinzip.

Aus Erfahrung weiß ich: Viele Menschen tun sich schwer damit, frei zu kochen. Sie klammern sich sklavisch an Rezepte, aus Angst, eine Suppe zu versalzen oder davor, dass das Steak zu trocken geraten könnte. Genau diese Angst möchte ich meinen Lesern nehmen. Es gibt kein Gesetz, das zum Schweinebraten Rotkohl und Knödel vorschreibt. Also entspannen wir uns! Ich finde, ein perfekter Schweinebraten braucht nichts weiter und passt zu allem. Viel mehr als die Beilagen interessiert mich doch die herrlich fluffige und knusprig dünne Kruste. Wegen ihr esse ich das Gericht, darin liegt für mich sein wahrer Charakter.

Oder das Senfei, das wir in der Bullerei, meinem Restaurant in Hamburg, anbieten: ein pochiertes Ei mit Blattspinat und einer normalen, aber sehr gut gemachten Senfsauce, mit Understatement in einer Konservendose serviert. Früher hätte ich versucht, das Senfei schicker zu machen, hätte die Senfsauce aufgeschäumt, das Kartoffelpüree in Locken gespritzt, den Spinat püriert und pünktchenweise angerichtet. Heute will ich aber niemanden mehr mit einem schicken Senfei beeindrucken. Ich will die Leute emotional berühren, etwas bei ihnen auslösen. Dazu braucht es kein aufwendiges Anrichten, sondern nur ein wirklich gut gemachtes, ehrliches Senfei!

Für dieses Buch habe ich wieder an der Basis angefangen, um die Essenz zu vermitteln, die das Wesen meiner Küche ausmacht. Für sie stehe ich, so sehe ich Kochen. Damit möchte ich Ihnen, liebe Leser, das Leben in der Küche so einfach wie möglich machen. Ich möchte Ihnen die Grundlagen des guten und erfolgreichen Kochens erklären, Ihnen das Handwerkszeug dazu vermitteln und eine grobe Richtung vorgeben, damit Ihnen am Ende jedes Gericht mit Sicherheit gelingt.

Wenn Sie in der Küche noch unsicher sind oder in der Flut von Informationen Orientierung suchen, hoffe ich, Ihnen mit diesem Buch ein sicheres Fundament zu geben. Dafür habe ich mich immer wieder überprüft, in meinen Augen Überflüssiges abgelegt und das Nützlichste von dem eingebracht, was ich in 20 Jahren als Koch gelernt habe.

DIE KÜCHE ist meine konsequente Reduktion auf das Wesentliche. Es ist mein erstes Best-of-Album unplugged, es ist mein bisher persönlichstes Kochbuch.

MEINE KÜCHE

Der persönliche Stil eines Kochs, egal ob Profi oder Amateur, steht niemals fest, er entwickelt sich immer weiter. Die Idee von Kochen und Essen, das Empfinden, was lecker ist und was nicht, die Assoziationen, die ein bestimmter Geschmack oder die Haptik eines bestimmten Produkts auslöst, all das verändert sich bei uns allen ständig.

Für mich ist diese Entwicklung eines eigenen Stils das eigentliche Ziel des Kochens – dass jeder seine ganz individuelle Kochintuition entdeckt, sich auf sie einlässt, sie immer weiter schärft.

Ich möchte mit diesem Buch niemandem meinen Geschmack aufzwingen. Im Gegenteil: Ich möchte das Handwerkszeug liefern, mit dem jeder Leser dieses Buches seine eigene Geschmacks- und Erfahrungswelt aufbauen kann. ▶

Ich brauche keine komplizierten Gerichte, mir genügt es, die Hauptsache richtig gut hinzukriegen – egal, ob die aus einer geschmorten Paprikaschote oder einem Rib-Eye-Steak besteht.

▶ In DIE KÜCHE finden sich eine ganze Reihe von Erklärkapiteln zu Zutaten (etwa Gemüse, Fleisch, Fisch, Eier oder Milch) und Techniken des Kochens (etwa Schmoren, Kurzbraten, Kochen und Garziehen oder Frittieren).

Diese Techniken sind wichtig, sie sind aber nicht kompliziert. Wer sich ein paarmal an ihnen versucht hat, beherrscht sie auch. Wer alle Rezepte in diesem Buch in einem Rutsch durchliest, wird außerdem feststellen, dass sich die Techniken ständig wiederholen: Ein Schmorgericht besteht immer aus Anrösten, Ablöschen, Reduzieren und eventuell noch aus dem Anbinden der Flüssigkeit. Deswegen hat eben, wer das einmal kapiert hat, nie wieder Probleme damit. Erst die Leidenschaft für bestimmte Produkte und Techniken und die bewusste Entscheidung, sie auf bestimmte Weise miteinander zu kombinieren, machen das Kochen zu einem besonderen, individuellen und einzigartigen Vorgang.

Alle Rezepte in diesem Buch sind Alltagsrezepte. Sie sind schlicht und schnörkellos, auf Beilagen habe ich weitgehend verzichtet. Die Rezepte konzentrieren sich aufs Wesentliche und sind so konstruiert, dass man, wenn man sich strikt an sie hält, immer ein sehr gutes Ergebnis erzielen wird.

Das entspricht zum einen meinem aktuellen, ganz persönlichen »Entwicklungsstand« als Koch. Es geht mir wie gesagt schon länger nicht mehr darum, spektakulär zu kochen oder um jeden Preis kreativ zu sein. Ich brauche keine komplizierten Gerichte, mir genügt es, die Hauptsache richtig gut hinzukriegen – egal, ob die aus einer geschmorten Paprikaschote oder einem Rib-Eye-Steak besteht. Der Mozzarella mit Sauerampfer-Joghurt *(S. 382)*, der Skrei in Gurken-Butter-Sauce *(S. 320)* oder die Tagliarini Aglio Olio *(S. 364)* werden für mich gerade durch ihre Schlichtheit zu ganz besonderen, charakterstarken Gerichten.

Zum anderen kann man aber auch jederzeit links oder rechts von meinen Rezepten abweichen, das soll man sogar. Sie bieten bewusst Raum für eigene Akzente und Interpretationen. Ich weiß oft selbst unmittelbar vor dem Kochen noch nicht, was am Ende herauskommen wird.

In der Regel kaufe ich meine Lebensmittel auf dem Markt. Ich schaue in die Auslagen und lasse mich begeistern. Wenn ich einen frischen Spinat entdecke, bekomme ich meistens sofort Lust und Appetit auf ihn, dann packe ich ihn ein und bereite ihn zu Hause gleich zu. Das führt dazu, dass ich mir zwangsläufig immer wieder neue Kombinationen und Zubereitungen ausdenken muss.

Und so sind auch alle Rezepte in diesem Buch beim Kochen selbst entstanden. Ich wusste zwar ungefähr, in welche Richtung ich jeweils gehen wollte, hatte vorher natürlich auch eine Menge frischer Zutaten besorgt – was genau am Ende aber im Rezept stehen würde, das entschied sich fast immer erst im Topf, in der Pfanne oder im Ofen. Wenn sich diese Lust am Ausprobieren und Entdecken auf meine Leser überträgt, habe ich mit diesem Buch alles richtig gemacht.

VORRAT

Nur ein paar Zutaten habe ich immer auf Vorrat in der Küche, sie gehören zum absoluten Grundstock, auf den ich nicht verzichten kann.

Olivenöl zum Beispiel muss bei mir für fast alles herhalten, auch fürs Anbraten. Neutrales Öl habe ich meistens auch in der Schublade, das benutze ich aber eigentlich nur zum Frittieren. Bestimmte Würzöle (Haselnuss, Walnuss, Sesam) sind toll, zum Beispiel für Salatsaucen, die kaufe ich aber nur in sehr kleinen Flaschen, sonst werden sie schlecht.

Eine perfekte Einrichtung ist die Kartoffelkiste, auf die schwöre ich schon seit einer ganzen Weile. In ihr liegen bei mir immer **Zwiebeln, Knoblauch** und **Kartoffeln.** Wenn ein Vorrat zur Neige geht, kaufe ich nach.

Im Kühlschrank habe ich meistens **Speck, Butter, Tomaten** und **Milch** vorrätig, in der Speisekammer **Pasta** und **Reis,** und das war's dann auch schon – fast zumindest, nur zum Würzen habe ich noch ein paar spezielle Zutaten auf Lager. Um zu erklären, welche das sind und warum ich gerade sie benutze, muss ich ein bisschen ausholen.

WÜRZEN

Kochen bedeutet für mich, Gerichte lecker zu machen. Nicht exotisch, nicht super kreativ, sondern lecker. Deshalb verwende ich bestimmte Lebensmittel lieber als andere, und deshalb würze ich diese Lebensmittel in der Regel. Dabei trenne ich grundsätzlich zwei Würztechniken voneinander.

Erster Schritt: das Produkt geschmacklich vollenden

Im ersten Schritt geht es beim Würzen gar nicht darum, einem Gericht ein bestimmtes, gar dominantes Aroma zu verleihen, sondern darum, den Geschmack einer Zutat zu möglichst voller Geltung gelangen zu lassen. Darum, den individuellen Charakter einer Tomate, eines Pilzes oder auch eines durchwachsenen Stücks Schweinefleisch herauszuarbeiten und abzurunden.

Dieser Charakter eines Lebensmittels besteht logischerweise immer aus den Geschmackskomponenten, die unsere Zunge und unser Gaumen wahrnehmen können: aus süß, sauer, bitter, salzig und umami. Auch scharf gehört in der Küche zur Geschmackswelt, obwohl es sich bei Schärfe wissenschaftlich gesehen um einen Schmerzreiz handelt.

Nehmen wir zum Beispiel eine Tomate: Die kommt, wurde sie vollreif geerntet, auf eine wunderbare Mischung aus süß und sauer – jeder, der schon einmal in eine tiefrote, duftende, prall-fleischige Tomate gebissen hat, kennt diesen Geschmack. Nur: So eine tolle Tomate bekomme ich nicht immer, und deshalb muss ich als Koch mitunter nachhelfen. Indem ich mit einem Spritzer Zitrone Säure hinzufüge oder durch einen Hauch Zucker Süße ergänze. ▶

Zunächst geht es beim Würzen darum, den Geschmack einer Zutat zu möglichst voller Geltung gelangen zu lassen. Indem ich mit Zitronensaft Säure hinzufüge oder durch einen Hauch Zucker Süße ergänze.

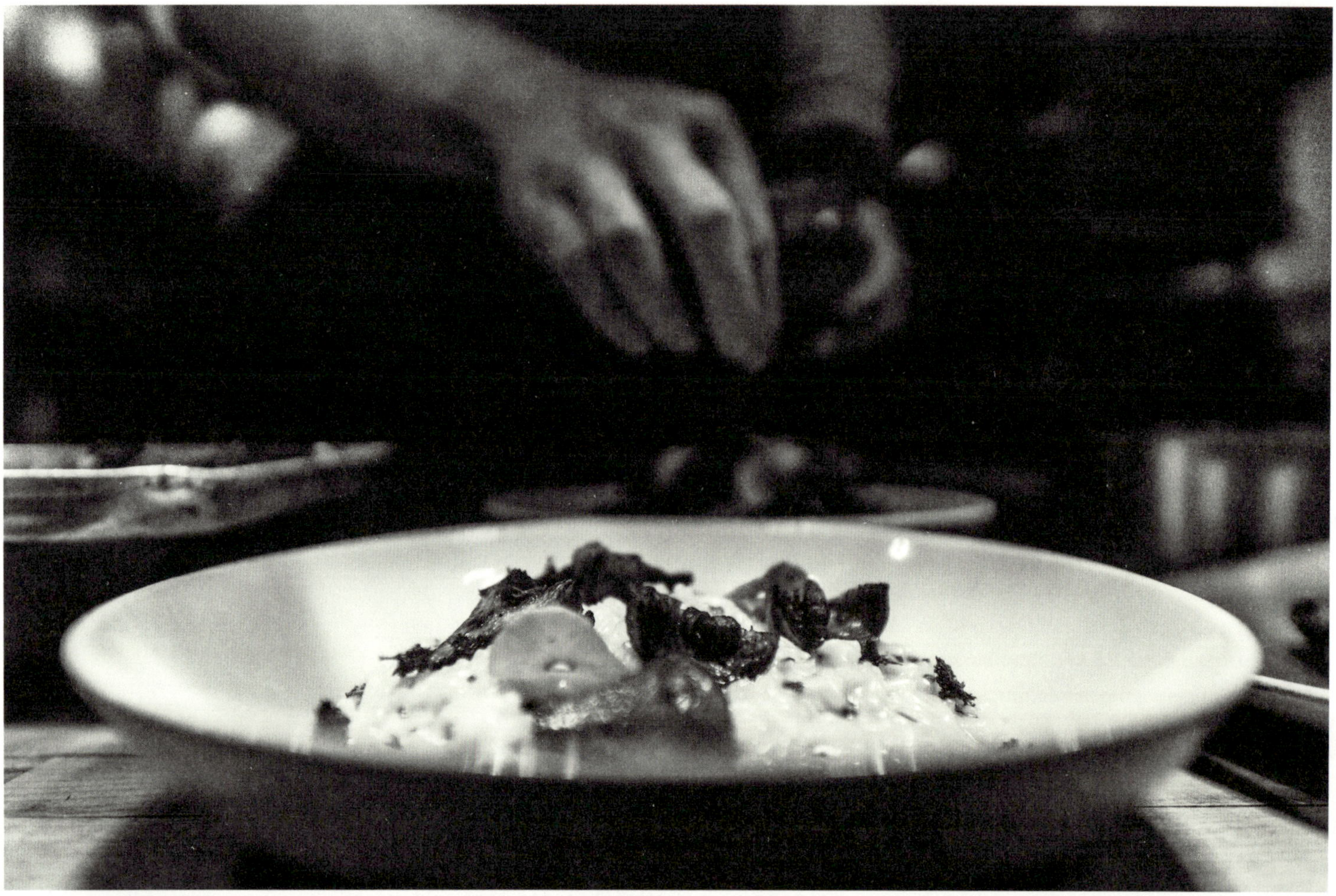

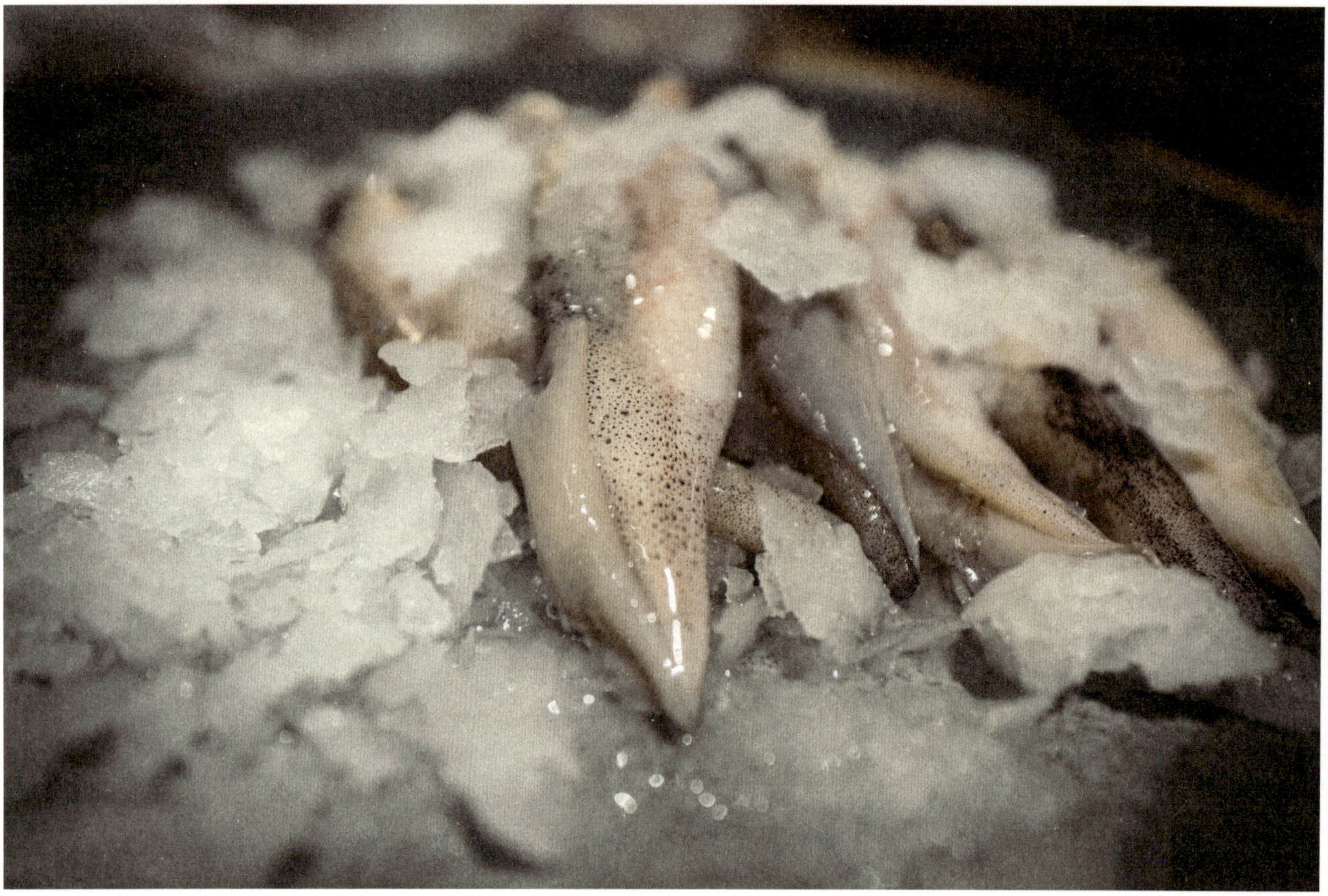

Süße, Säure, Schärfe, Salzigkeit und Umami-Geschmack definieren den Körper eines Gerichts. Den kann man beim Würzen nach Belieben ausbauen und in die eine oder andere Richtung gewichten.

▶ Wie dieses Abrunden funktioniert, kann jeder einfach nachvollziehen: Schneiden Sie eine Tomate in Scheiben und essen Sie die erste Scheibe pur, zum Probieren. Auf die nächste Scheibe kommt ein wenig Salz, auf die folgende Salz und Zucker, auf die letzte Scheibe dann Salz, Zucker und Zitrone – und spätestens bei der gehen Sie geschmacklich durch die Decke, versprochen.

Genauso funktioniert das im Prinzip mit jeder Geschmacksrichtung:

+ **Süße** verleiht Gerichten eine ganz besondere Tiefe, möchte man die ausbauen, gibt man zum Beispiel Zucker in die Tomaten- oder Honig in die Salatsauce. Andere Produkte entwickeln aus sich heraus natürlichen Zucker, wenn man sie richtig behandelt, etwa eine Karotte, die man in der Pfanne langsam anschwitzt.

+ **Säure** ist meist im Spiel, wenn wir ein Lebensmittel als besonders »frisch« empfinden, etwa bei vielen Gemüsesorten oder in Salat. Sie lässt sich mit Zitronensaft, Weißweinessig oder Rotweinessig herausarbeiten.

+ **Schärfe** steckt in ätherischen Ölen, etwa von Gewürzen (Pfeffer, Chili), Wurzeln (Rettich) oder Knollen (Meerrettich, Wasabi, Ingwer). Ich setze kräftige Scharfmacher wie Cayennepfeffer oder Chiliflocken fast bei jedem Gericht, dafür aber meist in sehr geringen Dosen ein. Ich will die Schärfe nämlich nicht in den Vordergrund stellen – sie soll nur die Geschmacksknospen im Mund stimulieren. Das funktioniert wie bei einem Massageöl auf Mentholbasis. In hoher Konzentration würde das ganz schrecklich in den Augen brennen, auf dem Körper verteilt aber aktiviert es die Durchblutung der Haut und macht sie so empfindsamer.

+ **Salz** verstärkt den natürlichen Charakter herzhafter Lebensmittel. Das klappt mit Kochsalz, Meersalz, Anchovis bzw. Sardellen.

+ Eng verwandt damit ist der **Umami-Geschmack**. Er lässt den herzhaften Charakter von Lebensmitteln noch intensiver wirken. Nach diesem Prinzip funktionieren alle industriellen Geschmacksverstärker wie Maggipulver oder gekörnte Brühe. Natürliche Umami-Aromen schmecken eleganter und nicht so unangenehm künstlich, etwa wenn man **Parmesankäse** fein über Kartoffelbrei oder generell über Gemüsepürees reibt. Auch Salaten, Pasta oder Reis verpasst die herzhafte Salzigkeit von Parmesan den letzten Dreh. Häufig verwende ich auch Anchovis, die kitzeln ebenfalls bestimmte Geschmacksebenen auf der Zunge. In der Kombination mit Knoblauch und Kräutern geben sie zum Beispiel einer Tomatensauce zusätzliche aromatische Tiefe. Setzt man auf die richtige Dosis, klappt das sogar ganz ohne penetranten Fischgeschmack.

Zweiter Schritt: Gewürze öffnen Welten

Erst im zweiten Schritt geht es mir darum, den Charakter eines Gerichts zu formen. In dieser Hinsicht kann man Würzen ganz gut mit Schminken vergleichen. Da legt man ja auch zunächst eine Grundierung und erst im zweiten Schritt Farben und Konturen so darüber, dass der Betrachter sie auch als solche wahrnehmen kann. Außerdem schminkt sich jede Frau anders – ihrem persönlichen Geschmack entsprechend.

Würzen heißt aber auch in diesem zweiten Fall nicht, ein Gericht mit Aromen zu erschlagen. Im Gegenteil: Schon mit wenigen, dezenten Nuancen lässt sich die Wahrnehmung eines Gerichts komplett ins Gegenteil kehren.

Nehmen wir einen Schmorbraten. Der ist in der deutschen Küche unumstößlich mit den Assoziationen »warm« und »winterlich« verbunden. Das ist aber kein Naturgesetz, sondern liegt an den Gewürzen, mit denen man ihn klassischerweise zubereitet: an Lorbeer, Wacholder und Koriander – an Sternanis, Zimt und Piment. Für mich geht das in dieselbe Geschmackswelt wie dunkle Eiscremesorten, Nuss zum Beispiel, oder Zartbitterschokolade.

Ich kann ein Schmorgericht aber auch so sommerlich leicht und frisch kochen, dass niemand auf den Gedanken käme, es je wieder im Winter zu essen. Indem ich an eine Ente aus dem Ofen Pfirsich und ein wenig Basilikum gebe. Da habe ich dann im Grunde nur den Rotkohl ausgetauscht, trotzdem bin ich in einer ganz anderen Aromawelt gelandet: Auf einmal schmeckt der Entenbraten herrlich süßlich, frisch, durch das Basilikum leicht und feminin, der Pfirsich verleiht ihm eine Assoziation, die Richtung Sommer geht. Und schon habe ich den Entenbraten aus dem Winter auf die sonnige Terrasse geholt – daneben steht jetzt auch kein Nusseis mehr, sondern ein Himbeersorbet oder ein Zitronenparfait.

Das lässt sich beliebig fortsetzen: Gebe ich an eine Rouladensauce sonnengetrocknete Tomaten, ein wenig Rosmarin und vielleicht noch eine Löffelspitze Kapern und serviere ich dazu keine Salzkartoffeln, sondern einen grünen Salat und Polenta mit etwas Parmesan drüber, stehe ich geschmacklich mitten in Italien. Mit braunem Sesamöl, Koriander, einem Hauch Ingwer und schwarzem, fermentiertem Knoblauch wiederum lande ich irgendwo in Asien.

Die Basis für diese geschmackliche Flexibilität ist und bleibt aber die Grundwürze, die Vollmundigkeit. Denn jedes Gericht braucht zunächst eine tolle Präsenz, dann kann man es in jede beliebige Richtung drehen – ganz, wie die eigene Intuition und der persönliche Geschmack sich das wünschen.

Behutsam, aber bestimmt würzen

Würzen ist ein Herantasten an den idealen Geschmack. Man muss Salz, Pfeffer, Zucker, Säure oder Kräuter deshalb immer Schritt für Schritt ins Essen geben – eben bis zu jenem Punkt, an dem der eigene Geschmack sagt: Jetzt ist es genau richtig.

Das Problem: Meiner Erfahrung nach trauen sich viele Hobbyköche nicht weit genug an diesen Punkt heran. Sie halten sich entweder zu strikt an Rezeptvorgaben oder haben Angst, es mit der Würze zu übertreiben. Klar, irgendwann ist jede Suppe versalzen, und mit zu viel Zucker wird meine Tomatensauce nicht aromatischer, sondern schmeckt unnatürlich pappig. Zudem nehme ich als 45-jähriger Mann, Kaffeetrinker und Exraucher die Konzentration von Salz anders wahr, als ein junges Mädchen oder eine alte Frau es tut. Und die meisten Asiaten schmecken Schärfe ganz anders als Mitteleuropäer. ▶

Man kann auch ein Schmorgericht so sommerlich leicht und frisch kochen, dass niemand auf den Gedanken käme, es je wieder im Winter zu essen. Indem man an eine Ente aus dem Ofen zum Beispiel Pfirsich und ein wenig Basilikum gibt.

▶ Das alles ändert aber nichts daran, dass es für jeden Geschmack einen perfekten Punkt von Würzgkeit gibt – und den muss jeder für sich selbst herausarbeiten. Dafür sollte man es ruhig ein-, zwei- oder sogar dreimal übertreiben. Nur so nämlich kann man später wieder einen Schritt zurückgehen – und landet irgendwann fast automatisch bei der größtmöglichen Aromentiefe.

Und noch ein ganz praktischer Tipp: Die Aromen von ganzen Gewürzen, also zum Beispiel von Kümmel, Senfkörnern, Fenchel und Koriander, entwickeln sich besonders gut, wenn man sie kurz in der heißen, ungefetteten Pfanne röstet, bevor man sie ins Gericht gibt. Das klappt auch hervorragend bei Pfeffer. Geht es einem bei dem jedoch um seine frische mediterrane Note, sollte man ihn direkt über das Gericht mahlen, zum Beispiel über Pasta oder Salat.

Kochsalz oder Meersalz?

Um einem Gericht Grundwürze und Tiefe zu verleihen, verwende ich immer Kochsalz. Das löst sich in der Flüssigkeit auf und wirkt wie eine Art Lack, der alle Elemente eines Gerichts ummantelt. Manchmal geht es mir aber darum, eine einheitliche, gleichförmige Salzigkeit zu vermeiden und stattdessen unterschiedliche Konsistenzen und Aromen in einem Gericht nebeneinander anzurichten. Das wiederum funktioniert mit Meersalz besonders gut. Verstreut man dessen grobe Salzkörner über kurzgebratenem Fleisch, Gemüse oder feinem Püree, bleiben diese nämlich in ihrer Konsistenz bestehen. Beißt man dann etwa auf ein Stück Steak, schmeckt man im einen Moment den reinen Fleischgeschmack – also vor allem Eisen- und Röstaromen –, und in der nächsten Sekunde hat man ein Stück Meersalz zwischen den Zähnen. Ich liebe dieses Hin und Her, es ist wie eine aufregende Berg- und Talfahrt. Denselben Effekt erzielt man übrigens, wenn man Parmesan grob über Steckrübenmus hobelt (zumindest, wenn man das Mus sofort serviert), oder wenn man grob gehackte Anchovis unregelmäßig auf der kross gerösteten Haut einer Paprika verteilt. Für mich ist das wie ein »Geschmacksorchester«: Man schmeckt die Aromen zwar irgendwie alle zusammen, die Komponenten lassen sich aber noch einzeln identifizieren – wie man ja auch die Instrumente im Orchester voneinander unterscheiden kann.

Anrichten

Der Teller ist die Leinwand fürs Essen. Er bringt die unterschiedlichen Farben, Strukturen und Kontraste der Lebensmittel zur Geltung und setzt sie in Szene. Ein schlichter weißer Porzellanteller ist ein echtes optisches Geschenk und eine lohnende Investition – einen Strauß Tulpen stellt schließlich auch niemand in den Putzeimer.

Aber auch auf einem weniger schönen Teller kann man Essen besonders lecker aussehen lassen. Hier ein paar Anregungen:

+ Zwei Zentimeter Abstand zum Tellerrand lockern ein Gericht optisch auf und lenken den Blick aufs Wesentliche. Ich versuche außerdem immer, den Lebensmitteln nebeneinander ausreichend Raum zu lassen.

Verteilt man Salz oder Gewürze grob über einem Stück Fleisch oder Gemüse, erhält man eine Art »Geschmacksorchester«: Man schmeckt die Aromen zwar irgendwie alle zusammen, die Komponenten lassen sich aber noch einzeln identifizieren.

+ Man sollte **mit dem Herzstück eines Gerichts beginnen und es in der Mitte des Tellers anrichten.** Drum herum arrangiert man dann die anderen Komponenten, etwa Beilagen oder Sauce. Dabei sollte man den natürlichen Formen und Farben der Produkte folgen – das kriegt man hin, wenn man es ein paarmal probiert hat.

+ Wer 34 Zutaten miteinander kombinieren möchte, verliert meist die gestalterische Linie, oder andersrum: **Schlicht wirkt immer besser als opulent.** Maler verwenden auch selten alle Farben gleichzeitig.

+ Nicht nur auf der Leinwand, sondern auch auf dem Teller lassen sich **farbliche Kontraste herausarbeiten:** Eine geröstete Paprika, die an manchen Stellen rot glänzt und an anderen in der Pfanne tiefschwarz gebrannt wurde, wirkt für sich allein. Einer gelben Kartoffel oder einem weißen Spargel hingegen tut etwas Grün immer gut.

+ Man kann ein Gericht auch **konsequent in einer Farbwelt halten:** Grün in Grün funktioniert zum Beispiel fantastisch (etwa beim Ofenlachs mit Fenchel und Erbsen *S. 303*). Rot in Rot auch (Tomatensalat pur *S. 75*).

Beim Fotografieren der Rezepte für dieses Buch haben wir übrigens nur einen einzigen Trick verwendet, um das Essen besonders schön und appetitlich aussehen zu lassen: Wir haben à la minute angerichtet – von der Pfanne bis zum ausgedruckten Foto dauerte es selten länger als ein paar Minuten. Das funktioniert auch zu Hause: Je schneller das Essen auf den Tisch kommt, desto natürlicher und dynamischer wirken die Lebensmittel optisch, und auch die Sauce hat dann weniger Zeit zu verlaufen.

Die wunderschönen Keramikteller und -platten, die in diesem Buch zu sehen sind, stammen aus dem Familienbetrieb KHWürtz von Vater Aage und Sohn Kasper Würtz *(S. 28 und 29)* in Horsens, einer kleinen Hafenstadt in Dänemark. Viele der Teile haben wir in Zusammenarbeit mit Kasper sogar extra für das Buch anfertigen lassen. Was mich an den charakterstarken, aber harmonischen Tellern der beiden fasziniert: Sie setzen die Hauptkomponente eines Gerichtes so spektakulär schlicht und appetitlich in Szene, dass ich kein einziges Mal mit ausgefallenen Beilagen tricksen musste, um ein Gericht lecker aussehen zu lassen.

Die wunderschönen Keramikteller und -platten, die in diesem Buch zu sehen sind, stammen aus dem Familienbetrieb KHWürtz von Vater Aage und Sohn Kasper Würtz in Horsens, einer kleinen Hafenstadt in Dänemark.

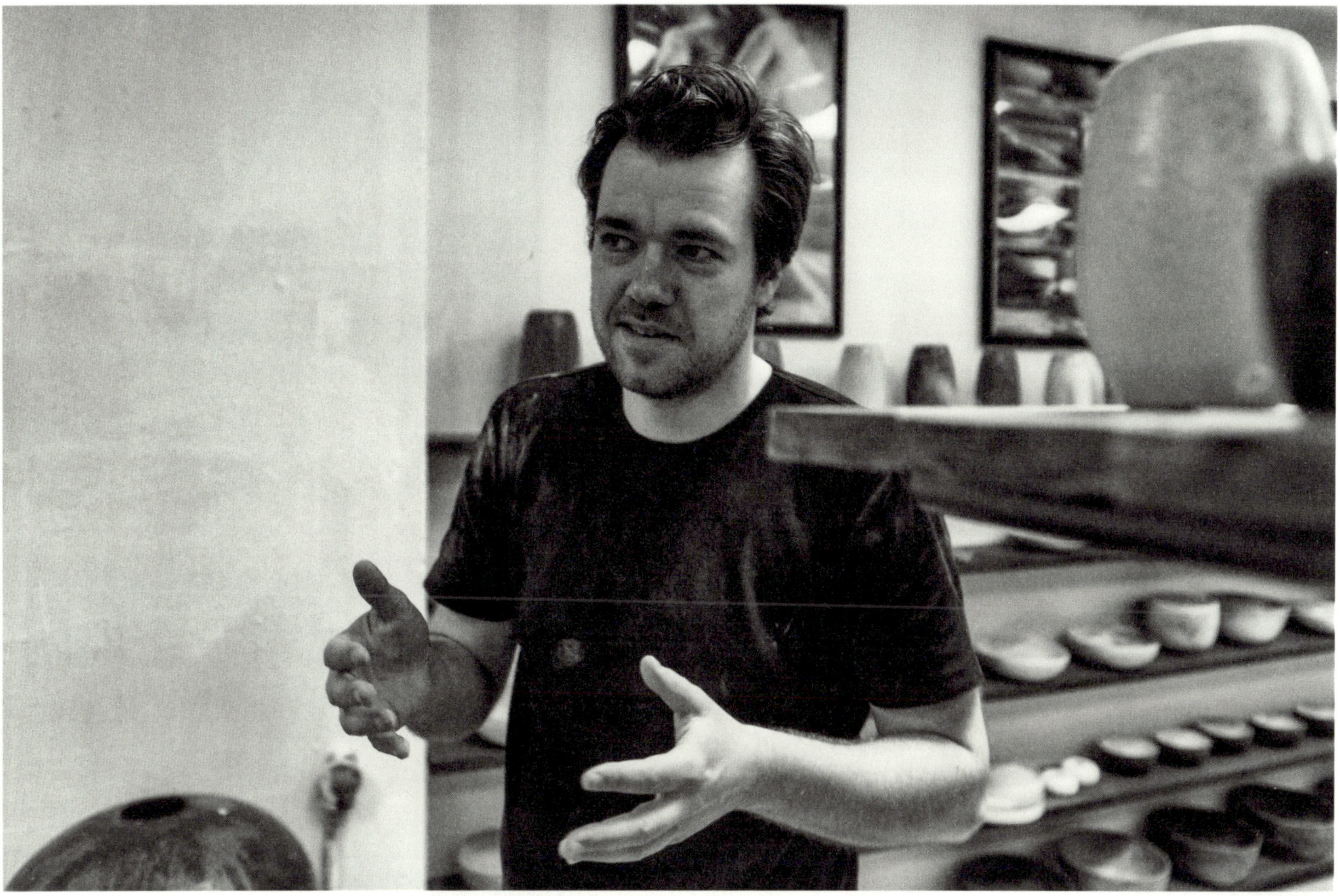
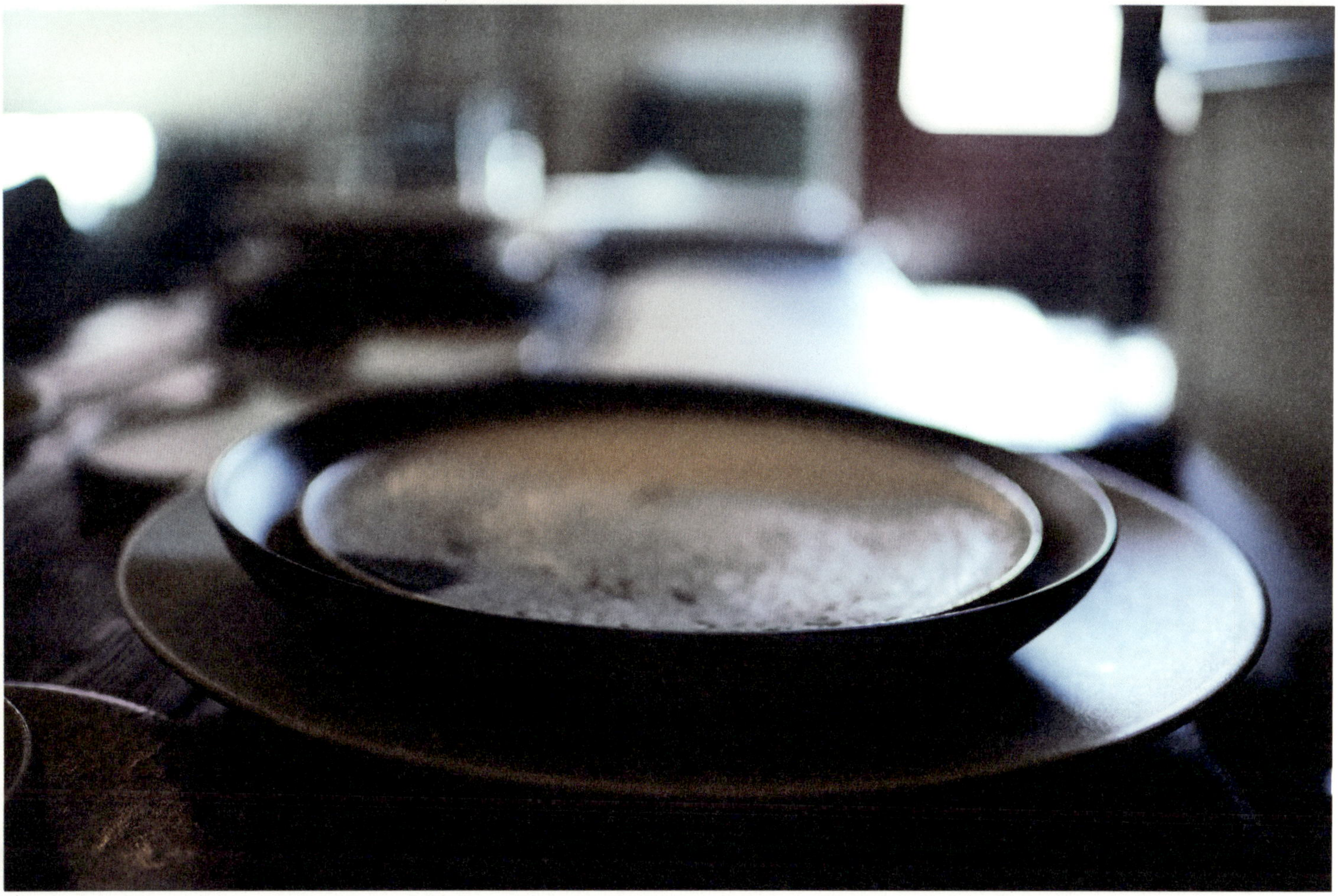

SALAT

KRAUSE KÖPFE, GLATTE BLÄTTER

Vorbei die Zeit, als grüner Salat das triste Dasein einer ungeliebten Beilage fristete: Heute sind die knackfrischen Blätter begehrter Bestandteil fast jeder Menüfolge. Als leichte Basis vereinigen sie diverse Zutaten zum eigenständigen Gericht. Dass das Wort »Salat« zum Inbegriff einer gesunden Mahlzeit geworden ist, verdankt das Blattgemüse nur zum Teil den enthaltenen Vitaminen, Spurenelementen, Ballast- und Mineralstoffen. Denn verzehrt man ihn als Vorspeise, löschen seine 95 % Wasser das »Magenfeuer« (wie man in der Traditionellen Chinesischen Medizin sagt). Der Magen wird leicht gedehnt, und eine angenehme erste Sättigung tritt ein – ideale Voraussetzungen, die Hauptspeise mit Appetit zu genießen, anstatt sie heißhungrig hinunterzuschlingen. ▶

Beim Salatkauf zählen drei Dinge: Frische, Frische und nochmals Frische! Man erkennt sie an gleichmäßig glänzenden Blättern und einer hellen Schnittfläche am Stumpf. Je schneller man einen Salat verbraucht, umso besser.

Allgemein ist Freilandware etwas fester und derber als Treibhaussalat. Kopf-, Schnitt- und Römersalat (die zu den Gartensalaten zählen), schmecken je nach Erntezeitpunkt mild-süß bis mild-würzig; Endivien, Radicchio und Chicorée (aus der Gruppe der Zichorien oder Wegwarten) enthalten dagegen in der Regel mehr Bitterstoffe. Alle Sorten können frei nach Gusto miteinander gemischt werden.

GARTENSALATE

Die üblichen Gartensalate unterscheiden sich vor allem in Form und Konsistenz, was beim Anrichten mit Salatgemüse oder Dressings eine Rolle spielt. Als kompakte Blätterkugel ohne Hüllblätter kommt der amerikanische Eisbergsalat in den Handel (aber praktisch nie in meine Küche). Seine wässrig-knackigen, stark ineinander verwachsenen Blätter behalten auf dem Teller ihr volles Volumen. Relativ luftig wirkt dagegen sein französischer Vorläufer, der Bataviasalat, mit fettig-glänzender, grüner bis rotbrauner Blattoberfläche und gezackten Rändern. Noch etwas weicher und entsprechend empfindlich ist der bei uns sortenreich verbreitete Grüne Salat mit seinen wulstig-butterigen Blättern. Auf dem Teller fällt er rasch zusammen und sollte deshalb erst direkt vor dem Essen angemacht werden.

Der Begriff »Schnittsalat« bezieht sich auf die Erntemethode bestimmter Sorten, bei der Salatblätter einzeln von außen abgeschnitten werden. Gehandelt werden wegen der besseren Handhabung trotzdem ganze Pflanzen. Sie bilden keine Köpfe, sondern haben eine besonders lockere, luftige Struktur: Die fein gekräuselten Blätter vom Lollo Bionda und seinem rot geränderten Gegenstück, dem Lollo Rosso, ähneln Cheerleader-Pompons; der rötlich-braune Eichblattsalat erinnert mit seinen zarten, überlappenden Spitzen fast schon an eine Wasserpflanze.

Weitaus robuster und herzhafter ist der Römersalat. Die Pflanzen, von denen im Supermarkt meistens nur die zarten Herzen als Salat angeboten werden, erreichen im Anbau eine Höhe von bis zu 40 Zentimetern. Auf dem Markt bekommt man aber auch die äußeren, derben Blätter, die sich gut als Gemüse dünsten lassen, insbesondere die Blattrippen. Einigen Sorten wird ein spargelähnlicher Geschmack nachgesagt.

ZICHORIEN

Neben der Frische machen auch Abwechslung und aromatische Ausgewogenheit einen guten Salat aus. Geschickt dosiert, verleihen Endivien, Radicchio und Chicorée mit ihren wertvollen Bitterstoffen jedem Salat mehr Tiefe und Wertigkeit. Alle Zichorien können aber auch gedünstet oder leicht angebra-

> *Der Begriff »Schnittsalat« bezieht sich auf die Erntemethode bestimmter Sorten, bei der Salatblätter einzeln von außen abgeschnitten werden. Gehandelt werden wegen der besseren Handhabung trotzdem ganze Pflanzen.*

ten als Gemüse verwendet werden. Würzig-herb schmeckt die relativ robuste Endivie. Dieser lockere Wintersalat mit glatten Blatträndern ist auch in der buschig-wuscheligen Frisé-Variante erhältlich. Ebenfalls reich an Bitterstoffen und zudem eine tolle optische Aufwertung ist der kompakte, kohlähnliche Radicchio mit weißen Rippen und intensiv roten Blättern. Chicorée-Knospen besitzen dagegen eine bleiche Farbe und lediglich eine feine Bitternote – das ist so gewollt: Um den Gehalt an Bitterstoffen niedrig zu halten, lässt man Chicorée in völliger Dunkelheit aus Zichorienwurzeln sprießen.

FELDSALAT

Mit den beschriebenen Sorten ist er zwar nicht verwandt, trotzdem wird der aromatische, festblätterige Feldsalat (auch Ackersalat oder Rapunzel) in der Küche als vollwertiges Mitglied der Salatfamilie behandelt. Für eine Portion benötigt man mindestens 10 bis 20 der kleinen Pflanzen, die von ihren Wurzeln befreit und manchmal etwas aufwendiger gereinigt werden müssen. Aber es lohnt sich, denn dank seinem haselnussigen Aroma und seinem einzigartigen Biss ist Feldsalat nicht nur eine schmackhafte Rohkostbeilage, sondern auch ein vorzüglicher Appetitanreger.

Salat ist, was man daraus macht!
Viele essbare, äußerst aromatische (Wild-)Pflanzen geben grünen Salaten eine besondere Wertigkeit: Dazu eignen sich sowohl Blätter (z.B. Rucola, Brennnessel, Sauerampfer, Löwenzahn, Portulak oder Giersch) als auch Blüten (z.B. von Gänseblümchen, Brunnenkresse oder Zucchinipflanzen) sowie Sprossen (z.B. Brunnenkresse, Senf oder Radieschen).

Dank seinem haselnussigen Aroma und seinem einzigartigen Biss ist Feldsalat nicht nur eine schmackhafte Rohkostbeilage, sondern auch ein vorzüglicher Appetitanreger.

WILDKRÄUTERSALAT MIT KLASSISCHER VINAIGRETTE

ZUTATEN für 4 Personen | **ZEIT** 15 Minuten

ZUBEREITUNG

320 g gemischter Wildkräutersalat je nach Jahreszeit, alternativ gemischten Salat und 1 Bund
Frankfurter Kräuter verwenden.
1 Ei (M)
1 EL feiner Senf
4 EL Weißweinessig
2 EL Balsamicoessig
1 EL Honig
6 EL Olivenöl
Salzflocken
Pfeffer

ANRICHTEN

Den Salat waschen, trocken schleudern und in mundgerechte Stücke zupfen.

Wildkräutersalat gibt es mittlerweile oft als fertige Mischung zu kaufen, am ehesten auf dem Wochenmarkt. Es eignen sich z.B. Löwenzahn, Wildrauke, wilder Senf, Spitzwegerich, Schafgarbe, Sauerklee, Brunnenkresse, verschiedene Blütenblätter, Baby Leafs, Wiesenkerbel oder Pimpinelle.

Für das Dressing Ei, Senf, Weißweinessig, Balsamicoessig und Honig in einer Schüssel mit dem Schneebesen glatt rühren.

Das Olivenöl nach und nach unterschlagen, bis eine leichte Bindung entstanden ist. Das fertige Dressing mit Salzflocken und Pfeffer abschmecken.

Den Salat mit dem Dressing in einer Schüssel vermengen, auf Tellern anrichten und sofort servieren.

FELDSALAT MIT TRAUBEN-SPECK-VINAIGRETTE

ZUTATEN für 4 Personen | **ZEIT** 20 Minuten

SALAT

320 g gemischter Feldsalat (rot und grün)

VINAIGRETTE

50 g durchwachsener Speck in dünnen Scheiben (Bacon)
5 EL Olivenöl
2 Schalotten, geschält und fein gewürfelt
1 TL Senf
4 EL trüber Apfelsaft
1—2 EL Rotweinessig
50 g Walnüsse, gehackt
100 g rote kernlose Weintrauben, in Scheiben geschnitten
Salz
Pfeffer

Den Salat in kaltem, stehendem Wasser waschen. Das Wasser wechseln und den Vorgang wiederholen. Feldsalat ist häufig sehr sandig, deshalb empfiehlt es sich, den Salat mehrmals gründlich zu waschen. Dann trocken schleudern oder in einem Sieb abtropfen lassen.

Den Bacon quer in dünne Streifen schneiden. 1 EL Olivenöl in einem kleinen Topf erhitzen. Die Baconstreifen darin knusprig auslassen, die gewürfelten Schalotten zugeben und glasig andünsten. Mit 100 ml Wasser ablöschen, kurz aufkochen und vom Herd nehmen.

Senf, Apfelsaft, Essig und restliches Olivenöl mit einem Schneebesen in die Speck-Zwiebel-Mischung einrühren und die gehackten Walnüsse sowie die Weintraubenscheiben unterheben. Mit Salz und Pfeffer abschmecken. Die Vinaigrette kurz abkühlen lassen.

ANRICHTEN

Den Salat mit der Vinaigrette marinieren, auf Tellern anrichten und servieren.

TIPP

Sollte Ihr Salat mal die Köpfe hängen lassen, können Sie ihn für 15 Minuten in einem Eiswasserbad regenerieren. Er wird dann wieder knackig und frisch.

ASIA-BLATTSALAT MIT SESAM-INGWER-VINAIGRETTE

ZUTATEN für 4 Personen | **ZEIT** 15 Minuten

ZUBEREITUNG

320 g Asia-Salat (z.B. Mizuna-
Rübstiel, Agano, Senfblatt)
4 EL Reisessig, alternativ
Weißweinessig
2 EL Sojasauce
1—2 EL Zucker
4 EL Olivenöl
2 EL Sesamöl
1 kleine rote Zwiebel, geschält
1 haselnussgroßes Stück
Ingwer, geschält
Salz
Pfeffer

Den Salat in kaltem, stehendem Wasser waschen und trocken schleudern oder im Sieb abtropfen lassen.

Reisessig, Sojasauce und Zucker in einer Schüssel mit einem Schneebesen verquirlen, bis sich der Zucker aufgelöst hat, anschließend Oliven- und Sesamöl unterrühren.

Geschälte Zwiebel und Ingwer sehr fein reiben und in die Vinaigrette geben. Mit Salz und Pfeffer abschmecken.

Den Salat in mundgerechte Stücke zupfen und in einer Schale mit der Vinaigrette vermischen.

ANRICHTEN

Auf Tellern anrichten und sofort servieren.

INFO

Die Zusammenstellung der Asia-Blattsalate ist von Markthändler zu Markthändler verschieden. Der rote Aganosalat ist mir besonders in Erinnerung geblieben. Er ist optisch mit Rucola zu vergleichen und hat ein leicht scharfes Senfaroma mit Kartoffel- und Kohlrabinoten.

GEBRATENER RÖMERSALAT
MIT RÄUCHERPAPRIKA-AIOLI

ZUTATEN für 4 Personen | **ZEIT** 20—30 Minuten

ZUBEREITUNG

2 Eigelb (M), zimmerwarm
Salz
1 TL Dijon-Senf
75 ml Pflanzenöl (z.B. Sonnen-
    blumenöl)
1 Knoblauchzehe, geschält
    und fein gehackt
1—2 EL Rotweinessig
2 TL geräuchertes Paprikapulver
Cayennepfeffer
Zucker
2 Römersalatherzen à ca. 150 g
Pfeffer
4 EL Olivenöl

Für die Aioli die Eigelbe, etwas Salz und den Senf in einer hohen Schüssel mit einem Schneebesen leicht schaumig aufschlagen. Das Öl zuerst tropfenweise, dann in einem dünnen Strahl unter ständigem Rühren untermischen, bis die Eigelbe das gesamte Öl aufgenommen haben. Die Konsistenz sollte sehr cremig sein.

Die gehackte Knoblauchzehe, Essig, Paprikapulver, Cayennepfeffer und 1 Prise Zucker unterrühren und mit Salz abschmecken. Die Aioli bei Bedarf mit 3 bis 4 EL kaltem Wasser verdünnen.

Die äußeren, trockenen Blätter vom Salat entfernen und das Ende vom Strunk so dünn abschneiden, dass der Salat noch zusammengehalten wird. Dann waschen und trocken schütteln. Den Salat längs vierteln, mit 2 EL Olivenöl beträufeln und mit Salz, Pfeffer und einer Prise Zucker würzen.

Eine große Pfanne stark erhitzen, die Salatstücke darin von allen Seiten scharf anbraten, sodass sie Farbe bekommen.

ANRICHTEN

Den Salat mit der Aioli auf Tellern anrichten, mit dem restlichen Olivenöl beträufeln und servieren.

TIPP

Alternativ können natürlich auch andere würzige Salate wie z.B. Radicchio verwendet werden.

ZWEI GURKENSALATE

ZUTATEN für 4 Personen | **ZEIT** 20 Minuten

BEIDE SALATE

jeweils 2 Gurken à ca. 350 g
Salz
Zucker

Die Gurken schälen und in dünne Scheiben hobeln oder schneiden. Gurkenscheiben in einer Schüssel mit je 1 TL Salz und Zucker mischen und in einem Sieb 10 bis 15 Minuten ziehen lassen. (Salz und Zucker entziehen den Gurken Wasser. Dadurch verwässert das Dressing später nicht.)

MIT ESSIG UND ÖL (FOTO)

3 Stiele Dill
1 TL Senf
3 EL Weißweinessig
6 EL Sonnenblumenöl
1 Schalotte, in feine Würfel
  geschnitten
Salz
Zucker
Pfeffer

Die Dillspitzen von den Stielen zupfen und fein schneiden. Den Senf in eine kleine Schüssel geben, den Essig mit einem Schneebesen unterrühren. Das Öl fadenweise unterschlagen. Schalottenwürfel und geschnittenen Dill unterheben, mit Salz, 1 Prise Zucker und Pfeffer abschmecken.

MIT SAUERRAHM

3 EL Sauerrahm
Salz
Zucker
Pfeffer
Saft von 1 1/2 Zitronen

Sauerrahm in einer Schüssel mit Salz, 1 Prise Zucker, Pfeffer und Zitronensaft abschmecken.

ANRICHTEN

Die Gurken portionsweise aus dem Sieb nehmen, mit den Händen leicht ausdrücken und mit dem gewählten Dressing mischen. Den Salat kurz durchziehen lassen und dann sofort servieren.

LAUWARMER ERBSENSALAT

ZUTATEN für 4 Personen | **ZEIT** 25 Minuten

ZUBEREITUNG

1 kg Erbsenschoten (ergibt ca.
  300 g Erbsen)
200 g Kochschinken, vom
  Metzger in etwas dickere
  Scheiben geschnitten
2 Römersalatherzen
25 g Butter
2 EL Olivenöl
1 kleine Zwiebel, geschält und
  fein gewürfelt

Die Erbsen palen und den Kochschinken in sehr feine Würfel schneiden.

Frische Erbsenschoten haben eine glänzende sattgrüne Hülse. Die Erbsen im Inneren der Hülse dürfen von außen nicht zu erkennen und der Blütenansatz nicht gelblich verfärbt sein. Haben die Schoten helle Flecken an der Oberfläche, sollten Sie sie liegen lassen. Die Erbsen sollten ebenfalls sattgrün sein.

Die Strunkenden der Salatköpfe dünn abschneiden. Salat waschen und trocken schütteln. Anschließend längs halbieren und in feine Streifen schneiden.

Butter und Olivenöl in einem Topf auf mittlerer Temperatur zerlassen. Die gewürfelte Zwiebel zugeben und glasig dünsten. Schinken und Erbsen zugeben und für ca. 10 Minuten mitdünsten.

ANRICHTEN

Den Topf vom Herd nehmen, den fein geschnittenen Salat unterheben, anrichten und sofort servieren.

TIPP

Die meisten Salate schmecken auch warm wunderbar. Siehe auch: Gebratener Römersalat mit Räucherpaprika-Aioli *(S. 42)*, Gebratene Kalbsleber mit Radicchio und Orangen *(S. 257)*.

INFO

Durch das Braten wird der süßliche Geschmack der Erbsen noch intensiver. Die Kombination mit dem leicht herben Römersalat und dem würzigen Speck ist einfach perfekt.

GEMÜSE

Meine Küche ohne Gemüse? Unvorstellbar. Und zwar nicht nur, weil wir alle jeden Tag bewusst eine gute Portion Gemüse essen sollten. Es ist für mich viel mehr als ein elementares Nahrungsmittel, es ist auch kreative Inspiration und Mittelpunkt des Kochens. Der Genuss beginnt schon bei der Auswahl, beim Ansehen und Befühlen von Früchten, Blättern und Knollen. Mir gefällt das Präparieren, der haptische Vorgang, wenn ich Gemüse schneide. Ich genieße meine ganz persönlichen Rituale, ich mag es, mein Gemüse wie im Tuschkasten sauber nach Farben zu sortieren und die roten und grünen Würfel erst in der Pfanne zu vermischen. So belohne ich mich schon lange vor dem Essen mit der Optik des Kochens. ▶

▶ Kochen ist für mich ein ganzheitlicher, bewusster und lustvoller Prozess, der schon beim Einkaufen anfängt. Einer der besten Orte dafür ist der Wochenmarkt – da fühle ich mich jedes Mal wie im Schlaraffenland. An vollgepackten Ständen entlangzugehen, sich inspirieren zu lassen von bunten Schoten und knallig pinken Radieschen, aufgetürmten Knollen und Rüben, Kohl- und Salatköpfen oder dem ersten Spargel, das macht immer wieder Spaß und richtig Lust aufs Kochen. Am liebsten würde ich einfach mit beiden Händen in den Farbtopf greifen, Tomaten, Auberginen oder Spitzpaprika einpacken und sofort loslegen.

Sooft ich kann, nehme ich mir auf dem Wochenmarkt aber die Zeit zum Schauen, Kennenlernen, Vergleichen und Probieren. Wer darauf komplett verzichtet, kauft die Katze im Sack. Denn eine Tomate verrät äußerlich nichts über ihr Aroma, ein Blumenkohl sieht nur auf den ersten Blick aus wie der andere, und Römer- oder Feldsalat haben völlig andere Qualitäten als Radicchio oder Chicorée. Es muss auch nicht immer die Sorte sein, die ich schon kenne. Warum nicht einmal seinen Horizont erweitern, zum Beispiel mit gelben statt mit grünen Zucchini, mit violetten statt orangenen Karotten oder Gartenmelde anstelle von Spinat?

Auf dem Markt kann man nicht nur anfassen, riechen und schmecken, sondern auch eine Menge über seine Lebensmittel lernen, in vielen Fällen aus erster Hand, direkt von den Erzeugern selbst. Mehr als im Supermarkt wird man sich hier wieder bewusst, dass hinter jeder Kartoffel, jedem Kürbis und jedem Petersilienbündel arbeitende Menschen stehen, die sich mit Hingabe und Verstand ihrem Handwerk widmen. Wie in anderen Branchen hat auch hier jeder Vertreter seine Spezialitäten. Um also Unterschiede und Favoriten zu entdecken, kann es sich lohnen, mal bei dem einen, mal bei dem anderen Anbieter einzukaufen. Was spricht dagegen, das gleiche Gericht einmal mit verschiedenen Sorten auszuprobieren? Auf diese Weise ist mir in der Küche schon mehr als eine Erleuchtung gekommen.

WIE ERKENNT MAN QUALITÄT BEIM GEMÜSE?

Im Gemüsehandel werden drei Güteklassen unterschieden: Extra, Klasse I und Klasse II. Die Qualitätsstufe eines Produkts (und damit sein Preis) entscheidet sich nach seiner Form, Größe und Färbung. Aber sind diese Kriterien nicht ziemlich zweitrangig? Was liegt mir daran, ob eine Gurke, eine Tomate oder ein Kopfsalat die Handelsnormen erfüllt?

Wenn ich Gemüse einkaufe, zählt für mich an erster Stelle die Qualität des Geschmacks. Gegenüber dem Supermarkt hat der Wochenmarkt in der Hinsicht einen Riesenvorteil: Hier kann ich sofort probieren und unmittelbar entscheiden, ob mir Tomaten, Karotten, Salat oder Kräuter schmecken. Wenn ich allerdings etwas über den Geschmack von Kartoffeln, Kürbis oder Bohnen erfahren möchte und mich nicht allein auf den Händler verlassen will, muss ich andere Sinne einsetzen – und natürlich meinen Verstand.

Bioqualität

Sich an Biosiegeln zu orientieren ist aus meiner Sicht die richtige Haltung. Mit Bio ist man immer gut bedient: Die meisten Biogemüse sind regionale Produkte, die nicht lange gelagert, sondern schnell verkauft werden und daher oft besser schmecken. Ein weiterer Vorteil: Anders als über 50 % der konventionellen Gemüse sind sie nicht durch Pestizide belastet. Für mich ist Biogemüse schon deshalb absolut seinen Preis wert.

Aber: Biogemüse muss nicht besser schmecken als konventionelles und hat auch keinen höheren Nährstoffgehalt. Ich erkenne bei der Aromatik keinen Unterschied zwischen Bio- und Nicht-Biogemüse, wenn beides reif geerntet wurde und frisch ist.

Die wichtigste Frage beim Gemüsekauf lautet: Wie frisch ist das Gemüse?
Über kaufen oder nicht kaufen entscheidet sehr oft, ob es makellos aussieht, und ob es sich knackig anfühlt oder nicht. Das wissen auch die Hersteller, deshalb lassen sie ihre Ware so frisch wie möglich aussehen. Um aber dem besten Geschmack auf die Spur zu kommen, sollte man als Kunde nicht nur auf Äußerlichkeiten schauen, sondern weiterfragen: Woher kommt das Gemüse oder genauer: Wann wurde es geerntet, wie lange wurde es transportiert und gelagert?

Es gilt die Faustregel: Je weniger Zeit von der Ernte bis zum Verkauf vergeht, umso mehr Aroma und Vitamine bleiben erhalten. In der Kategorie Frische ▶

Um dem besten Geschmack auf die Spur zu kommen, sollte man als Kunde nicht nur auf Äußerlichkeiten schauen, sondern weiterfragen.

> ▶ hat Gemüse aus der eigenen Region also einen Bonus: Der Weg vom Feld zum kleinen Gemüseladen oder zum Wochenmarkt ist relativ kurz, das Gemüse wird geschont. Kurze Transportwege sind zwar ein gutes Indiz, aber natürlich noch keine Garantie für guten Geschmack.

TIPP Auch zu Hause tut Lagerung keinem Gemüse gut. Darum kleine Mengen nach Speiseplan mit dem Einkaufszettel einkaufen und schnell verbrauchen, damit den guten Lebensmitteln möglichst wenig verloren geht.

Frage Nummer zwei: Hat mein Gemüse gerade Saison?

Für die Antwort braucht man keinen Saisonkalender. Es genügt, sich einfach die Angebote auf dem Wochenmarkt anzusehen. Sieht man zum Beispiel überall Berge von Spargel, hat dieser offensichtlich Saison, das heißt, jetzt findet er die idealen naturgegebenen jahreszeitlichen Bedingungen vor, um den besten Geschmack zu entwickeln. Wenn viele Landwirte gerade diese Zeit für den Spargelanbau nutzen, stehen die Chancen auf einen guten Kauf am besten. Liegt dagegen nur hier oder da ein kleiner Posten (zum Beispiel Anfang Februar), handelt es sich wahrscheinlich um Importware. Die muss nicht unbedingt schlecht sein, aber man braucht schon ein bisschen Glück.

Tiefkühlgemüse

Außerhalb der Saison oder der Ladenöffnungszeiten ist Gemüse aus der Gefriertruhe eine gute Alternative für Eilige und Kurzentschlossene. Alle Tiefkühlgemüse werden direkt nach der Ernte blanchiert. Dadurch verändert sich die Zellstruktur der äußersten Schichten so, dass die Farben dauerhaft intensiv erscheinen. Der ursprüngliche Nährwert bleibt durch das Frosten nahezu erhalten.

Der Nachteil: Einige Gemüse, besonders Karotten und grüne Bohnen, verändern beim Einfrieren ihre Konsistenz und vermitteln ein unnatürliches Bissgefühl. Und: Ein anonymes Produkt aus der Verpackung macht einfach viel weniger Spaß als frisches, knackiges Gemüse, das man beim Schälen und Schneiden anfassen, riechen und wegknabbern kann.

IMPORTGEMÜSE

Verglichen mit den vergangenen Jahren und Jahrzehnten, bieten unsere Supermärkte flächendeckend eine verhältnismäßig hohe Gemüsequalität an. Für Obst gilt das ebenso, und das sollte man zu schätzen wissen. Um dieses umfassende Angebot von frischer, optisch einwandfreier Ware zu gewährleisten, wird ein erheblicher Aufwand betrieben: Sowohl Wochenmärkte als auch Supermärkte und Discounter beziehen ihr Obst und Gemüse zu großen Teilen als Importware aus Europa, aus Afrika, dem Nahen Osten oder Übersee. Frische Nahrungsmittel, die auch nach Tausenden von Kilometern noch gut aussehen

Sieht man überall Berge von Spargel, hat dieser offensichtlich Saison, das heißt, jetzt findet er die idealen naturgegebenen jahreszeitlichen Bedingungen vor, um den besten Geschmack zu entwickeln.

sollen, erfordern leider einige Kompromisse: Nicht die leckersten, sondern die haltbarsten Sorten werden auf die Reise geschickt. Unterwegs verlieren die Früchte, oft noch unreif und arm an Aroma, weiter an Geschmack und an Vitaminen. Zudem sind die heutigen Anbautechniken, von der Züchtung bis zum Dünger, international häufig so genormt, dass zum Beispiel Tomaten aus Italien, Spanien oder Holland nicht mehr zu unterscheiden sind. Ihrer Beliebtheit bei den Kunden tut es keinen Abbruch.

Ehrlich gesagt wundert es mich, dass Geschmack und Vielfalt von Gemüse für viele Verbraucher offenbar nur eine untergeordnete Rolle spielen. Vielleicht, weil wir durch fade Standardkost und genormtes Einerlei das Schmecken ursprünglicher, authentischer Aromen verlernt haben. Darunter leidet auch unser Appetit auf Gemüse insgesamt – ein hoher Preis, den wir für die ständige Verfügbarkeit nahezu sämtlicher Gemüsesorten zahlen. Aber nicht zahlen müssen. Denn jenseits von industriell genormten Standardprodukten gibt es unzählige hervorragende Alternativen. Gemüse kann so lecker sein, es ist so vielfältig und gesund, dass wir es jeden Tag neu entdecken sollten. Ganz sicher: Mit ein wenig Achtsamkeit, Lust am Experimentieren und einer großen Portion Neugier wird jeder früher oder später sein Lieblingsgemüse finden.

Pflanzengifte

Pflanzen haben ihre Strategien, um sich gegen Fressfeinde zu schützen, zum Beispiel mit Pflanzengiften. Auch in der Küche kommen sie vor: Kartoffeln bilden in Keimen und grünen Flecken das leicht giftige Alkaloid Solanin, grüne Bohnen enthalten das hochgiftige Protein Phasin. In Spinat, Mangold und Sauerampfer kommt Oxalsäure vor, Süßkartoffeln und Bambussprossen enthalten Blausäure. Selbst ein harmloser Kopfsalat bildet das Opiat Lactucarium, wenn er Blüten treibt. In der Küche geht von diesen Toxinen zum Glück praktisch keine Gefahr aus. Entweder ist die Konzentration in einer Mahlzeit viel zu gering, um der Gesundheit zu schaden (Oxal- und Blausäure). Oder die Gifte werden beim Garen unschädlich gemacht (z.B. in grünen Bohnen) bzw. vorher beseitigt, indem man die entsprechenden Bestandteile entfernt (z.B. bei grünfleckigen oder gekeimten Kartoffeln).

Ehrlich gesagt wundert es mich, dass Geschmack und Vielfalt von Gemüse für viele Verbraucher offenbar nur eine untergeordnete Rolle spielen. Vielleicht, weil wir durch fade Standardkost und genormtes Einerlei das Schmecken ursprünglicher, authentischer Aromen verlernt haben.

PAPRIKA UND CHILI

Nicht alles, was Kolumbus und Co nach Europa holten, kam gut an. Die fast schon groteske Schärfe der Chilis fand hier nur wenige Freunde. Wer es sich leisten konnte, würzte weiter mit Pfeffer – und die scharfen Schoten aus Amerika eroberten stattdessen Afrika und Asien. Erst nach gelungener Entschärfung und Vergrößerung, vor allem durch ungarische Züchter, fand die Capsicumfrucht als Paprika oder Peperoni den Weg in nord- und mitteleuropäische Küchen.

PAPRIKA

Man unterscheidet zwischen Gemüse- und Würzpaprika. Letztere werden vorwiegend als Pulver in verschiedenen Schärfestufen angeboten, aufsteigend von »Delikatess« oder »Edelsüß« bis »Rosenpaprika« oder »Picante«. Diese Sorten gibt es auch geräuchert. Als Gemüse sind bei uns hauptsächlich die fleischig-wulstigen, praktisch schärfefreien Blockpaprika erhältlich, im Sommer und Herbst aus heimischem Anbau. Zunehmend bereichern aber auch Spitzpaprika das Angebot. In der knackig-saftigen Gemüsepaprika stecken nicht nur massenweise Vitamine, sondern dank ätherischer Öle und bis zu 6 % Zucker auch jede Menge fruchtig-süßes Aroma. Das schmeckt man den reifen gelben und roten Schoten deutlich an. Die unreifen grünen Früchte, deren Rohgeschmack ein wenig an frisches Heu oder Korianderblätter erinnert, spielen ihre Trümpfe erst in Kombination mit Röstaromen aus.

Die Paprika-Ampel

Die dreifarbige »Paprika-Ampel« gibt es überall in den Supermärkten. Das hat nicht nur ästhetische, sondern auch wirtschaftliche Gründe: Im Paket bringt der Handel so auch die weniger aromatischen und weniger nachgefragten grünen Paprikaschoten unters Volk. Weil sie unreif geerntet werden, sparen sie im Anbau Zeit und Geld.

CHILI

Wie eng die kleineren Chilis mit der Gemüsepaprika verwandt sind, erkennt man unschwer an ihrem identischen Aufbau: Die hohle Schote besitzt jeweils eine feste, wachsige Haut mit mehr oder weniger Fruchtfleisch, darunter helle Scheidewände und mittig eine Plazenta mit flachen Kernen. Auch die Farbgebung der Chilis ist sehr ähnlich wie die der Paprika: Reife Früchte sind leuchtend rot, orange oder gelb, seltener braun oder weiß; unreife Früchte sind grün oder violett. Die konkurrenzlose Schärfe der Chilis prägt die Küchen weltweit, besonders in wärmeren Regionen: Chili con Carne in Mexiko, thailändisches Curry oder afrikanisches Harissa. Das Besondere: Ihre Schärfe ist sehr rein. Andere Gewürze wie Pfeffer, Senf, Ingwer oder Meerrettich bringen unweigerlich eigene Aromen mit ein. Chilis dagegen verlieren ihre fruchtigen Noten, wenn man sie erhitzt oder trocknet – was bleibt, ist pure Schärfe. Für die verantwortlich ist das Alkaloid Capsaicin, einer der natürlichen pflanzlichen Abwehrstoffe gegen Fressfeinde. Der größte Teil dieses Stoffs (ca. 90 %) steckt in den Kernen und den weißen Scheidewänden. Sie sollte man also vor dem Verzehr entfernen, es sei denn, die Schärfe ist willkommen. Capsaicin wird nicht von Geschmacksrezeptoren, sondern vom Trigeminusnerv wahrgenommen, der Schmerz und Hitze im Mund registriert. Anders als süß, salzig, sauer, bitter und umami gilt scharf deshalb auch nicht als Geschmacks-, sondern als Schmerzempfindung. Hat man sich einmal an den atemraubenden Schärfeschmerz durch frische Chilis gewöhnt, tun sich Welten voll erdig-fruchtiger Aromen auf. So bekommt man eine Ahnung davon, warum sich die feurigen Schoten in allen Teilen der Welt so großer Beliebtheit erfreuen.

Schärfegrade

Die Konzentration von Capsaicin und damit der Schärfegrad von Paprika und Chili wird in der Einheit Scoville gemessen: Das Spektrum reicht von Gemüsepaprika (kaum wahrnehmbare 0–10 Scoville) über pikante Peperoni (1500 Scoville), scharfe Cayenneschoten (bis 50.000 Scoville) bis zur feurigen Habanero (bis 500.000 Scoville). In den Regionen darüber liegen die Unterschiede nicht mehr im wahrnehmbaren Bereich.

GEGRILLTE SPITZPAPRIKA MIT ANCHOVIS

ZUTATEN für 4 Personen | **ZEIT** 30 Minuten

ZUBEREITUNG

6 rote Spitzpaprika
8 Anchovisfilets in Öl, auf
  Küchenpapier abgetropft
2 EL Olivenöl

Den Backofengrill auf 240 °C vorheizen.

Die Paprika waschen und samt Stiel längs halbieren. Das Kerngehäuse entfernen und die Stücke mit den Schnittflächen nach unten nebeneinander auf ein Backblech legen.

Die Paprika auf der obersten Schiene des Backofens grillen, bis die Haut schwarz wird und Blasen wirft.

Die Paprika aus dem Ofen nehmen, in einen Gefrierbeutel geben und für 5 bis 10 Minuten ausdämpfen lassen. Dadurch lassen sich die Paprika leichter häuten. Dafür ein kleines Messer verwenden.

ANRICHTEN

Paprika auf einem Teller anrichten. Die Anchovisfilets auf den Paprikaschoten verteilen und mit Olivenöl beträufelt servieren.

TIPP

Dieses Gericht lebt von seiner Schlichtheit und ist deswegen abhängig von seinen Produkten. Achten Sie hier beim Einkauf ganz besonders auf die Qualität der Anchovis. Am besten suchen Sie einen spanischen Feinkosthändler auf. In dessen Kühlregal finden Sie bestimmt großartige in Öl eingelegte Anchovis. Diese sind mit den trockenen, viel zu salzigen aus dem heimischen Supermarkt nicht zu vergleichen.

GEBRATENE SPITZPAPRIKA MIT HÜHNERFLEISCH

ZUTATEN für 2–4 Personen | **ZEIT** 30 Minuten

ZUBEREITUNG

300 g rote Spitzpaprika
2 grüne Jalapeños, alternativ
  grüne Pfefferschoten
2 EL Olivenöl
1 rote Zwiebel, geschält und in
  feine Ringe geschnitten
1 rote Pfefferschote (im Vergleich
  zur Chili größer und weniger
  scharf), in feine Würfel geschnitten
3 Knoblauchzehen, geschält und
  in feine Scheiben geschnitten
Fleisch von 1/2 Brathuhn, gezupft
  (S. 273)
Salzflocken
Blätter von 1 Bund Basilikum,
  gezupft
4 cl Brandy

Spitzpaprika und Jalapeños längs halbieren, entkernen und waschen. Die Paprika schräg in dünne Streifen schneiden. Jalapeños in sehr dünne Streifen schneiden.

Olivenöl in einer Pfanne auf höchster Stufe fast bis zum Rauchpunkt erhitzen. Die Spitzpaprika zugeben und für 3 Minuten scharf anrösten. Zwiebelringe, gewürfelte Pfefferschote und Knoblauchscheiben hinzufügen und kurz unter Schwenken mitrösten. Das gezupfte Hühnerfleisch in die Pfanne geben und für 2 Minuten anbraten. Mit Salzflocken würzen. Basilikum darüberstreuen (einige Blätter zum Garnieren beiseitelegen), durchschwenken und mit Brandy ablöschen.

ANRICHTEN

Vor dem Servieren erneut durchschwenken, dann auf Tellern anrichten und mit den restlichen Basilikumblättern garnieren.

AUBERGINEN

Obwohl die Aubergine geschmacklich überhaupt nichts mit Eiern gemeinsam hat, kennt man sie auch als Eierfrucht (engl.: eggplant). Diesen Beinamen verdankt sie ihrer dünnen, gummiartig glänzenden Haut, deren Tönung hierzulande zwar meistens schwarz-violett ausfällt, je nach Sorte und Anbaugebiet aber auch marmoriert sein kann oder eben schneeweiß wie ein gepelltes Ei.

SORTEN

Am verbreitetsten sind bei uns die bauchigen, dunkelvioletten Auberginen aus Südeuropa und Nordamerika. Asiatische Länderküchen, vor allem die Indiens und Chinas, kennen eine große Sortenvielfalt quer durch das Farbspektrum – von weiß über gelb, grün oder purpurrot bis violett und fast schwarz, häufig gesprenkelt oder gestreift. Größe und Form variieren ebenfalls stark: Manche Sorten können bis zu einem Kilogramm wiegen, andere werden nicht größer als Tomaten, manche bilden längliche Früchte aus, andere eher kugelige. Auch geschmacklich unterscheiden sie sich. Die kleinen asiatischen Auberginen sind etwas intensiver und können mehr Bitterstoffe enthalten, als wir es gewohnt sind. Ich persönlich mag besonders die kugelrunden sardischen oder sizilianischen Sorten. Sie bringen eine leichte Süße mit und nehmen im Ofen eine unvergleichliche, butterig-cremige Konsistenz an, die man sich nicht entgehen lassen sollte.

VERWENDUNG

Muss man Auberginen vor dem Garen einsalzen? Diese Methode war früher allgemein üblich und sollte die Frucht dazu bringen, unliebsame Bitterstoffe »auszuweinen«. Inzwischen wurden die Bitterstoffe durch Züchtungen (von manchen asiatischen Sorten abgesehen) eliminiert – trotzdem wird weiter eingesalzen, obwohl das Fruchtfleisch dadurch auch Aromen verliert. Nur bei zwei Techniken ist das Salzen wirklich sinnvoll: beim Braten und beim Frittieren.

Das Fruchtfleisch von Auberginen ist wie ein Schwamm: Es saugt Flüssigkeit auf, wenn man es hineinlegt. Legt man frisch aufgeschnittene Auberginen in heißes Öl, absorbieren sie es in Sekunden. Die Hitze drückt so viel fruchteigenen Saft aus dem Gewebe, dass aus dem Braten schnell ein Dünsten oder ein Kochen wird. Vor dem Braten ist es deshalb sinnvoll, die Auberginenstücke beidseitig zu salzen, Wasser ziehen zu lassen und gründlich abzutupfen oder sogar auszudrücken, bis sich die Schnittflächen trocken und leicht ledrig anfühlen. In der Pfanne (bzw. in der Fritteuse) saugt das Fruchtfleisch nun kaum noch Öl auf und schwitzt auch nicht, weil das Braten die äußeren Schichten versiegelt.

Ansonsten ist die Schale der Aubergine sehr stabil und hält ihre Flüssigkeit zuverlässig im Innern der Frucht. Deshalb bleiben halbierte Auberginen im Ofen oder auf dem Grill auch schön saftig.

Zum Rohverzehr eignen sich frische Auberginen wegen des enthaltenen Solanins nicht.

> **ZUM ROHVERZEHR EIGNEN SICH FRISCHE AUBERGINEN WEGEN DES ENTHALTENEN SOLANINS NICHT.**

MISO-AUBERGINEN AUS DEM OFEN

ZUTATEN für 4 Personen | **ZEIT** 50—60 Minuten

ZUBEREITUNG

2 große, runde violette Auberginen (z.B. der Sorte Flamed
Round)
Salz
2 Knoblauchzehen, geschält
150—200 g helle Misopaste
(fermentierte Sojabohnenpaste,
erhältlich im Asia-Laden)
4 EL Reisessig, alternativ milder
Weißweinessig
10 EL Mirin (süßer japanischer
Reiswein, erhältlich im Asia-
Laden), alternativ 3 EL Weißwein
gemischt mit 3 EL Zucker
4 EL Sojasauce
1 EL Sesamöl
2—3 EL Olivenöl
etwas Semmelbrösel

Den Backofen auf 200 °C Ober-/Unterhitze vorheizen.

Die Auberginen waschen und in 3 bis 4 cm dicke Scheiben schneiden.
Diese mit einem scharfen Messer 1 bis 2 cm tief gitterförmig einschneiden
(nicht durchschneiden). Dann mit der eingeschnittenen Seite nach oben
auf Teller legen, mit Salz bestreuen und Wasser ziehen lassen.

Für die Misoglasur die geschälten Knoblauchzehen zuerst fein hacken und
anschließend mit 1 Prise Salz im Mörser zu einer feinen Paste zerreiben.

Knoblauch- und Misopaste, Reisessig, Mirin, Sojasauce und Sesamöl in einer
Schale mit dem Schneebesen glatt rühren.

Einen großen ofenfesten Bräter oder ein Backblech mit dem Olivenöl einreiben
und den Semmelbröseln ausstreuen.

Die Auberginenscheiben mit Küchenpapier trocken tupfen und mit der eingeschnittenen Seite nach oben nebeneinander in den Bräter bzw. auf das Backblech legen. Jede Scheibe mit ca. 1 bis 1 1/2 EL der Misoglasur bestreichen.

Das Backblech für ca. 40 Minuten in den Ofen schieben (zweite Schiene von
unten). Nach 10 Minuten die Temperatur auf 220 °C erhöhen. Nach weiteren
10 Minuten die Auberginenscheiben mit der restlichen Misoglasur bestreichen,
die höchste Grillstufe einschalten und die verbleibenden 20 Minuten grillen
(darauf achten, dass die Auberginen nicht verbrennen).

ANRICHTEN

Die Auberginenscheiben aus dem Ofen nehmen und sofort servieren.

AUBERGINENPÜREE MIT GEBACKENEM HERING AUF BROT

ZUTATEN für 4 Personen | **ZEIT** 1 Stunde

AUBERGINENPÜREE

3 EL Olivenöl
300 g Zwiebeln, geschält und in
  grobe Würfel geschnitten
2 runde Auberginen à ca. 450 g
  (z.B. der Sorte Flamed Round),
  geschält und in grobe Würfel
  geschnitten
Salz
2 EL Crème fraîche
Cayennepfeffer

3 EL Olivenöl auf niedriger Stufe in einem Topf erhitzen. Die gewürfelten Zwiebeln zugeben und 2 Minuten andünsten. Dann die gewürfelten Auberginen zugeben, leicht salzen und für ca. 35 Minuten unter gelegentlichem Rühren sehr trocken anrösten. Die Flüssigkeit sollte fast vollständig verkocht sein.

Die Zwiebel-Auberginen-Mischung mit Crème fraîche in der Küchenmaschine zu einer feinen Creme pürieren. Mit Salz und einer Prise Cayennepfeffer abschmecken.

GEBACKENER HERING UND BROT

8 EL Olivenöl
8 Scheiben Nussbrot, alternativ
  Bauernbrot oder Baguette
6 EL Mehl
8 junge Heringe à ca. 100 g (ausgenommen, Mittelgräte entfernt),
  alternativ Sardinen oder gute
  Ölsardinen
Salzflocken
Pfeffer

2 EL Olivenöl in einer Pfanne erhitzen. Die Brotscheiben darin von beiden Seiten anrösten.

Das Mehl auf einen Teller geben. Die Heringe leicht darin wenden und das überschüssige Mehl abklopfen.

Das Brot aus der Pfanne nehmen und 6 EL Olivenöl darin erhitzen. Die Heringe hineingeben und bei mittlerer Hitze braten. Nach ca. 3 Minuten wenden und weitere 2 bis 3 Minuten braten. Währenddessen die gebratene Seite sowie die Bauchhöhle der Fische stetig mit dem heißen Öl aus der Pfanne übergießen (z.B. mit einem großen Löffel).

Ich verwende gerne gut eingebrannte, unbeschichtete Pfannen. Wer auf Nummer sicher gehen möchte, verwendet eine beschichtete Pfanne zum Braten. Dann klebt der Fisch garantiert nicht am Pfannenboden an. Sollten die Fische nicht zusammen in die Pfanne passen, brät man sie am besten nacheinander. Der erste fertige Hering kann im vorgeheizten Backofen bei 80°C warm gehalten werden.

Die Heringe aus der Pfanne nehmen und auf Küchenpapier abtropfen lassen.

ANRICHTEN

Die Brotscheiben mit dem Auberginenpüree bestreichen und mit den Heringen belegen. Mit Salzflocken und Pfeffer würzen und sofort servieren.

INFO

Die kleinen, leckeren Heringe gibt es Anfang Mai, wenn die Saison beginnt. Bei größeren Exemplaren erhöht sich die Garzeit um einige Minuten. Alternativ tun es auch Sardinen oder Makrelen.

GEBRATENE AUBERGINEN MIT TOMATEN-VINAIGRETTE

ZUTATEN für 2 Personen | **ZEIT** 30 Minuten

ZUBEREITUNG

1 Aubergine à ca. 300 g

Salz

7 EL Olivenöl

Saft von 1 Bio-Zitrone

2 Knoblauchzehen, geschält und
in feine Scheiben geschnitten

3 EL glatte Petersilie, gehackt

8 Kirschtomaten, sehr fein
gehackt

Pfeffer

1 Prise gemahlener Kreuzkümmel

1 TL Chiliflocken

Die Aubergine in ca. 1 cm dicke Scheiben schneiden, diese nebeneinander auf einen flachen Teller legen und mit Salz bestreuen.

5 EL Olivenöl mit dem Zitronensaft verrühren. Knoblauchscheiben, gehackte Petersilie und Kirschtomaten untermischen. Die Vinaigrette mit Salz, Pfeffer, Kreuzkümmel und Chiliflocken abschmecken.

Die Auberginenscheiben mit Küchenpapier trocken tupfen. Das restliche Olivenöl in einer großen Pfanne stark erhitzen. Die Auberginenscheiben nebeneinander hineinlegen und auf beiden Seiten kurz anrösten. Nach dem Wenden mit einem Pfannenwender leicht andrücken. Mit 2 EL Wasser ablöschen und verdampfen lassen.

Wenn nicht alle Auberginenscheiben in die Pfanne passen, kann auch portionsweise gearbeitet werden. Dann immer 1 EL Olivenöl pro Portion.

ANRICHTEN

Die Auberginenscheiben auf einer Platte anrichten. Die Tomaten-Vinaigrette darüber verteilen und servieren.

RATATOUILLE

ZUTATEN für 4 Personen | **ZEIT** 30–40 Minuten

ZUBEREITUNG

1 Aubergine à ca. 250 g
Salz
1 Zucchini à ca. 250g
2 rote Paprika
1 gelbe Paprika
800 g Flaschentomaten (z.B. San Marzano)
110 ml Olivenöl
1 TL Zucker
1 EL Rotweinessig

Die Aubergine mit einem Sparschäler schälen und in ca. 0,5 cm dünne Scheiben schneiden. Die Scheiben nebeneinander auf einen großen, flachen Teller legen und leicht salzen, damit sie Wasser ziehen.

Die Zucchini ebenfalls in ca. 0,5 cm dünne Scheiben schneiden. Die Paprika längs halbieren. Stiel, Stielansatz und Kerngehäuse entfernen. Die Paprikahälften längs vierteln.

Die Tomaten in grobe Stücke schneiden und in einem hohen Gefäß mit dem Mixstab fein pürieren. Anschließend durch ein feines Sieb in einen kleinen Topf passieren.

80 ml Olivenöl in einer großen Pfanne erhitzen. Die Paprika mit der Hautseite nach unten in die Pfanne geben und bei starker Hitze braten, bis die Haut leicht schwarz wird. Die Paprika wenden und für ca. 1 Minute weiterbraten.

Die Paprika aus der Pfanne in eine Schüssel geben und diese mit Alufolie fest verschließen. (Das macht man, damit die Haut sich später leicht ablösen lässt.) Für 8 bis 10 Minuten ruhen lassen. Das Bratöl in der Pfanne aufbewahren.

In der Zwischenzeit die Auberginenscheiben mit Küchenpapier trocken tupfen. Paprikabratöl in der Pfanne erhitzen. Auberginen- und Zucchinischeiben nacheinander braten, bis sie Farbe bekommen. Anschließend auf Küchenpapier abtropfen lassen.

Die Paprika häuten.

Das Tomatenpüree im Topf aufkochen. Zucker, eine Prise Salz und Rotweinessig zugeben und ca. 5 Minuten köcheln lassen.

Das restliche Olivenöl zugeben und mit einem Mixstab schaumig aufmixen.

ANRICHTEN

Das Gemüse auf Tellern verteilen und mit der Tomatensauce beträufelt servieren.

TOMATEN

Was ist leckerer als eine Tomate? Zwei Tomaten! In Deutschland sind sie das unangefochtene Lieblingsgemüse, hier verzehrt jeder jährlich 20 Kilo davon. Ich wahrscheinlich mehr. Egal, wie sehr ich bei anderen Gemüsesorten auch ins Schwärmen komme – am Ende ist und bleibt die Tomate mein persönlicher Topfavorit. Ihr komplexes Aroma, das sich aus etwa 400 verschiedenen Duftstoffen zusammensetzt, kann ich in der Küche mit fast allem kombinieren. Tomaten lassen sich praktisch unendlich verwandeln, von der saftigen, reifen Frucht zu einem Salat, zu einer ganz einfachen Sauce oder zum getrockneten Umami-Kraftpaket.

VIELFALT ENTDECKEN, AROMEN SCHMECKEN

Weltweit existieren geschätzt bis zu zehntausend unterschiedliche Tomatensorten. Allein der österreichische »Paradeiser-Kaiser« Erich Stekovics bewahrt und kultiviert auf seinen Feldern gut 3500 Sorten, von denen viele gelb, grün, weiß oder dunkelviolett sind – und nicht einmal die Hälfte rot. Engagements wie diesem ist es zu verdanken, dass in den letzten Jahren viele alte Tomatensorten wiederentdeckt wurden.

Auch meine Lieblingstomate ist solch eine regionale Rarität: Die »Vierländer Platte« verfügt über die urtypische Ausgewogenheit von Süße und Säure. So kennen die Älteren den Tomatengeschmack noch von früher. Die Frucht ist breit, flach und gerippt. Schneidet man sie horizontal auf, zeigen sich nur kleine Fruchtkammern mit wenigen Kernen und viel süßes Fruchtfleisch. Leider wird die Vierländer Platte, die wahrscheinlich von einer italienischen Fleischtomate abstammt, nur strikt saisonal für sechs Wochen angeboten, und das auch nur im Hamburger Raum, wo man sie zum Glück seit den Neunzigern wieder anbaut.

WELTWEIT EXISTIEREN GESCHÄTZT BIS ZU ZEHNTAUSEND UNTERSCHIEDLICHE TOMATENSORTEN.

Frisch und pur am besten
Ganz ähnliche Qualitäten wie die Vierländer Platte haben z.B. die spanische Raf-Tomate und die auffällig große, faltige Ochsenherztomate (italienisch »cuore di bue«). Reife Früchte dieser Sorten besitzen eine sehr weiche und relativ empfindliche Haut. Lange Transporte und Lagerung bekommen ihnen deshalb nicht. Frisch aufgeschnitten sind sie eine wahre Offenbarung – für Saucen oder Suppen sind sie hingegen nicht geeignet.

Einen persönlichen, regionalen Geheimtipp entdecken? Das kann jeder! Man muss sich nur auf die Suche machen, neugierig bleiben und – ganz wichtig – ausprobieren. Egal, ob am Marktstand oder am Discounterregal: Wenn ich mich nicht direkt beim Einkauf davon überzeugen kann, wie eine Sorte schmeckt, bleibt die Auswahl ein Lotteriespiel, auch für mich. Es ist nämlich ganz und gar unmöglich, einer Tomate von außen ihr Aroma anzusehen. Darum sollte man, wenn es erlaubt ist, Tomaten grundsätzlich immer vor dem Kauf probieren, sich leckere Sorten merken und Ansprechpartnern so viele Informationen entlocken wie möglich. Deutsche Tomaten einzukaufen lohnt sich am meisten während der hiesigen Saison von Juli bis Oktober. Dann gibt es die größte Auswahl, und die Chance auf einen Glücksgriff ist am höchsten.

INDUSTRIETOMATEN: WO IST DER GESCHMACK?

Wenn ich mir das Angebot im heutigen konventionellen Handel ansehe, finde ich immer die gleichen roten Sorten vor: die »Hollandtomate« (auch »runde Tomate«) mit großen Fruchtkammern und viel Saft, die etwas fleischigere »Freilandtomate« (auch »Fleisch-« oder »gerippte Tomate«), deren kleine Schwester, die »Kirschtomate« ▶

(auch »Cocktail-« oder »Cherrytomate« genannt) sowie häufig die eiförmige »Romatomate«. Je nach Züchtung gibt es abweichende Formen und Größen, oft hängen noch bis zu 15 Früchte an einer Rispe.

Rispentomaten

Die Begriffe Strauch- oder Rispentomaten beziehen sich auf die Erntemethode, bei der die Tomaten durch den Stiel als Traube verbunden bleiben. Das geschieht aber nicht (wie oft behauptet), damit die Tomaten frisch oder aromatisch bleiben. Es ist zwar gut, die Kelchblätter nicht zu entfernen, weil die Tomate sonst leicht am Stielansatz faulen könnte. Vor allem vereinfacht die Rispe jedoch die Ernte. Außerdem steckt dahinter eine Marketingstrategie: Das filzig-flaumige Grün der Rispe suggeriert Frische, ihr intensiver Duft nach Tomaten soll zum Kauf verführen. Über das Aroma der Frucht sagt die Rispe aber genauso wenig aus wie die Tomatenfarbe.

Meistens präsentieren sich diese herkömmlichen Industrietomaten in Topqualität: ohne Druckstellen, gleichmäßig und einheitlich wie aus dem Hochglanzkatalog. Sie kommen zwar aus unterschiedlichen Ländern, schmecken aber überwiegend gleich: wässrig, nichtssagend, langweilig.

Das schlappe Aroma hat drei Gründe: Erstens wird bei der Züchtung mehr Wert auf Robustheit und Gleichmäßigkeit gelegt als auf den Geschmack. Zweitens wachsen die meisten Supermarkttomaten nicht mehr auf Feldern, sondern in Treibhäusern auf Steinwolle getränkt mit Standard-Nährlösungen – regionaltypische Unterschiede und aromatische Vielfalt bleiben so auf der Strecke. Drittens werden Exporttomaten unreif auf die Reise geschickt, wenn sie noch relativ unempfindlich sind. Unterwegs werden sie zwar weicher und röten auch nach, aber einmal geerntet, produzieren sie keinen Zucker und damit kein Aroma mehr. Und das schmeckt man.

Bleibt die Frage: Lohnt es sich, ein Gemüse quer durch Europa zu kutschieren, wenn man dafür solche Kompromisse beim Geschmack machen muss? In meinen Augen wäre es schon allein wegen der kürzeren Transportwege eine kluge Entscheidung, unseren regionalen Sorten wieder mehr Beachtung zu schenken. Auch dort gibt es keine Garantien, aber ein riesiges Potenzial. Die Vierländer Platte hat es vorgemacht: Oft wächst die besondere, saftige, aromatische Lieblingstomate »nur hier« – und das ist ein riesiger Pluspunkt!

GETROCKNETE TOMATEN

In ihnen sind alle Aromen sonnengereifter Tomaten konzentriert: fruchtige, karamellige, blumig-harzige, säuerliche, leicht bittere Noten. Zusätzlich natürlich ein sehr intensiv ausgeprägter Umami-Geschmack, der jedem Gericht zu mehr Tiefe verhilft. Wenn sie nicht zu hart sind, kann man getrocknete Tomaten ohne weitere Zubereitung essen, sie entfalten ihre wunderbare Kraft dann direkt beim Kauen. Für Salate oder Tapasteller sollte man sie kurz blanchieren. Je kleiner man sie schneidet und je länger man sie mitkocht, zum Beispiel in Suppen oder Schmorgerichten, umso mehr geben sie von ihrer Aromatik ab. Beim Dosieren ist es ratsam, eher sparsam zu beginnen und sich von Mal zu Mal vorzutasten, um ein Überwürzen zu vermeiden. Getrocknete Tomaten können gesalzen sein, in diesem Fall sollte man sie vor der Verwendung leicht wässern. Sie werden auch in Öl eingelegt angeboten, das sich beispielsweise für Marinaden, Vinaigretten oder Dressings weiterverwenden lässt.

TOMATENSALAT PUR

ZUTATEN für 4 Personen | **ZEIT** 15—20 Minuten

ZUBEREITUNG

900 g gemischte Tomaten (verschiedene Sorten und Farben)
160 g Kirschtomaten
5 EL Olivenöl
2 EL Sherryessig
Salz
Pfeffer
Salzflocken
2—3 EL Basilikumblätter, fein
   geschnitten

Wasser in einem großen Topf zum Kochen bringen. Eine große Schüssel mit Eiswasser bereitstellen.

Die Stielansätze der Tomaten keilförmig herausschneiden und die Tomaten im kochenden Wasser 15 bis 20 Sekunden blanchieren. Mit einer Schaumkelle aus dem Topf heben und sofort im Eiswasser abschrecken. Anschließend mit einem kleinen Küchenmesser häuten und beiseitestellen.

Für das Dressing die Kirschtomaten halbieren und in einem hohen Gefäß mit dem Mixstab pürieren. Anschließend durch ein feines Sieb passieren und in einer Schale auffangen. 3 EL des Olivenöls und den Sherryessig untermischen, mit Salz und Pfeffer würzen.

ANRICHTEN

Die gehäuteten Tomaten nach Belieben in Scheiben oder Stücke schneiden und auf einem großen Teller anrichten.

Das Tomatendressing mit dem Mixstab aufschäumen und über die Tomaten geben.

Mit dem restlichen Olivenöl beträufeln, mit Salzflocken und Pfeffer würzen und mit dem geschnittenen Basilikum bestreuen.

TIPP

Nicht wundern: Die pürierte Tomatensauce geliert mit der Zeit. Dann mit etwas Essig oder Wasser verdünnen und noch einmal mit Salz und Pfeffer abschmecken.

Tomaten nicht kühlen, sonst verlieren sie ihr Aroma.

TOMATENSUPPE MIT KNÖDELBROT

ZUTATEN für 4 Personen | **ZEIT** 2 Stunden

ZUBEREITUNG

1 1/2 kg gemischte reife Tomaten
  (verschiedene Größen und
  Farben)
7 EL Olivenöl
1/2 EL Butter
2 rote Zwiebeln, geschält und
  grob gewürfelt
300 g Staudensellerie, geputzt
  und grob gewürfelt
3 Knoblauchzehen, geschält und
  in feine Scheiben geschnitten
70 g Tomatenmark
Zucker
1/2 TL schwarze Pfefferkörner,
  grob gemahlen
4 Lorbeerblätter
1 kleine Dose geschälte Tomaten
  (400 g EW)
Salz
10 Basilikumblätter

Die Tomaten waschen, den Stielansatz keilförmig herausschneiden und das Fruchtfleisch grob würfeln.

5 EL vom Olivenöl und die Butter in einem großen Topf auf mittlerer Stufe erhitzen. Zwiebel- und Staudenselleriewürfel sowie Knoblauchscheiben 3 bis 4 Minuten glasig dünsten.

Tomatenmark, 1 EL Zucker, grob gemahlenen Pfeffer und Lorbeerblätter zugeben und 1 Minute mitdünsten.

Die frischen Tomaten hinzufügen und unter Rühren in ca. 10 Minuten weich dünsten.

Die Dosentomaten samt Flüssigkeit zugeben und bei niedriger Hitze für ca. 1 Stunde offen einkochen lassen. Dabei gelegentlich umrühren und mit Salz würzen.

Nach 1 Stunde die Basilikumblätter zugeben und die Suppe mit dem Mixstab fein pürieren. Nach Geschmack mit Wasser verdünnen, um die gewünschte Konsistenz zu erhalten. Mit Salz, Pfeffer und Zucker abschmecken.

ANRICHTEN

Vor dem Servieren mit dem restlichen Olivenöl beträufeln.

TIPP

Dazu passt das Knödelbrot *(S. 78)*.

INFO

Beim Kochen mit Tomaten gebe ich immer etwas Zucker hinzu, um der Fruchtsüße ein wenig nachzuhelfen.

Tomaten aus der Dose wurden immer vollreif geerntet und haben entsprechend viel Aroma – für reduzierte Saucen genau richtig. Geschälte Dosentomaten wasche ich unter fließendem Wasser und lasse sie abtropfen, damit der leicht metallische Geschmack verschwindet.

Allgemein bieten sich frische Tomaten nur für sehr leichte Soßen an, die kaum reduziert werden.

KNÖDELBROT

ZUTATEN für 4—6 Personen | **ZEIT** 1 1/4 Stunden

ZUBEREITUNG

500 g Toastbrot mit Rinde
4 EL Olivenöl
1 große Zwiebel, geschält und
sehr fein gewürfelt
3 Knoblauchzehen, geschält und
in sehr feine Scheiben geschnitten
100 g Speck, fein gewürfelt
1/2 EL Piment d'Espelette,
alternativ Cayennepfeffer
50 g Butter
300 ml Milch
3 Eier (M)
100 g Parmesan, grob gerieben
Salz
1/2 TL Salzflocken

Den Backofen auf 170 °C Ober-/Unterhitze vorheizen. Ein Backblech mit einem Bogen Backpapier auslegen.

Das Brot in grobe Würfel schneiden, auf dem Backblech verteilen und für 15 bis 20 Minuten im Backofen goldbraun trocknen. Anschließend aus dem Ofen nehmen.

2 EL Olivenöl in einer Pfanne auf mittlerer Stufe erhitzen. Zwiebelwürfel, Knoblauchscheiben und Speck für 6 bis 8 Minuten andünsten. (Den Speck nicht zu knusprig werden lassen.) Mit Piment d'Espelette würzen und die Butter zugeben. Mit der Milch auffüllen und bei geringer Hitze 3 bis 5 Minuten etwas einkochen lassen.

Die getrockneten Brotwürfel in eine große Schüssel geben und mit der warmen Speck-Zwiebel-Milch vermengen (geht am besten mit einem Holzlöffel), kurz abkühlen lassen.

Die Eier mit dem Parmesan verquirlen, zur Brotmasse geben und mit den Händen unterkneten. Mit Salz abschmecken.

Aus der Knödelmasse eine große Kugel formen, diese mittig auf dem Back-blech platzieren und zu einem ca. 4 cm hohen, runden Fladen formen.

Den Fladen mit dem restlichen Olivenöl beträufeln, mit den Salzflocken be-streuen und für 30 bis 35 Minuten in den Ofen schieben (zweite Schiene von unten).

ANRICHTEN

Das Knödelbrot aus dem Ofen nehmen und in Scheiben schneiden. Wer mag, kann es noch in Olivenöl knusprig anbraten.

TIPP

Das Knödelbrot passt ideal zu Tomatensuppe *(S. 77)*, Geschnetzeltem *(S. 238)*, saurer Kalbslunge *(S. 253)* und Gulasch *(S. 188)*.

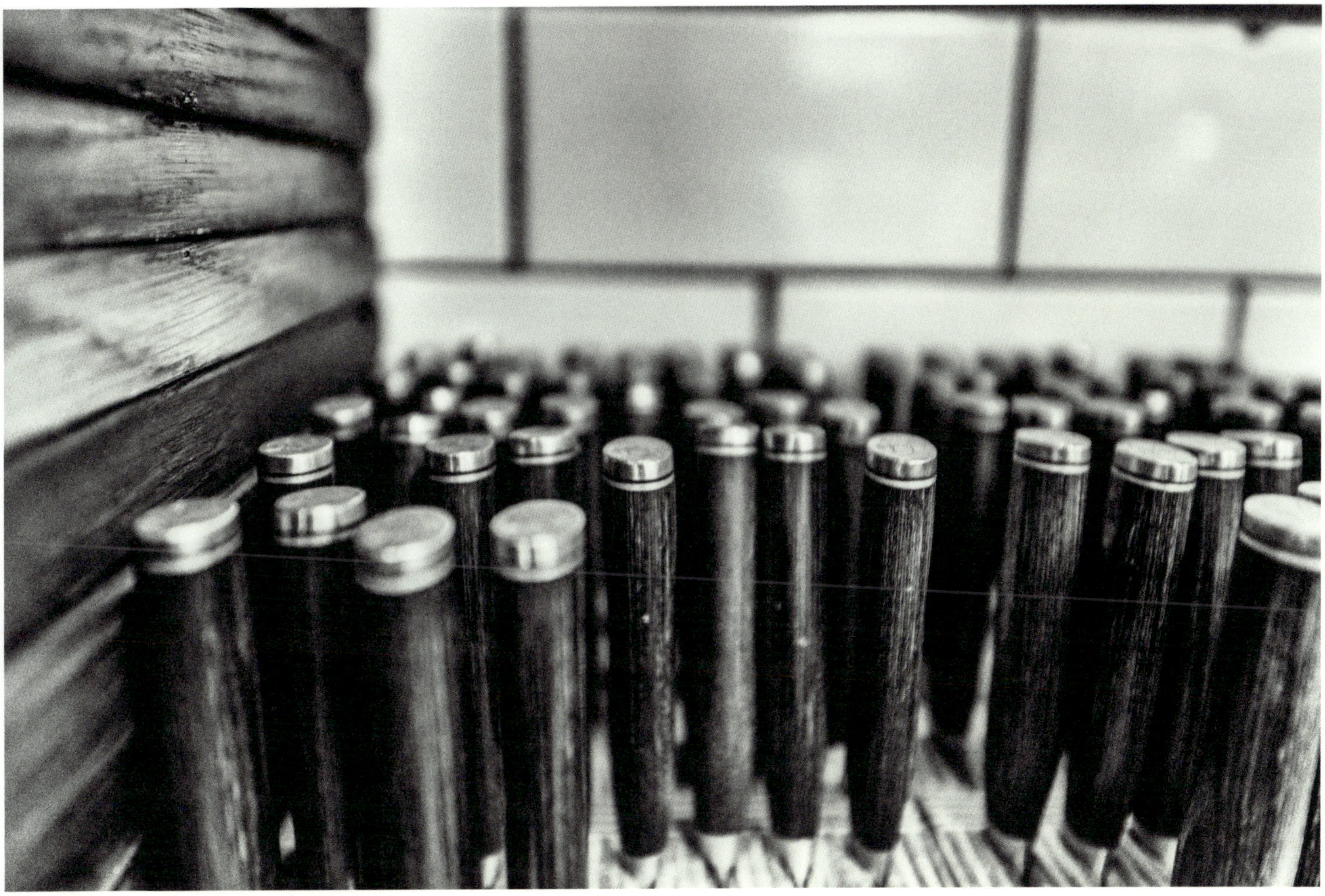

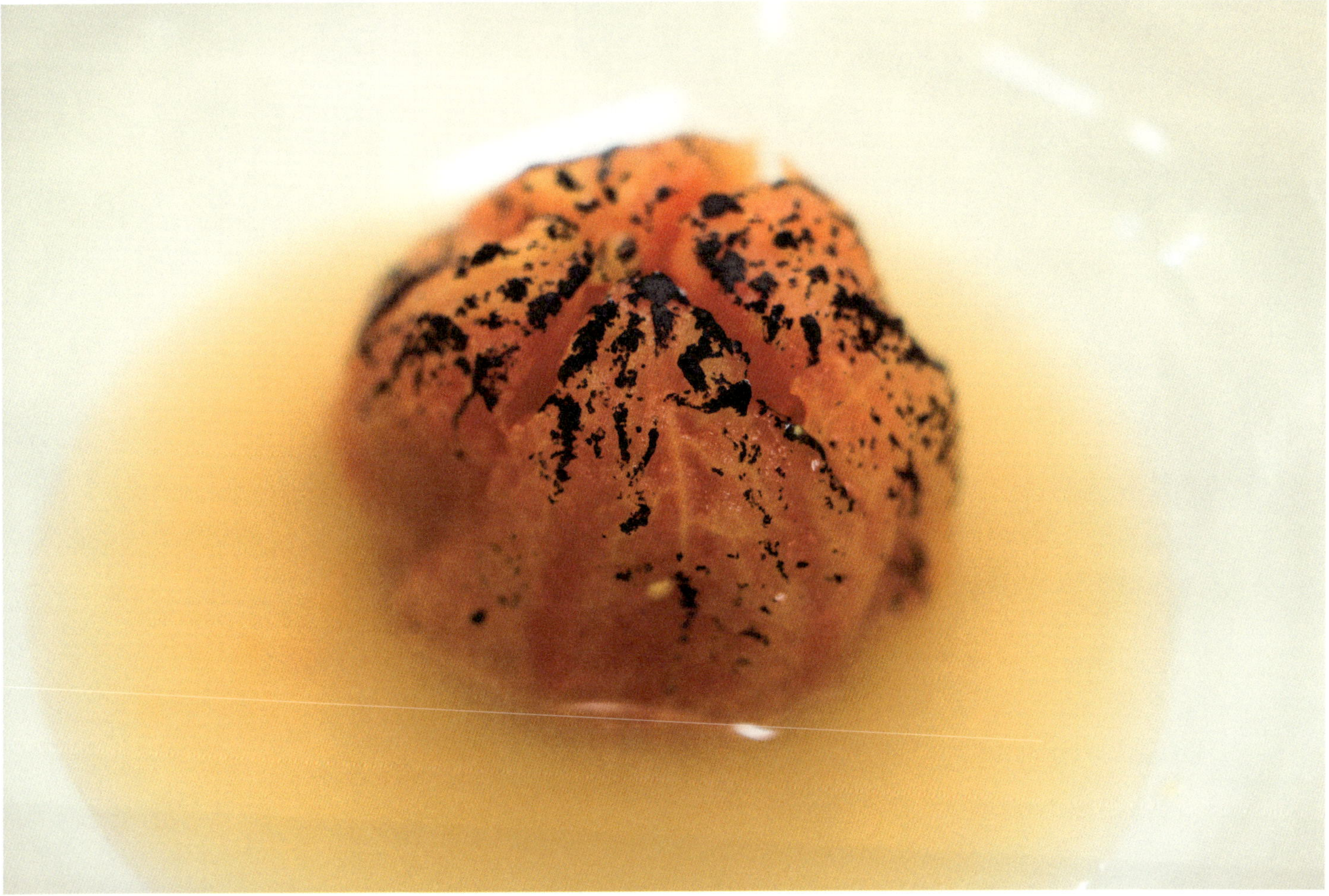

LINSENSUPPE MIT GETROCKNETEN TOMATEN UND SCHAFSKÄSE

ZUTATEN für 4 Personen | **ZEIT** 1 1/4 Stunden

ZUBEREITUNG

200 g geräucherter Schinken-
speck, am Stück

200 g grüne Linsen (z.B. Puy-
Linsen)

1 EL Butter

4 EL Olivenöl

100 g Staudensellerie, fein
gewürfelt

100 g Möhren, geschält und
fein gewürfelt

2 kleine Kartoffeln (festkochend),
geschält und fein gewürfelt

100 g Zwiebeln, geschält und
fein gewürfelt

1 Knoblauchzehe, geschält
und fein gewürfelt

40 g getrocknete Tomaten
(Soft-Tomaten, ohne Öl), fein
gewürfelt

Salz

Pfeffer

1 kleine Fenchelknolle

200 g Schafskäse am Stück, in
4 Scheiben geschnitten

8 Kirschtomaten, in Scheiben
geschnitten

Den Speck erst quer, dann längs halbieren. Linsen im Sieb kalt abspülen und abtropfen lassen.

Butter und 2 EL Olivenöl in einem Topf auf mittlerer Stufe erhitzen. Stauden-sellerie-, Möhren-, Kartoffel- und Zwiebelwürfel darin für ca. 2 Minuten an-dünsten. Knoblauchwürfel zugeben und ca. 2 Minuten mitdünsten. Speck, Linsen und getrocknete Tomatenwürfel zugeben und für ca. 1 weitere Minute mitdünsten. Mit 1 l Wasser auffüllen und mit Salz und Pfeffer würzen. Für ca. 45 Minuten zugedeckt kochen.

Inzwischen den Fenchel waschen, längs halbieren und quer in sehr dünne Scheiben schneiden oder hobeln.

2 EL Olivenöl in einer Pfanne erhitzen. Fenchel darin scharf anbraten, an-schließend aus der Pfanne nehmen und beiseitestellen.

ANRICHTEN

Die Suppe mit Salz und Pfeffer abschmecken und in tiefen Tellern anrichten, Fenchel und Schafskäsescheiben hineingeben. Die Kirschtomatenscheiben auf den Käse legen.

KOHL

KOPF ODER BLÜTE?

Ein echtes Grundnahrungsmittel: Man unterscheidet im Wesentlichen zwischen Kohlköpfen und Kohlblüten. Alle Sorten sind sehr reich an Vitamin C, einige (wie Blumenkohl und Brokkoli) sollen Krebserkrankungen vorbeugen.

KOHLKÖPFE

Zu den Kopfkohlsorten, die vor allem aus Blättern bestehen, zählen die kugelförmigen, fest geschlossenen Weiß- und Rotkohlköpfe, der feinere, kegelförmige Spitzkohl, der leichte Chinakohl sowie der Wirsing mit seinen luftig-blasig gewellten Blättern. Eine Art Kohlkopf im Miniaturformat ist der Rosenkohl, von dem eine Pflanze viele Röschen gleichzeitig als Triebknospen hervorbringt, die im Stück gegart werden.

Kohlköpfe müssen für die meisten Gerichte zerkleinert werden. Dabei entstehen ätherische Senföle, die den typisch schwefeligen Kohlgeruch verströmen. Für einige Gerichte, zum Beispiel Kohlrouladen, werden aber auch die einzelnen, großen Kohlblätter benötigt. Wegen ihrer Form und Festigkeit eignen sich am besten Weiß- und Spitzkohlblätter. Weißkohl wird außerdem vor allem für deftige Eintöpfe, als Fleischbeilage, für Krautsalate oder Sauerkraut verwendet. Rotkohl reicht man traditionell in gekochter Form zu Wild oder Schweinebraten, oft wird er mit Obst (z.B. Äpfeln) kombiniert oder als Rohkost in Salaten verarbeitet.

Wegen der vielen deftigen Rezepturen vergisst man leicht, was für ein zartes Gemüse Kohl eigentlich ist. Bei allen Sorten ist es deswegen wichtig, auf die richtige Garzeit zu achten, damit die gewünschte Konsistenz erreicht wird und keine muffig riechende, breiige Masse entsteht. Entgegen landläufiger Meinungen macht eine längere Garzeit Kohl nicht bekömmlicher, sondern zerstört vielmehr die darin enthaltenen Vitamine. Anstatt die zerkleinerten Blätter (bzw. Rosenkohlköpfe) also einfach lange durchzukochen, ist es allgemein sinnvoller, sie nur wenige Minuten zu blanchieren und anschließend in der Pfanne anzubraten oder zu schmoren (zum Beispiel als Kohlrouladen oder Schmorkohl). So behält das Gemüse nicht nur Struktur und Biss, sondern schmeckt auch wesentlich besser.

KOHLBLÜTEN: BLUMENKOHL UND BROKKOLI

In meinen Augen ist der Blumenkohl – diese pure, zarte Schönheit im jungfräulichen Weiß – eigentlich viel zu schade zum Zerschneiden, erst recht, um ihn matschig zu kochen oder zu pürieren. Am liebsten bereite ich Blumenkohl so zu, dass er möglichst viel von seiner delikaten Form und von seiner natürlichen Festigkeit behält.

Wichtig zu beachten sind deshalb die verschiedenen Garpunkte: Anstatt ihn einfach nur weich zu kochen (was zudem sein dumpfes Kohlaroma zu stark betonen würde), blanchiere ich meine Blumenkohlröschen gern und/oder röste sie in der Pfanne. Denn mit der optimalen Garzeit kommt der wunderbar weich-nussige Geschmack perfekt zur Geltung – Butter und Parmesan sind die idealen Begleiter.

Der kompakte, gleichmäßig helle Blütenstand des Blumenkohls sollte beim Einkauf fest verschlossen in den knackigen Hüllblättern liegen, denn an ihnen erkennt ▶

WIE DEN BLUMENKOHL BEZEICHNET MAN AUCH SEINE ENGSTEN VERWANDTEN, DEN ROMANESCO UND DEN BROKKOLI, ALS BLÜTENGEMÜSE UND ISST JEWEILS DIE STARK AUSGEBILDETE »BLUME«.

▶ man am besten den Frischegrad. Sind die Blätter welk, wird es der Blüte nicht anders gehen. Verfärbungen auf den Röschen können durch unsanfte Behandlung oder Lichteinfluss entstehen, sind aber meistens nur ein optischer Makel.

Wie den Blumenkohl bezeichnet man auch seine engsten Verwandten, den Romanesco und den Brokkoli, als Blütengemüse und isst jeweils die stark ausgebildete »Blume«. Der Romanesco wird in der Küche exakt verarbeitet wie der Blumenkohl und schmeckt auch ähnlich. Die raffinierte, spiralförmig gedrehte Form seiner Röschen bietet auf dem Teller einen zusätzlichen optischen Reiz.

Der Brokkoli wurde wegen seiner grünen, manchmal fast bläulichen Knospen zeitweise fast ganz zur Tellerdekoration oder zur Suppeneinlage degradiert. Warum haben wir ihn so missverstanden und sein Potenzial übersehen? Warum wird er immer noch oft viel zu lange zu Brei zerkocht? Dass man die Röschen in Teilen Asiens wegen ihrer Hitzeempfindlichkeit sogar abschneidet und entsorgt, hat mir doch zu denken gegeben.

Jetzt weiß ich: Brokkoli braucht Zärtlichkeit. Wenn nicht ausdrücklich die Brokkolicremesuppe mein Ziel ist, blanchiere ich den Brokkoli wirklich nur für 1 bis 2 Minuten in Salzwasser oder brate ihn klein geschnitten für einige Minuten in Öl. Das genügt absolut! So behält er seinen dezent knackigen Biss und seine satte Farbe, die zarten Röschen bleiben intakt und wirken wie frisch geerntet.

In dieser Form passt Brokkoli zu Pasta, Reis oder Kartoffeln ebenso wie zu Fisch oder in den mediterranen Bauernsalat.

WILDER BROKKOLI

In Italien als Wintergemüse weit verbreitet und geschätzt, ist der Wilde Brokkoli (Stängelkohl oder Cima di Rapa) bei uns noch ein echter Geheimtipp. Man findet ihn hier unter dem Namen »Rapa« zunehmend auf größeren Wochenmärkten, am ehesten bei Händlern von mediterranen Produkten, und auf den Speisekarten der Restaurants, nicht nur in der Spitzengastronomie.

Anders als Rübstiel, mit dem man ihn optisch leicht verwechseln kann, lässt man den Stängelkohl schossen (also schnell und kräftig in die Höhe wachsen). Über der Wurzel, halb versteckt zwischen den faserig-festen Stielen, treibt er dann zierliche Knospenbündel. Sie erinnern unübersehbar an Brokkoli und lassen die Verwandtschaft zwischen beiden deutlich erkennen.

Der Wilde Brokkoli schmeckt intensiv nach Kohl und enthält, vor allem spät geerntet, viele gesundheitsfördernde Bitterstoffe, die manche allerdings als streng empfinden. Man isst Blütenknospen und junge Blätter, die zerkleinert in der Pfanne mit Knoblauch und Öl scharf angebraten werden. Empfehlenswert ist die Kombination mit Käse, zum Beispiel Pecorino. In Süditalien wird Rapa traditionell mit Orecchiette-Pasta gegessen.

SPITZKOHL MIT BUTTERMILCH

ZUTATEN für 4 Personen | **ZEIT** 25 Minuten

ZUBEREITION

1 Spitzkohl à ca. 800 g
1 EL Butterschmalz
125 g Bacon in Scheiben
250 ml Buttermilch
Salz
Pfeffer

Den Backofengrill auf 240 °C vorheizen.

Den Spitzkohl putzen. Hierfür die äußeren Blätter entfernen und das Ende vom Strunk dünn abschneiden. Den Kohl längs halbieren.

Eine große ofenfeste Pfanne auf mittlerer Stufe erhitzen und das Butterschmalz darin zerlassen. Die Spitzkohlhälften mit der Schnittfläche nach unten in die Pfanne legen, andrücken und für 2 bis 3 Minuten braten, bis die Schnittflächen gleichmäßig gebräunt sind.

Den Kohl wenden und die Baconscheiben auf den Schnittflächen verteilen. Die Buttermilch zugießen, die Pfanne mit einem Deckel verschließen und den Kohl auf mittlerer Stufe ca. 5 Minuten schmoren lassen.

Den Deckel abnehmen. Die Pfanne in den Ofen (auf der mittleren Schiene) schieben und 8 bis 10 Minuten übergrillen. Der Speck soll dabei schön knusprig werden.

ANRICHTEN

Den Kohl auf einem großen Teller anrichten und mit Salz und Pfeffer gewürzt servieren.

INFO

Beim Zerlegen von Kohlköpfen werden zunächst unansehnliche Außenblätter entfernt. Das Messer, beispielsweise ein großes Gemüse- oder Brotmesser, setzt man längs am Strunk an und zerteilt den Kohlkopf zuerst in zwei, dann in vier oder sechs Stücke. Von jedem entfernt man den Strunk, spült die Kohlstücke einzeln ab und zerkleinert sie weiter je nach Verwendung. Braucht man große Kohlblätter zum Füllen, ist es möglich, die Blätter einzeln abzubrechen oder den Kopf sogar ganz zu lassen. In dem Fall wird nur der Strunk herausgeschnitten und der gewaschene Kopf blanchiert oder gedämpft, bis die Blätter elastisch genug sind, um sie zu formen, ohne dass sie zerreißen. Haben sie die ideale Konsistenz erreicht, kann man sie in Eiswasser abschrecken, um ein Nachgaren zu verhindern.

ROSENKOHL ORIENTALISCH

ZUTATEN für 4 Personen | **ZEIT** 25 Minuten

ZUBEREITUNG

1 kg Rosenkohl
50 g geschälte Haselnüsse
  (am besten aus dem Piemont)
4 EL Olivenöl
Salz
1/2 Granatapfel
20 g Butter
1 EL Zucker

Einen großen Topf mit Wasser zum Kochen bringen und leicht salzen. Eine Schüssel mit Eiswasser bereitstellen.

Rosenkohl waschen und ggf. die äußeren welken oder trockenen Blätter entfernen. Die Enden vom Strunk dünn abschneiden. Den Rosenkohl im kochenden Salzwasser ca. 3 bis 4 Minuten blanchieren, dann abgießen und in Eiswasser abschrecken, anschließend in einem Sieb abtropfen lassen.

Die Haselnüsse grob hacken, in eine Schüssel geben und mit Olivenöl und etwas Salz würzen. Die Kerne aus dem Granatapfel lösen und beiseitelegen.

Eine große Pfanne erhitzen, die Butter darin zerlassen und leicht braun werden lassen. Den Rosenkohl zugeben und unter gelegentlichem Schwenken rundherum goldbraun anbraten. Anschließend mit dem Zucker bestreuen und leicht karamellisieren lassen.

ANRICHTEN

Den Rosenkohl vom Herd nehmen, Haselnüsse und Granatapfelkerne unterheben. Bei Bedarf mit etwas Salz abschmecken und servieren.

HONIGSAUERKRAUT

ZUTATEN für 4 Personen | **ZEIT** 30 Minuten

ZUBEREITUNG

50 g Butter
100 g Zwiebeln, geschält und
 in feine Streifen geschnitten
10 Wacholderbeeren
4 Lorbeerblätter
1 EL flüssiger Honig (plus weiterer Honig nach Bedarf)
500 g frisches rohes Sauerkraut
Salz
Pfeffer

Butter in einem Topf auf mittlerer Stufe erhitzen. Zwiebelstreifen, Wacholder-beeren und Lorbeerblätter in 5 bis 8 Minuten glasig dünsten. Dabei ab und zu umrühren.

Den Honig zugeben und unter Rühren auflösen. Das Sauerkraut untermischen und mit 200 ml Wasser auffüllen. (Ich lasse das Sauerkraut nicht abtropfen, sondern verwende es samt Saft. Ich mag das!)

Das Kraut zugedeckt bei mittlerer Hitze ca. 20 Minuten garen. Nach ca. 10 Mi-nuten mit Salz und Pfeffer würzen. Das gegarte Sauerkraut nach Geschmack mit Salz und Honig abschmecken und servieren.

TIPP

Passt zu den Knödelgerichten *(S. 111 und 118)*, zum Leberkäse ohne Leber *(S. 242)*, zum Schweinebauch pur *(S. 223)*.

ROTKOHL KLASSISCH

ZUTATEN für 4 Personen | **ZEIT** 2 Stunden (plus 1 Nacht Marinierzeit)

GEWÜRZSÄCKCHEN

1 TL Wacholderbeeren,
 angedrückt
1/2 Zimtstange
3 Nelken
1 TL schwarzer Pfeffer
1 Teefilter

Angedrückte Wacholderbeeren, Zimtstange, Nelken und schwarzen Pfeffer in einen Teefilter geben und zubinden.

Ein Gewürzsäckchen hat den Vorteil, dass man die Gewürze vor dem Servieren gut entfernen kann und niemand draufbeißen muss.

ROTKOHL

1 kleiner Rotkohl à ca. 1,2 kg
30 g Zucker
10 g Salz
300 ml Rotwein

Am Vortag den Rotkohl waschen. Gegebenenfalls die angetrockneten Außenblätter entfernen. Anschließend vierteln und den Strunk wegschneiden. Dann quer in sehr feine Streifen schneiden. Alles in eine große Schüssel geben, mit Zucker und Salz würzen und für 2 Minuten mit den Händen durchkneten. (Achtung: Der Kohl färbt! Die Hände mit Zitronensaft zu waschen, hilft.) Den Rotwein zugeben und untermischen. Den Rotkohl so über Nacht zugedeckt im Kühlschrank marinieren.

300 g Zwiebeln, geschält
1 Apfel (Sorte: Elstar)
4 EL Gänseschmalz
100 ml Rotwein
2—3 EL Rotweinessig
2—3 EL Preiselbeermarmelade,
 je nach Geschmack
Salz
Pfeffer

Am Folgetag die geschälten Zwiebeln halbieren und in sehr feine Streifen schneiden. Den Apfel vierteln und das Kerngehäuse herausschneiden. Apfelstücke in feine Scheiben schneiden.

Gänseschmalz in einem großen Topf erhitzen. Die Zwiebeln darin glasig dünsten. Den marinierten Rotkohl, die Apfelscheiben und das vorbereitete Gewürzsäckchen zugeben. Den Rotwein angießen und zugedeckt ca. 60 bis 80 Minuten bei niedriger Hitze schmoren. Dabei gelegentlich umrühren.

ANRICHTEN

Den Rotkohl mit Rotweinessig, Preiselbeermarmelade, Salz und Pfeffer abschmecken und servieren.

TIPP

Passt zu Schweinebraten *(S. 196)*, Gänsekeulen-Confit *(S. 274)*, Entenbrust *(S. 288)*, Hirschschnitzel *(S. 227)*, Schweinebauch *(S. 223)*, Rinderrouladen *(S. 208)*.

WILDER BROKKOLI MIT HASELNÜSSEN

ZUTATEN für 4 Personen | **ZEIT** 25 Minuten

ZUBEREITUNG

1 kg Wilder Brokkoli (Stängelkohl
  oder Cima di Rapa)
50 g geschälte Haselnüsse (am
  besten aus dem Piemont)
5 EL Olivenöl
1 Knoblauchzehe, geschält und
  in dünne Scheiben geschnitten
Salzflocken
Pfeffer

Den Wilden Brokkoli unter fließendem, kaltem Wasser waschen und anschließend trocken schütteln. Die tief dunkelgrünen, dicken Blätter von den Stielen zupfen und entfernen (sie sind oft faserig und schmecken bitter), die übrigen, etwas feineren, ebenfalls zupfen und grob schneiden.

Die dicken Stiele in ca. 1 cm breite und die feinen, dünnen Stiele in 3 bis 4 cm lange Stücke schneiden. Alles getrennt voneinander beiseitestellen.

Eine große Pfanne auf mittlerer Stufe erhitzen. Die Haselnüsse darin unter ständigem Schwenken ca. 8 Minuten goldgelb rösten.

Die gerösteten Nüsse auf einen Teller geben und abkühlen lassen, anschließend grob hacken.

Olivenöl in die Pfanne geben und auf hoher Stufe erhitzen. Zuerst die dicken Stiele vom Brokkoli zugeben und für ca. 1 Minute kräftig anrösten. Dann die feineren Stiele zugeben und für 1 weitere Minute anrösten. Jetzt die Knoblauchscheiben und die geschnittenen Brokkoliblätter zugeben und für 1 weitere Minute anrösten. Mit Salzflocken und Pfeffer würzen.

ANRICHTEN

Den Brokkoli auf einem großen Teller anrichten und mit Haselnüssen bestreut servieren.

BOHNENEINTOPF MIT GRÜNKOHL UND SCHWEINEFUSS

ZUTATEN für 4 Personen | **ZEIT** 2 1/2 Stunden (plus 12 Stunden Einweichzeit)

ZUBEREITUNG

250 g weiße Bohnen, z.B.
  Cannellinibohnen, (alternativ
  Dosenbohnen verwenden, diese
  aber erst mit dem Grünkohl zum
  Eintopf geben, da sie sonst zerfallen)
150 g geräucherter Speck
3 Stangen Staudensellerie
3 Zwiebeln, geschält
1 Möhre, geschält
3 EL Olivenöl
3 Lorbeerblätter
2 Stiele Bohnenkraut
Salz
Pfeffer
1 1/2 l Geflügelbrühe, alternativ
  Wasser verwenden
1 Schweinefuß, alternativ
  Schweinebauch
500 g Grünkohl
80 g Butter

Am Vortag: Die Bohnen für 12 Stunden (am besten über Nacht) in reichlich kaltem Wasser einweichen.

Am Folgetag: Die eingeweichten Bohnen in einem Sieb abgießen und kalt abspülen, anschließend abtropfen lassen.

Speck, Staudensellerie, geschälte Zwiebeln und Möhre in haselnussgroße Würfel schneiden. Olivenöl in einem großen Topf stark erhitzen. Speck und Gemüse zugeben und von allen Seiten anbraten.

Lorbeerblätter, Bohnenkraut und Bohnen zugeben und mit Salz und Pfeffer würzen. Mit 1 l Geflügelbrühe auffüllen, den Schweinefuß zugeben und bei geringer Hitze ca. 1 1/2 Stunden köcheln lassen.

In der Zwischenzeit Wasser in einem großen Topf zum Kochen bringen und leicht salzen. Den Grünkohl waschen und die dicken Stiele entfernen. Hierfür die Blätter in der Mitte leicht zusammenfalten und den Stiel vollständig abziehen. Junge und zarte Blätter können samt dem dünnen und feinen Stiel grob geschnitten werden.

Den Grünkohl für ca. 1 Minute im kochenden Salzwasser blanchieren, im Sieb abgießen und in einer Schale mit Eiswasser abschrecken. Den Grünkohl im Sieb erneut abgießen und leicht ausdrücken.

Nach 1 1/2 Stunden den Schweinefuß aus der Brühe heben, das Fleisch vom Knochen lösen und grob schneiden.

Ich mag gerade das Gallertartige von Schweinefüßen, deswegen verwende ich auch Haut und Knorpel. Wer das nicht mag, nimmt nur das Fleisch oder verwendet Schweinebauch.

Einen weiteren großen Topf stark erhitzen, die Butter darin zerlassen und leicht braun werden lassen. Den Grünkohl zugeben und kurz darin andünsten. Den Bohneneintopf und das Fleisch zugeben und mit der restlichen Brühe auffüllen. Mit Salz und Pfeffer würzen und leicht sämig einkochen.

ANRICHTEN

Den Eintopf in tiefen Tellern anrichten und servieren.

TIPP

Wer möchte, kann den Eintopf am Ende noch mit Senf verfeinern.

BLUMENKOHL »BAGNA CAUDA«

ZUTATEN für 4 Personen | **ZEIT** 35 Minuten

ZUBEREITUNG

1/2 l Milch

2 Knoblauchzehen, geschält und
  in feine Scheiben geschnitten

2 Zwiebeln, geschält und grob
  gewürfelt

Salz

Saft von 1/2 Limette

2 kleine Blumenkohlköpfe mit
  Grün à ca. 400 g

3 Scheiben Toastbrot, ohne Rinde,
  fein gewürfelt

2 Anchovisfilets

Pfeffer

Muskatnuss

1 TL Zitronensaft

Die Milch in einem Topf aufkochen, Knoblauchscheiben und Zwiebelwürfel zugeben und bei geringer Hitze ca. 15 Minuten einkochen.

Wasser in einem großen Topf zum Kochen bringen, leicht salzen und den Limettensaft zugeben.

Den Blumenkohl putzen. Dafür den Strunkansatz dünn abschneiden und kreuzweise einschneiden (wodurch der Kohl gleichmäßig gart) und eventuell gelbe, welke Außenblätter entfernen. Die übrigen Blätter am Kohl lassen.

Den Blumenkohl im Ganzen ins kochende Wasser geben und bei geschlossenem Deckel 7 bis 8 Minuten garen. Währenddessen eine große Schüssel mit Eiswasser bereitstellen.

Den Blumenkohl mit einer Schaumkelle aus dem Topf heben und kurz im Eiswasser abschrecken.

Die Knoblauch-Zwiebel-Milch mit einem Mixstab pürieren. Gewürfeltes Toastbrot und Anchovis zugeben und sehr fein mitpürieren.

Die Sauce mit einer Prise Salz, Pfeffer, Muskatnuss und wenigen Spritzern Zitronensaft abschmecken.

ANRICHTEN

Den Blumenkohl auf Tellern anrichten und mit der Sauce übergießen.

TIPP

Sollten die Blumenkohlköpfe größer sein, kann man die Kochzeit einfach verlängern. Wem das zu aufwendig ist, der kann die Köpfe auch in kleine Röschen teilen und die Kochzeit verkürzen.

INFO

Bei der Zubereitung entfernt man zunächst die Hüllblätter. Halbiert man jetzt die Blume, zeigt sich im Inneren eine fein verästelte Baumstruktur. Die »Äste« werden nun vom »Stamm« geschnitten, längere Stiele abgetrennt und in dünne Scheiben geschnitten, die Röschen halbiert oder geviertelt, der Stiel großzügig heruntergeschält. Um die außen liegenden Fasern aufzuweichen, werden alle Stielstücke erst für 30 bis 60 Sekunden in siedendem Salzwasser blanchiert, bevor die Röschen hinzugegeben werden. Eine Kochzeit von 1, maximal 2 Minuten genügt! Für den perfekten Biss lohnt es sich, nun alles in Eiswasser abzuschrecken und durchkühlen zu lassen.

BLUMENKOHLRISOTTO MIT ZIEGENKÄSE

ZUTATEN für 2 Personen | **ZEIT** 30 Minuten

ZUBEREITUNG

1 Blumenkohl à ca. 800 g
120 g Ziegenkäse mit Asche
  (Sainte-Maure)
50 g Butter
1 kleine Knoblauchzehe, geschält
  und fein gewürfelt
50 g Pinienkerne
50—100 ml Geflügelbrühe
Salz
1 Stückchen kalte Butter
Pfeffer

Den Blumenkohl in sehr feine Röschen schneiden. Hierfür die äußeren Blätter und das Ende vom Strunk abschneiden. Die Röschen mit einem Messer vom Mittelstrunk schneiden. Die großen Röschen in kleinere Röschen teilen, dabei so viel Strunk wie möglich entfernen. Den vorbereiteten Blumenkohl in ein Sieb geben und unter fließendem, kaltem Wasser waschen, anschließend gut abtropfen lassen.

Den Aschemantel vom Ziegenkäse dünn abschneiden und in kleine Stücke bröseln. Den übrigen Käse ebenfalls zerbröseln. Beides beiseitestellen.

Die Butter in einem Topf farblos zerlassen, den gewürfelten Knoblauch und die Pinienkerne zugeben und darin bei schwacher Hitze andünsten.

Die Blumenkohlröschen zufügen und ca. 1 Minute unter Rühren mitdünsten. Die Brühe zugießen und nur ganz leicht salzen (da der Ziegenkäse eine gute Prise Salz mitbringt). Den Blumenkohl für ca. 2 Minuten bei schwacher Hitze köcheln lassen.

Den zerbröselten Ziegenkäse sowie die kalte Butter zum Blumenkohl geben und unterrühren. Das Fett bindet die übrige Flüssigkeit, und es entsteht eine glatte, cremige Emulsion.

ANRICHTEN

Den Topf vom Herd nehmen, das Risotto mit Salz und Pfeffer abschmecken und auf einem großen Teller anrichten. Die aufbewahrte Asche darüber verteilen und servieren.

INFO

Der Name dieses Gerichts ergibt sich aus der Art und Weise der Zubereitung. Hier steht der Blumenkohl im Mittelpunkt. Da er vor der Zubereitung weder gedämpft noch blanchiert wird, bleibt sein Geschmack vollständig erhalten.

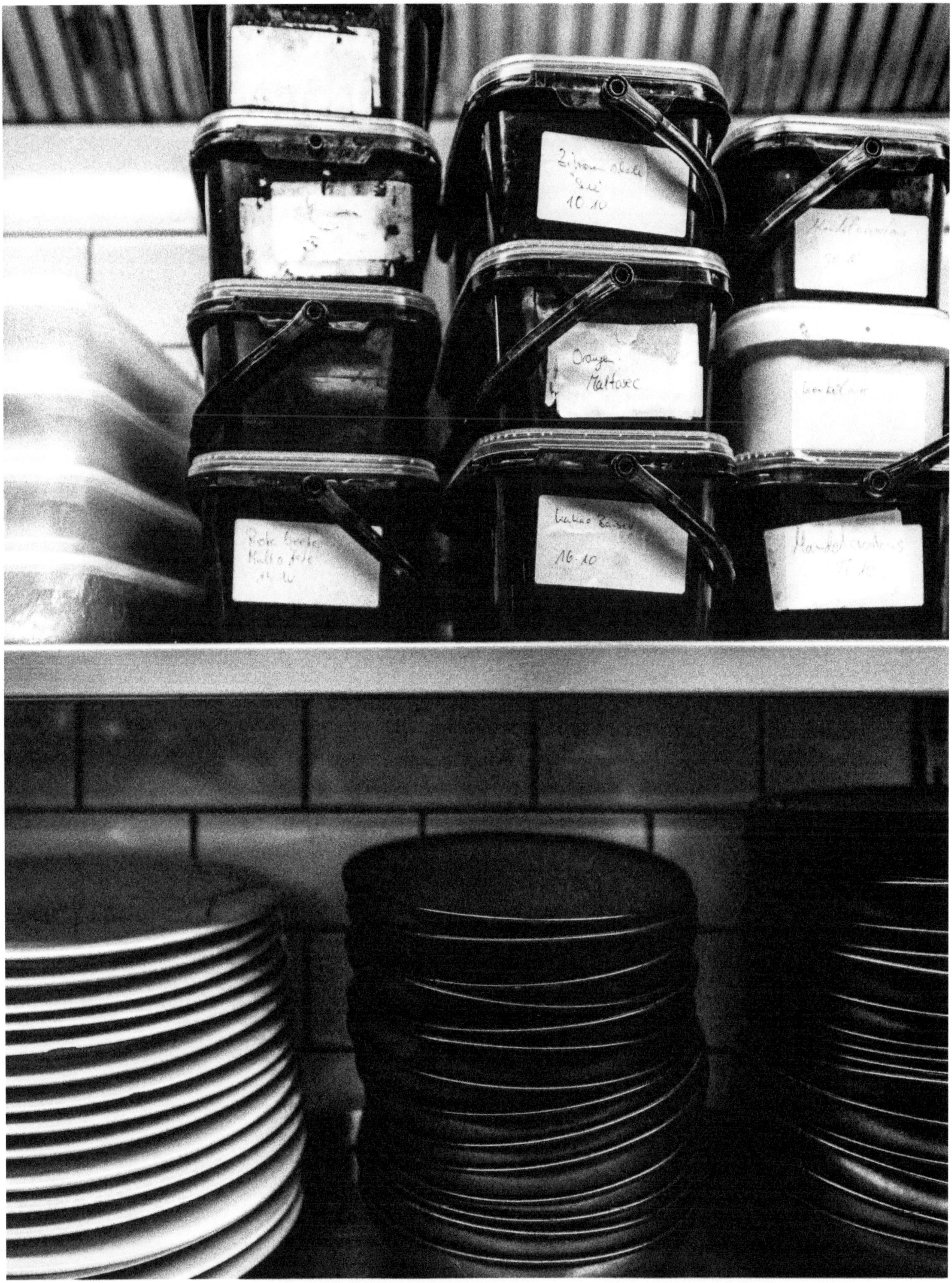
10.10
Orangen
Maltosec
16.10

SPINAT UND CO

Zwischen Kohl und Salat gibt es Gemüsesorten, die in der Küche einige Gemeinsamkeiten haben: Spinat, Mangold und Pak Choi sowie Grünkohl und Rübstiel. Sie alle werden in der Regel gegart, können aber auch anders zubereitet werden.

SPINAT

Bei uns werden ganzjährig verschiedene Zuchtformen angebaut. In der ersten Jahreshälfte vor allem zarter Babyspinat, dessen junge Blätter sich sowohl sautiert (in der Pfanne geschwenkt) oder gedämpft als auch im Salat gut machen. Der Handel unterscheidet zwei Erntearten: Blattspinat wird Blatt für Blatt gepflückt, Wurzelspinat als ganze Pflanze aus dem Boden gezogen und erst in der Küche zerlegt. Formen mit rotem Stiel können exakt wie grüner Spinat verarbeitet werden. Die später im Jahr geernteten Sorten haben größere, langstielige Blätter und sind etwas derber. Frischer Spinat hält sich im Kühlschrank bis zu 48 Stunden.

Vor dem Verzehr wird Spinat 30 Sekunden lang in kräftig gesalzenem, kochendem Wasser blanchiert, wobei er sein mächtiges Volumen verliert und stark einfällt, seinen zarten Biss aber beibehält. Durch das Blanchieren wird der Nitratanteil im Spinat um mehr als die Hälfte reduziert, der Oxalsäuregehalt sinkt, und der leicht metallische Geschmack verschwindet. Das Kochen geht aber auch zulasten der enthaltenen Vitamine und Mineralstoffe wie Zink, Magnesium, Calcium und Kalium. Um die Blattstruktur und das leuchtende Grün der Blätter zu erhalten, stoppen Profiköche den Garungsprozess, indem sie den Spinat unmittelbar nach dem Blanchieren in Eiswasser tauchen. Tiefkühlspinat wird immer direkt nach der Ernte blanchiert und eingefroren.

Der gegarte Spinat sollte nur leicht ausgedrückt, das Blanchier- und Kochwasser entsorgt und wegen der darin gelösten Schadstoffe nicht weiterverwendet werden.

▌ Spinat aufwärmen
Lange hielt sich die Annahme, gegarter und später wieder aufgewärmter Spinat sei gesundheitsschädlich. Seit man Essensreste nicht mehr auf Kellertreppen, sondern in Kühlschränken zwischenlagert, trifft das aber nur noch sehr bedingt zu. Fakt ist: Spinat entzieht dem Boden im Vergleich zu anderen Gemüsen relativ viel Nitrat. Bleibt der einmal erwärmte Spinat einfach offen stehen, beginnen Bakterien, die für Menschen völlig ungiftige Substanz in toxisches Nitrit umzuwandeln, jedoch nur in äußerst geringen, höchstens für Säuglinge bedenklichen Mengen. Für Erwachsene ist aufgewärmter Spinat erst einmal völlig unproblematisch.

Es kann passieren, dass aus dem Nitrit schädliche Nitrosamine entstehen, wenn bestimmte Aminosäuren hinzukommen, die beispielsweise in Fisch enthalten sind. Eine Portion Lachs-Spinat-Lasagne, die seit gestern im Ofen stand, noch einmal aufzuwärmen ist also nicht ratsam. Auch sollte Spinat nicht über einen längeren Zeitraum warm gehalten werden. Um ganz sicher zu sein, lässt man seinen übrig gebliebenen Spinat am besten rasch auskühlen und stellt ihn in einem geschlossenen Behälter unten in den Kühlschrank. So breiten sich im Spinat keine Bakterien aus, und Nitrit kann gar nicht erst entstehen.

MANGOLD

Wie Spinat ist der mild-würzige Mangold ein Fuchsschwanzgewächs, zählt aber zu den Rüben und ist ein Verwandter der Roten Bete und der Zuckerrübe. Bis Letztere ihr den Rang ablief, wurde die Mangoldwurzel wegen ihres hohen Zuckergehalts oft ausgekocht. Mangold besitzt fast identische Inhaltsstoffe wie Spinat, jedoch jeweils in geringerer Menge. Wegen des enthaltenen Nitrats und der Oxalsäure wird Mangold ebenfalls vorwiegend gegart verzehrt und eventuelle Reste werden gekühlt aufbewahrt.

Unterschieden werden zwei Arten: Vom Schnitt- oder Blattmangold verwendet man hauptsächlich die grünen Blätter, die wie Spinat zubereitet werden und auch ähnlich schmecken. Vom Stiel- oder Rippenmangold werden vor allem die kräftigen, fleischigen Blattstiele genutzt. Sie sind entweder weiß, gelb oder rötlich und lassen sich ähnlich wie Spargel zubereiten.

PAK CHOI

Pak Choi ist ein ursprünglich chinesischer Kohl, der optisch dem Blattmangold ähnelt und nicht nur als Gemüse, sondern auch roh als Salat gegessen werden kann. Er eignet sich sehr gut als Ersatz sowohl für Mangold als auch für Spinat, insbesondere der »Baby Pak Choi« kommt deren Kocheigenschaften sehr nahe. Da seine kompakten Stiele weitaus zarter sind als die von Mangold, lassen sich die kleinen Köpfe hervorragend halbieren und dann braten, schmoren oder dünsten. Geschmacklich erinnert Pak Choi an Chinakohl, bringt aber auch eine senfige Note mit.

GRÜNKOHL

Kaum ein Lebensmittel ist so reich an Vitamin C wie Grünkohl – sogar Zitronen und Apfelsinen enthalten weniger als die Hälfte. So erklärt sich der anhaltende Grünkohlhype in den USA, wo »kale« trotz seines bitter-pfeffrigen Aromas als Rohkost im Salat und als Bestandteil von Smoothies extrem beliebt ist, besonders bei Fitnessfans.

Der strenge Geschmack wird dafür gern mit starker Fruchtsüße von Bananen oder Ananas überdeckt.

Das mag auf Freunde der norddeutschen Tradition, die ihren deftigen, durchgegarten Grünkohl mit Bratkartoffeln und Speck, Schmorbraten oder Würsten lieben, etwas befremdlich wirken. Klassisch wird der Grünkohl bei uns relativ lange gegart, was die Blätter so aromatisch und saftig-lecker macht, dass man den Verlust der Vitamine leicht verschmerzen kann. Wer sich deftigen und trotzdem vitaminreichen Grünkohl wünscht, kann die Blätter 1 bis 2 Minuten blanchieren, dann in Butter anschwitzen und kurz mit Fleisch und Brühe aufkochen.

Auf dem Markt werden oft ganze, vorgewaschene Grünkohlblätter angeboten. Von ihrem enormen Volumen darf man sich nicht täuschen lassen, denn ähnlich wie Spinat fällt Grünkohl beim Erhitzen stark zusammen. Wer die Blätter selbst zerkleinern und säubern will, braucht möglichst eine Badewanne und eine Menge Zeit. Wesentlich einfacher und schneller ist es, zerkleinerten Grünkohl zu kaufen, und auch tiefgefroren steht er frisch geernteten Blättern in nichts nach. Oft heißt es, Grünkohl sei am besten nach dem ersten Frost. Ganz falsch ist das nicht, doch es kommt nicht unbedingt auf den Frost an, sondern vor allem auf eine längere Kälteperiode vor der Ernte. Während dieser Zeit kommt der Stoffwechsel der Pflanze fast zum Erliegen, während sie durch Photosynthese weiter Traubenzucker in den Blättern anreichert. Die Blätter werden süßer, wie man es beispielsweise auch vom Rosenkohl kennt. Inzwischen gibt es Züchtungen mit höherem Zuckeranteil, die bereits sehr früh geerntet werden können.

RÜBSTIEL

Wie Spinat, Mangold oder Grünkohl lässt sich auch Rübstiel, genauer gesagt die Stängel und Blätter von Speiserüben, verarbeiten. Um sie ernten zu können, werden zum Beispiel Mairüben (Navetten) enger gesetzt als üblich, damit sich nicht die Rübe, sondern das Grün entwickelt.

Rübstiel schmeckt etwas säuerlich, jedoch mit einer leicht senfigen Note. Er ist in der regionalen Küche weit verbreitet und unter vielen Namen bekannt, zum Beispiel als Streppmaut, Stielmus, Runkelstielchen oder auch Stängelmus – auf keinen Fall zu verwechseln mit Stängelkohl, dem wilden Brokkoli (Cima di Rapa).

GARTENMELDE

Eine der ältesten Kulturpflanzen ist der »spanische Spinat«, meistens Gartenmelde genannt. Sie ist in ganz Europa weit verbreitet und tritt allmählich auch wieder als Kulturpflanze in Erscheinung. Sie kann wie Spinat hervorragend als Salat zubereitet oder blanchiert werden. Der Spinat war es auch, der sie einst verdrängte und dem sie geschmacklich ähnelt. Dank ihres geringeren Gehalts an Oxalsäure ist sie etwas milder.

GLASIERTER SPINAT

ZUTATEN für 4 Personen | **ZEIT** 35 Minuten

ZUBEREITUNG

800 g Wurzelspinat
Salz
2 EL Butter
2 EL Olivenöl
2 Schalotten, geschält und fein
  gewürfelt
Muskatnuss
1–2 EL Haselnussöl, alternativ
  Olivenöl

Die Stiele vom Spinat sorgfältig entfernen. Hierfür die Blätter in der Mitte leicht zusammenfalten und den Stiel samt Blattrippe vollständig abziehen. Darauf achten, dass die Blätter ganz bleiben.

Spinat gründlich waschen und im Sieb abtropfen lassen. Sollte der Spinat sehr sandig sein, die Blätter in 2 bis 3 Durchgängen in stehendem, kaltem Wasser gründlich waschen. Bei jedem Durchgang das Wasser wechseln. Am Ende den Spinat in einem Sieb gut abtropfen lassen.

Wasser in einem großen Topf zum Kochen bringen und leicht salzen. Den Spinat darin für 30 bis 40 Sekunden blanchieren. Durch ein Sieb abgießen, gut abtropfen lassen, jedoch nicht ausdrücken.

Eine große Pfanne auf mittlerer Stufe erhitzen. Butter und Olivenöl in der Pfanne zerlassen und die gewürfelten Schalotten darin glasig dünsten. Den Spinat zugeben, mit etwas frisch geriebener Muskatnuss würzen und für ca. 1 Minute mitdünsten, dabei mit einem Holzlöffel vorsichtig wenden.

ANRICHTEN

Den glasierten Spinat mit Salz abschmecken, auf einem Teller anrichten und mit Haselnussöl beträufelt servieren.

INFO

Mein Urlaub in Frankreich hat mich zu diesem Rezept inspiriert. Der Fokus liegt auf dem Spinat an sich, nur kurz blanchiert und fast pur – so kommt der geballte frische Spinatgeschmack am besten rüber.

CREMESPINAT MIT POCHIERTEN EIERN

ZUTATEN für 4 Personen | **ZEIT** 45 Minuten

SPINAT

1 kg junger Spinat
2 EL Olivenöl
1 Zwiebel, geschält und fein
  gewürfelt
2 Knoblauchzehen, geschält und
  in dünne Scheiben geschnitten
250 ml Sahne
25 g Butter
Saft von 1/2 Zitrone
Salz
Muskatnuss

Die Stiele vom Spinat sorgfältig entfernen. Den Spinat gründlich waschen und im Sieb abtropfen lassen. Sollte er sehr sandig sein, die Blätter in 2 bis 3 Durchgängen in stehendem, kaltem Wasser gründlich durchspülen. Bei jedem Durchgang das Wasser wechseln. Am Ende den Spinat in einem Sieb gut abtropfen lassen.

Wasser in einem großen Topf aufkochen und leicht salzen. Den Spinat darin für ca. 30 bis 40 Sekunden blanchieren, in einem Sieb abgießen und in Eiswasser abschrecken. Anschließend gut ausdrücken und grob hacken.

2 EL Olivenöl in einem großen Topf erhitzen. Die gewürfelten Zwiebeln und die Knoblauchscheiben zugeben und bei geringer Hitze glasig dünsten. Nach ca. 1 Minute den Spinat zugeben und für weitere 2 Minuten dünsten. Die Sahne zugießen und für weitere 2 Minuten unter gelegentlichem Rühren einkochen.

Alles mit dem Mixstab fein pürieren, dabei die Butter zugeben. Den Spinat mit Zitronensaft, Salz und geriebener Muskatnuss abschmecken und warm halten.

EIER POCHIEREN

200 ml Essig
4 frische Eier (M)

2 l Wasser mit 200 ml Essig in einem weiten Topf aufkochen. Nun die Hitze leicht reduzieren.

Die Eier einzeln aufschlagen und jeweils in ein kleines Schälchen geben. Dabei muss das Eigelb ganz bleiben!

Mit einem Schneebesen durch kurze Drehbewegungen einen leichten Strudel im Wasserbad erzeugen. Die Eier in rascher Folge in das leicht siedende Wasser geben und etwa 4 Minuten ziehen lassen. (Wichtig: Das Wasser darf nicht kochen!) Die Eier mit einer Schaumkelle herausnehmen und auf Küchenpapier abtropfen lassen.

Mehrere Eier in einem Vorgang zu pochieren ist Übungssache. Vielleicht beginnen Sie erstmal mit einem Ei.

ANRICHTEN

1 EL Olivenöl
80 g roter Senfsalat (alternativ
  Rauke oder Löwenzahn),
  gewaschen und trocken
  geschleudert
80 g 24 Monate gereifter
  Parmesan, dünn gehobelt

Den gewaschenen Salat mit dem Olivenöl mischen.
Spinat mit pochierten Eiern auf einem großen Teller anrichten, den Salat darüber verteilen und mit gehobeltem Parmesan bestreut servieren.

Die Frische der Eier ist ausschlaggebend für ein gutes Ergebnis beim Pochieren. Je älter das Ei, desto flüssiger das Eiweiß. Dadurch zerfließt es beim Pochieren sehr schnell und umschließt das Eigelb nicht vollständig. Fragen Sie bei Ihrem Händler des Vertrauens ruhig nach dem Legedatum. Der Salat dient hier als zusätzliche Würze. Hierfür eignen sich besonders senfölhaltige Salate.

KÄSE-SPINATKNÖDEL

ZUTATEN für 4 Personen | **ZEIT** 40 Minuten (plus 1 1/2 Stunden Vorbereitung)

ZUBEREITUNG

450 g TK-Spinat

350 g frisches Toastbrot oder
  250 g getrocknetes

300 g gemischter Käse (z.B.
  Appenzeller, Comté, Bergkäse)

130 g 12 Monate gereifter
  Parmesan, fein gerieben

2 EL Olivenöl

2 Zwiebeln, sehr fein gewürfelt

150 ml Sahne

150 ml Milch

2 Eier (M)

1 großer EL Ricotta

50 g Butter

Den Spinat ca. 2 Stunden vor der Zubereitung im Sieb auftauen lassen.

Den Backofen auf 100 °C Umluft vorheizen.

Das frische Toastbrot samt Rinde in feine Würfel schneiden und auf ein mit Backpapier belegtes Backblech geben. Das Brot für 30 bis 40 Minuten im Ofen trocknen, ohne dass es Farbe annimmt. (Das Brot kann auch schon am Vortag getrocknet werden, das spart Zeit, und man kann sofort loslegen!)

Den Spinat in kleinen Portionen gut ausdrücken. Er sollte so trocken wie möglich sein. Anschließend fein hacken. (Es sollten 200 g Spinat für die Knödelmasse übrig bleiben.)

Den Käse in 0,5 cm große Würfel schneiden. Mit 100 g des geriebenen Parmesans in einer Schüssel mischen.

Olivenöl in einer großen Pfanne erhitzen. Die gewürfelten Zwiebeln darin glasig dünsten, nach ca. 3 Minuten Sahne und Milch zugeben und einmal aufkochen lassen.

Die Brotwürfel und den gehackten Spinat in einer großen Schüssel vermengen, die warme Sahne-Milch-Mischung zugeben, mit einem Holzlöffel gut verrühren, kurz abkühlen lassen.

Die Eier in einer Schüssel verquirlen und mit der Käse-Mischung und dem Ricotta zur Knödelmasse geben. Mit Salz würzen, gut verkneten und ca. 5 Minuten durchziehen lassen.

Reichlich Wasser in einem großen, weiten Topf aufkochen und leicht salzen. Mit etwas angefeuchteten Händen ca. 12 Knödel formen. Diese vorsichtig in das siedende Wasser geben und kurz aufkochen, die Hitze leicht reduzieren, dann für ca. 15 Minuten gar ziehen lassen, dabei gelegentlich mit einem Löffel wenden.

Die Knödel mit einer Schaumkelle aus dem Wasser heben und kurz abtropfen lassen.

Butter in einer Pfanne auf mittlerer Stufe erhitzen und unter Schwenken leicht braun werden lassen.

ANRICHTEN

Die Knödel auf Tellern anrichten, mit der braunen Butter übergießen und mit Parmesan bestreut servieren.

TIPP

Dazu passt das Honigsauerkraut *(S. 90)*.

PILZE

Wären wir Köche Botaniker, wir dürften Pilze nicht zu den pflanzlichen Lebensmitteln zählen. Streng genommen handelt es sich nämlich um eine eigene Gruppe eukaryotischer Lebewesen, die genetisch Einzellern oder Backhefe mehr ähneln als Pflanzen. Sie betreiben keine Photosynthese, und ihre Zellwände bestehen zumeist aus Chitin, welches in der Pflanzenwelt nicht vorkommt. Pilze sind deshalb nicht Gegenstand der Botanik, sondern der Mykologie. Wegen der vergleichbaren Verarbeitung in der Küche rechnen wir Pilze aber traditionell zum Gemüse, also zu den essbaren Pflanzenteilen. Das gilt natürlich ausschließlich für die genießbaren Sorten. Die sogenannten Speisepilze sind nur eine winziger Bruchteil der unzähligen, weltweit bekannten Arten.

Bereits im 17. Jahrhundert begann man in Frankreich damit, in dunklen Kellergewölben und Höhlen den Champignon zu kultivieren. Von allen Sorten wird dieser Pilz heute weltweit mit großem Abstand am meisten angebaut, aber auch andere Kulturarten züchtet man zunehmend im großen Stil auf Substraten wie Zellulose, Torf, Rindenmulch oder Stroh.

WILDPILZE

Im Gegensatz zu Kulturpilzen sind essbare Wildpilze wie Pfifferlinge, Steinpilze oder Morcheln nicht kultivierbar. Sie muss man mit einigem Aufwand in freier Wildbahn aufstöbern, da sie unbedingt auf sehr spezifische, nicht simulierbare Umweltmilieus angewiesen sind. Wer die enorme aromatische Intensität und Vielfalt von Wildpilzen in der Küche nutzen und genießen will, muss sich selbst auf die Suche machen – entweder auf dem Markt oder im Wald.

Deutschland ist überreich an hervorragenden Wildpilzen, das nächste Waldgebiet ist nirgendwo weiter als eine

FÜR MICH SIND PILZE DIE BESTEN AROMATRÄGER BEIM KOCHEN, SIE SIND DER INBEGRIFF VON UMAMI.

Autostunde entfernt. Lust zum Pilzesammeln habe ich immer. Irgendwann werde ich mir endlich einmal die Zeit nehmen und auf die Jagd nach Steinpilzen, Spitzmorcheln oder Pfifferlingen gehen. Frische Maronenröhrlinge, Hasenboviste oder Krause Glucken aufstöbern und körbeweise aus dem Wald tragen, inklusive Naturerlebnis und Bewegung an der frischen Luft.

Spricht man mit begeisterten, kompetenten Pilzsammlern, bekommt man eine vage Ahnung davon, welche Delikatessen man sich entgehen lässt. Wahrscheinlich erzeugt tatsächlich kein gekaufter Pilz auch nur annähernd die gleiche Euphorie wie das Putzen, Braten und natürlich Genießen eines selbst gefundenen frischen Steinpilzes.

Zum Glück gibt es viele Experten, die auch uns Amateuren zum Blick über den Tellerrand einladen und mit uns auf die Pirsch gehen. Überall in Deutschland und darüber hinaus organisieren kompetente Mykologen in Vereinen, Kommunen oder Volkshochschulen Expeditionen in die Welt der Wildpilze, veranstalten Kurse und Tagestouren, auf denen sie ihr Fachwissen vermitteln. So kann man auf Pilzwanderungen zum Beispiel lernen, dass es nicht nur im Herbst, sondern zu jeder Jahreszeit leckere Wildpilze zu sammeln gibt. (Austernpilze und Samtfußrüblinge, besser bekannt als Enoki, gehören zu den Winterpilzen, Morcheln oder Maipilze findet man von März bis Juni.) Man erfährt, an welchen Stellen die Chancen auf einen Fund am besten stehen, worin sich zum Beispiel der Waldchampignon von seinem giftigen Doppelgänger, dem Knollenblätterpilz, unterscheidet und vieles mehr. Das neu erworbene Wissen aus einem Pilzkurs steigert auch die Sicherheit beim ersten eigenen Beutezug – und nicht zuletzt den Genuss und die Vielfalt in der eigenen Küche. ▶

▶ PILZE EINKAUFEN

Neben weißen und braunen Champignons gibt es in unseren Supermärkten eine stetig wachsende Auswahl an weiteren Kulturpilzen wie Shiitake, Austernpilzen oder Kräuterseitlingen. Frische Wildpilze findet man in Supermärkten kaum (abgesehen von zumeist importierten Pfifferlingen und Steinpilzen während der Saison) – die besten Chancen hat man auf größeren Wochenmärkten.

Mit feiner Nase und strengem Blick erkennt man schnell, ob ein Pilz beim Händler frisch ist oder nicht. Zu alte Champignons lassen sich nicht kaschieren: Liegen sie schon zu lange im Regal, verströmen sie kaum noch etwas von ihrem charakteristischen Aroma, im schlechtesten Fall riechen sie schon süßlich-fischig. Ein frischer Champignon duftet! Beim Einkauf sollte er unbedingt trocken und möglichst noch geschlossen, sein Hut also in vollem Umfang mit dem Stiel verbunden sein. Die Oberfläche sollte sich prall, knackig und saftig anfühlen und keine Flecken haben. Je älter der Champignon, umso dunkler seine Lamellen. Zeigen sich an der Schnittfläche schwarz-braune Verfärbungen, dann liegt die Ernte schon ein bis zwei Tage zurück.

AROMA: UMAMI

Für mich sind Pilze die besten Aromaträger beim Kochen, sie sind der Inbegriff von umami. Den sogenannten »fünften Geschmack« verdanken Pilze, insbesondere Steinpilze, Champignons oder Morcheln, ihrem hohen Anteil an Glutaminsäure, die sich beim Garen in das Salz Glutamat verwandelt. Dieser natürliche Stoff macht einen Pilz in der Küche zur wahren Umami-Bombe, weil er zusätzliche Geschmacksrezeptoren anregt und dadurch die Aromatik eines Gerichts um eine weitere Dimension vertieft.

Eigentlich bedarf es kaum weiterer Zutaten, damit Pilze mit ihren eigenen unvergleichlichen, kräftigen Aromen überzeugen. Um ihnen diese zu entlocken, braucht man nicht einmal besonders viel Kocherfahrung. Zum Experimentieren in der Küche gibt es kein besseres Lebensmittel: Ob roh aufgeschnitten, gekocht, scharf angebraten oder geschmort – selbst unerprobte Küchen-Rookies erreichen mit jeder einzelnen Technik ein einzigartiges, beeindruckendes Geschmackserlebnis und damit einen gewaltigen Wow-Effekt.

GETROCKNETE PILZE

Da Pilze sich hervorragend trocknen lassen und dabei ihre Aromatik verlustfrei konservieren, bieten sie für jeden Speisezettel eine saisonunabhängige Alternative. Vor allem Steinpilze, Shiitake und die hochwertigen Morcheln sind in getrockneter Form immer erhältlich und bei richtiger Lagerung nahezu unbegrenzt haltbar.

Für bestimmte Zwecke lassen sich praktisch alle Pilze auch effektvoll und ohne professionelles Dörrgerät in der eigenen Küche trocknen: In Scheiben geschnittene, auf Backpapier ausgebreitete Champignons oder Steinpilze sind nach etwa 6 Stunden bei 40 bis 50 °C bei Umluft durchgetrocknet. Dabei sollte die Backofentür einen Spaltweit geöffnet bleiben, damit die Feuchtigkeit entweichen kann (einfach einen Kochlöffel zwischen Tür und Rahmen klemmen). Anschließend vollständig auskühlen lassen und in Schraubgläsern trocken und dunkel lagern. In Wasser eingeweicht können Trockenpilze wie frische weiterverarbeitet werden, es verlängert sich nur die Koch- bzw. Garzeit um einige Minuten. Das Einweichwasser lässt sich später sehr gut als Pilzfond weiterverwenden – für den Abfluss ist es viel zu schade.

KONSISTENZ

Speziell in der fleischlosen Küche sind Pilze der Königsweg, um eine Mahlzeit mit fleischähnlichen, bissfesten Komponenten aufzuwerten. Ein echtes Konsistenzwunder in der Pilzküche ist der zunehmend beliebte Kräuterseitling. Neben einem würzigen Aroma, das entfernt an Huhn erinnert, zeichnet diesen Pilz sein sensationeller Biss aus, ähnlich dem von Tintenfisch oder al dente gekochter Pasta. Diese Qualität kann man sich geschickt zunutze machen und dem Gaumen Zutaten vorgaukeln, die in Wirklichkeit gar nicht vorhanden sind. Tatsächlich genügt es, große Exemplare in hauchdünne, spaghettiartige Fäden zu schneiden, anzuschwitzen und wie Pilze à la Crème mit Knoblauch und Kräutern in Sahne aufzukochen, um eine ganz simple, aber perfekte und extrem leckere Illusion zu erzeugen. *(Siehe Rezept »Kräuterseitlings-Pasta« auf S. 117)*

GEGRILLTER PORTOBELLO MIT KRÄUTERBUTTER

ZUTATEN für 2 Personen | **ZEIT** 30 Minuten

ZUBEREITUNG

2 Hände voll frischer Kräuter,
  mittelfein gehackt (Estragon,
  glatte Petersilie, Thymian,
  Oregano oder Majoran)
6 EL zimmerwarme Butter
Salzflocken
1 TL Piment d'Espelette
4 Portobello-Pilze à ca. 140 g
Salz
Pfeffer

Kräuter und Butter in der Küchenmaschine in Intervallen mixen. Mit Salzflocken und Piment d'Espelette würzen.

Eine große Grillpfanne stark erhitzen. Die Pilze darin für 15 bis 20 Minuten grillen, dabei mehrmals wenden. Mit Salz und Pfeffer würzen.

Wenn Sie die Pilze beim Wenden um 180 Grad drehen, entsteht ein schönes Grillmuster.

Die Kräuterbutter in der Pfanne zerlassen und die Pilze darin wenden.

ANRICHTEN

Die Pilze auf Tellern anrichten und mit der Kräuterbutter beträufeln.

TIPP

Mit einem einfachen Trick leistet selbst ein so profaner Pilz wie der Champignon unseren Kauwerkzeugen angenehmen Widerstand: Dazu lässt man die klein geschnittenen Pilze einfach für zwei Stunden offen an einem warmen Ort liegen (beispielsweise auf der Heizung), bis sie an den Schnittflächen durch Oxidation schwarz anlaufen. So vorbereitet, bewahren sie beim Garen eine festere Konsistenz und bieten sich für vegetarische Gerichte als interessanter Fleischersatz an.

KRÄUTERSEITLINGS-PASTA

ZUTATEN für 4 Personen | **ZEIT** 30 Minuten

ZUBEREITUNG

500 g dicke Kräuterseitlinge
1 Bund Schnittlauch
40 g Butter
Salz
Pfeffer
50 ml trockener Weißwein
250 ml Sahne, steif geschlagen
1 Spritzer Zitrone

Die Köpfe der Kräuterseitlinge knapp über dem Stiel abschneiden. Die Stiele mit einem scharfen Messer längs in dünne, gleichmäßige Scheiben schneiden. Die Scheiben sowie die Köpfe der Länge nach in sehr feine Streifen schneiden, in der Dicke von Spaghetti.

Den Schnittlauch unter fließendem, kaltem Wasser kurz abspülen und trocken schütteln. Dann in sehr feine Röllchen schneiden und beiseitestellen.

Eine große Pfanne auf mittlerer Stufe erhitzen und die Butter darin zerlassen. Die Temperatur erhöhen und die Pilze zugeben. Mit etwas Salz und Pfeffer würzen, für ca. 1 Minute andünsten.

> Hierbei darauf achten, dass die Pilze nicht brechen, denn zu Beginn sind sie sehr empfindlich. Sobald sie etwas Flüssigkeit gelassen haben und der Weißwein hinzugefügt wurde, werden sie flexibler.

Die Pilze mit Weißwein ablöschen und unter gelegentlichem, vorsichtigem Rühren ca. 8 Minuten dünsten.

Die steif geschlagene Sahne unterheben und kurz unter Rühren mit aufkochen. Die Temperatur reduzieren, dabei weiterrühren, bis die Sahne leicht cremig eindickt. Jetzt ist es perfekt!

ANRICHTEN

Die Pfanne vom Herd nehmen, Schnittlauch unterheben und mit einem Spritzer Zitrone, Salz und Pfeffer abschmecken. Die Kräuterseitlings-Pasta in tiefen Tellern anrichten.

INFO

Es ist faszinierend, dass die Pilze eine ähnliche Konsistenz wie Spaghetti bekommen. Das ist der pure Pilzgeschmack!

PILZKNÖDEL

ZUTATEN für 4 Personen | **ZEIT** 1 1/2–2 Stunden

ZUBEREITUNG

350 g frisches Toastbrot oder
  250 g getrocknetes
15 g getrocknete Steinpilze
500 g braune Champignons,
  geputzt
1 Knoblauchzehe, geschält
4 EL Olivenöl
200 g Zwiebeln, geschält und
  fein gewürfelt
100 ml Milch
100 ml Sahne
1 Bund glatte Petersilie, fein
  gehackt
Pfeffer
Muskatnuss
2 Eier (L)
120 g Parmesan, fein gerieben
Salz

Den Backofen auf 100 °C Umluft vorheizen.

Das frische Toastbrot samt Rinde in feine Würfel schneiden und auf ein mit Backpapier belegtes Backblech geben. Das Brot für 30 bis 40 Minuten im Ofen trocknen, ohne dass es Farbe annimmt. (Das Brot kann auch schon am Vortag getrocknet werden, das spart Zeit, und Sie können sofort loslegen!)

Inzwischen die Steinpilze für 5 Minuten in 100 ml lauwarmem Wasser einweichen, anschließend leicht ausdrücken.

4 geputzte Champignons beiseitelegen. Die restlichen geputzten Champignons, die Steinpilze und die geschälte Knoblauchzehe in einer Küchenmaschine mittelfein hacken (nicht zu fein, es sollte keine breiige Konsistenz entstehen).

Olivenöl in einem großen Topf erhitzen. Zwiebelwürfel darin auf kleiner Stufe glasig dünsten. Die gehackte Pilzmischung zugeben und für ca. 15 Minuten mitdünsten. In der Zwischenzeit Milch und Sahne in einem Topf erwärmen.

Brotwürfel, Pilzmasse und gehackte Petersilie in einer großen Schüssel gleichmäßig vermengen. Milch-Sahne-Mischung zugeben, mit Pfeffer und Muskatnuss würzen und alles vorsichtig mischen. Bei Bedarf etwas Flüssigkeit (in Form von Milch oder Sahne) zugeben. Die Knödelmasse lauwarm abkühlen lassen. Anschließend Eier und 100 g vom geriebenen Parmesan in einer Schüssel verschlagen und zur Knödelmasse geben. Alles gut vermengen, 5 Minuten ziehen lassen und mit einer Prise Salz würzen.

Reichlich Wasser in einem großen, weiten Topf aufkochen und leicht salzen. Mit etwas angefeuchteten Händen ca. 12 Knödel formen. Diese vorsichtig in das siedende Wasser geben und kurz aufkochen, die Hitze leicht reduzieren, dann für 12 bis 16 Minuten gar ziehen lassen, dabei gelegentlich mit einem Löffel wenden.

Die 4 übrigen Champignons in sehr feine Scheiben schneiden. Die Knödel mit einer Schaumkelle aus dem Wasser heben und kurz abtropfen lassen.

ANRICHTEN

Die Knödel auf Tellern anrichten und jeweils mit Champignons und mit dem restlichen geriebenen Parmesan bestreut servieren.

TIPP

Nicht aufgeben! Knödel sind Erfahrungssache – das Flüssigkeits- und Bindungsverhältnis muss stimmen. Das Gefühl dafür bekommt man aber mit der Zeit.

Dazu passt das Honigsauerkraut *(S. 90)*.

PFIFFERLINGSRAGOUT MIT GURKEN UND KARTOFFELN

ZUTATEN für 4 Personen | **ZEIT** 20 Minuten

ZUBEREITUNG

2 Gurken à ca. 400 g, alternativ
  Schmorgurken
500 g Pellkartoffeln, gegart, am
  besten vom Vortag
3—4 EL Olivenöl
ca. 20 g Butter
200 g kleine Pfifferlinge, geputzt
2 Schalotten, geschält und fein
  gewürfelt
Pfeffer
500 ml Gemüsebrühe
1—2 EL weißer Balsamicoessig
Salz
1 EL gehackter Dill

Die Gurken schälen und längs vierteln. Das Kerngehäuse wegschneiden. Das Fruchtfleisch quer in ca. 1 cm dicke Stücke schneiden.

150 g der gegarten Kartoffeln zweimal durch eine Kartoffelpresse drücken, die übrigen Kartoffeln längs halbieren.

Olivenöl und Butter in einem großen Topf auf mittlerer Stufe erhitzen. Pfifferlinge für ca. 1 Minute dünsten. Die Schalottenwürfel zugeben und 2 Minuten mitdünsten. Die Gurkenstücke in den Topf geben, mit Pfeffer würzen und weitere 2 Minuten dünsten.

Mit der Brühe auffüllen. Die gepressten Kartoffeln beifügen und das Ragout unter Rühren aufkochen lassen. Dann die übrigen Kartoffeln zugeben. Die Hitze reduzieren und für ca. 5 Minuten unter gelegentlichem Rühren leicht cremig einkochen lassen. Mit Essig, Salz und Pfeffer abschmecken und den Dill unterheben.

ANRICHTEN

Das Ragout auf tiefen Tellern anrichten und servieren.

PFIFFERLINGSALAT MIT GEBRATENER WASSERMELONE UND BURRATINA

ZUTATEN für 4 Personen | **ZEIT** 30 Minuten

ZUBEREITUNG

6 EL Olivenöl
300 g Pfifferlinge, geputzt
½ EL Butter
4 EL Petersilie, gehackt
Salz
Pfeffer
800 g kernlose Wassermelone,
  geschält
Salz
Pfeffer
Zucker
4 Burratina à ca. 100 g

2 EL Olivenöl in einer Pfanne auf hoher Stufe erhitzen. Die Pfifferlinge zugeben und ca. 1 Minute scharf anbraten. Die Butter zugeben und unter stetigem Schwenken darin zerlassen. Die Pilze in eine kleine Schüssel schütten, kurz abkühlen lassen und die Petersilie unterheben. Mit Salz und Pfeffer würzen.

Die Melone in 2 bis 3 cm dicke Scheiben schneiden. Mit einem Ausstechring (6 cm ø) 8 Kreise aus der Melone ausstechen. Die Scheiben mit 2 EL Olivenöl bestreichen und beiseitestellen.

Die restlichen Melonenstücke in einem hohen Gefäß mit einem Mixstab pürieren und anschließend durch ein feines Sieb passieren. Die Melonensauce mit Salz, Pfeffer und einer Prise Zucker abschmecken.

Eine Grillpfanne stark erhitzen. Die Melonenscheiben hineinlegen und von beiden Seiten scharf grillen, sodass ein Grillmuster entsteht. (Der Zucker in der Melone karamellisiert, und es entstehen schöne Röstaromen.)

ANRICHTEN

Je zwei Melonenscheiben in einem tiefen Teller anrichten, je eine Burratina daraufsetzen und die Melonensauce darübergießen. Die Pfifferlinge darauf verteilen und mit dem restlichen Olivenöl beträufelt servieren.

TIPP

Die Melone lässt sich auch sehr gut auf dem Grill zubereiten.

INFO

Eigentlich sollten Pfifferlinge nicht mit Wasser gewaschen werden, da sie sich sehr schnell vollsaugen. Bei sehr schmutzigen Pilzen reicht es manchmal jedoch nicht aus, sie ausschließlich mit einem Pinsel zu reinigen. Die Berührung mit dem Wasser sollte aber nicht lang sein. Hierfür gibt es einen Trick aus »Großmutters Zeiten«: Die Pilze mit Mehl bestäuben und ganz kurz in stehendes, kaltes Wasser legen. Das Mehl bindet den Schmutz schnell. Die Pilze mit den Händen im Wasser vorsichtig durchmengen und dadurch das anhaftende Mehl lösen. Bei Bedarf kurz mit kaltem Wasser abbrausen, in einem Sieb abtropfen lassen und anschließend auf mehrere Lagen Küchenpapier legen.

PORTOBELLO-CARPACCIO MIT BRUNNENKRESSE UND TOMATEN-DRESSING

ZUTATEN für 4 Personen | **ZEIT** 20 Minuten

DRESSING

1 Zitrone
6 Kirschtomaten
1 rote Pfefferschote (im Vergleich zur Chili größer und weniger scharf), entkernt und grob geschnitten
1 Knoblauchzehe, geschält
3 EL Olivenöl
1 gehäufter TL Zucker
1/2 TL Salzflocken

Die Zitrone schälen und die weiße Haut vollständig entfernen. Das Fruchtfleisch grob klein schneiden und die Kerne entfernen. Zitronenstücke, Kirschtomaten, Pfefferschotenstücke, geschälten Knoblauch, Olivenöl, Zucker und Salzflocken in ein hohes Gefäß geben und mit dem Mixstab fein pürieren.

PORTOBELLO-CARPACCIO

2 Portobello-Pilze
40 g Parmesan, in dünne Streifen gehobelt
4 Frühlingszwiebeln, geputzt und in feine Ringe geschnitten
40 g Brunnenkresse, gewaschen und in mundgerechte Stücke gezupft
6 Kirschtomaten, in Scheiben geschnitten
Salzflocken
Pfeffer
1 EL Olivenöl

Die Pilzstiele entfernen. Die Kappen mit einem langen, scharfen Messer in hauchdünne Scheiben schneiden. Die Pilzscheiben auf einer großen Platte anrichten und mit dem Dressing beträufeln.

Gehobelten Parmesan, Frühlingszwiebelringe, Brunnenkresse und Kirschtomatenscheiben darauf verteilen.

ANRICHTEN

Vor dem Servieren mit Salzflocken und Pfeffer würzen und mit Olivenöl beträufeln.

KÜRBIS

Kürbisse sind die Elefanten unter den Gemüsen. Die größten Exemplare bringen über eine Tonne auf die Waage. Dass bestimmte Züchtungen bei idealen Bedingungen mehr Masse aufbauen als jedes andere Gemüse, liegt an zwei kürbistypischen Eigenschaften: Erstens sind sie in der Lage, extrem viel Wasser in den Leitbündeln, ihrem inneren Kanalsystem, zu transportieren und zu speichern; das haben sie mit anderen Kürbisgewächsen wie Melonen oder Gurken gemeinsam. Zweitens verfügen sie über eine äußerst robuste Schale, die sie gegen Schädlinge und Feuchtigkeit schützt, während sie auf dem Boden reifen. Nicht zuletzt verhindert diese Schale, dass die Frucht unter dem Eigengewicht des Fruchtfleischs auseinanderbricht.

Beim Zubereiten von Kürbissen ist der Kampf mit der Schale der größte Knackpunkt – nicht umsonst bezeichnet man sie auch als »Panzerbeeren«. Der rote Hokkaido, inzwischen einer der verbreitetsten Speisekürbisse, verdankt seine Beliebtheit auch der besonderen Tatsache, dass seine Schale mitgegessen werden kann, das aufwendige Schälen also entfällt.

SORTEN UND IHRE VERWENDUNG

Ähnlich wie die Kartoffel braucht der eher dezente, geschmacklich zurückhaltende Kürbis aromatische Begleiter, etwa pikante Gewürze wie Knoblauch, Muskat oder Cayennepfeffer. Sinnvoll eingesetzt sind Kürbisse in der Küche praktisch unbegrenzt nutzbar: Für Suppe und Risotto (fast alle Sorten) werden sie gekocht, sie eignen sich als Pfannen- oder Ofengemüse (Muskatkürbis, Bischofsmütze), können spaltenweise gegrillt (Spaghettikürbis), frittiert (Patisson) und gratiniert oder in Stücken süß-sauer eingelegt werden. Gerieben oder als Püree ist das Fruchtfleisch in Kuchen, Brot, Gnocchiteig oder als Puffer ein Erlebnis (Butternut). Kürbis

DER IDEALE KÜRBIS FÜR EINSTEIGER IST DER BUTTERNUT.

schmeckt aber auch süß angemacht und angedickt (z.B. als Pudding) oder eingekocht (z.B. als Marmelade oder Chutney). Der ideale Kürbis für Einsteiger ist der Butternut. Sein süßlich-nussiges Fruchtfleisch ist absolut simpel zu verarbeiten und belohnt den Koch mit einer angenehm cremigen Konsistenz. Viele Speisekürbisse eignen sich zudem als Rohkost, in Salaten oder als Fingerfood. Alle Sorten sind generell roh essbar, aber nicht jede schmeckt so gut wie zum Beispiel der diskusförmige Patisson – da hilft nur ausprobieren und eigene Vorlieben herausfinden.

Es lohnt sich meiner Erfahrung nach wirklich, die Vielfalt neben dem ewigen Hokkaido zu entdecken: Butternut, Spaghettikürbis, Muskatkürbis, Hubbard oder Patisson bieten feine geschmackliche Nuancen von nussig-süß bis butterig-karamellig.

KÜRBISSE AUFBEWAHREN

Dank ihrer festen Struktur können Kürbisse mitunter mehrere Monate, manche Kürbissorten bis zu einem Jahr gelagert werden. Beim Kauf ist unbedingt darauf zu achten, dass die Schale keine Verletzungen oder Risse aufweist. Ist der Kürbis zu groß, um ihn sofort zu verbrauchen, kann man nur das benötigte Stück herausschneiden und schälen. Ein angeschnittener Kürbis ist zugedeckt oder in Folie eingewickelt bei kühler Lagerung eine Woche lang haltbar.

KÜRBISKERNE

Die dunkelgrünen Ölkürbiskerne im Handel bersten mit 45 % ungesättigten Fettsäuren, Mineralstoffen und Vitaminen geradezu vor wertvollen Inhaltsstoffen. Prinzipiell kann man alle Kerne von Speisekürbissen essen und vielseitig weiterverwenden – zum Backen, Anrösten und Garnieren oder zum Knabbern für zwischendurch.

KÜRBIS-RÖSTI MIT APFELSALAT

ZUTATEN für 2 Personen | **ZEIT** 45 Minuten

RÖSTI

600 g Butternutkürbis, geschält
  und entkernt
Salz
1 TL Zucker
150 g Lauch, davon nur der
  helle Teil
Muskatnuss
Pfeffer
2 Eier (M)
100 g Semmelbrösel
6—8 EL Olivenöl

Den vorbereiteten Kürbis auf der groben Seite einer Vierkantreibe raspeln. Anschließend mit 1 TL Salz und Zucker würzen und mit den Händen ca. 1 Minute verkneten. Dann 10 Minuten ziehen lassen.

Den Lauch längs halbieren und in lange, feine Streifen schneiden.

Die Kürbismasse in die Mitte eines (sauberen) Küchentuchs geben. Die Enden beutelartig zusammendrehen und das Wasser aus dem Kürbis pressen.

Kürbismasse und Lauch in einer Schüssel vermengen. Mit Muskatnuss, Salz und Pfeffer würzen. Eier und Semmelbrösel zugeben und untermischen.

Aus der Kürbismasse 8 gleich große Rösti formen.

Den Backofen auf 60 °C bis 80 °C Ober-/Unterhitze vorheizen.

Olivenöl in einer großen Pfanne auf mittlerer Stufe erhitzen. Die Rösti portionsweise (4 bis 5 Stück) in die Pfanne geben und ca. 5 Minuten goldbraun braten. Dann wenden, mit dem Pfannenwender leicht andrücken und weitere 5 Minuten braten. Mit Salz würzen.

Die gebackenen Rösti aus der Pfanne nehmen und auf Küchenpapier abtropfen lassen.

Die ersten Portionen Rösti im Backofen warm halten, die übrigen Rösti backen, dann ebenfalls im Backofen warm halten und den Apfelsalat zubereiten.

APFELSALAT

1 säuerlicher Apfel
Saft von 1/2 Zitrone
1 EL Olivenöl

Den Apfel vierteln und das Kerngehäuse entfernen. In dünne Scheiben schneiden und in einer Schüssel mit Zitronensaft und Olivenöl marinieren.

ANRICHTEN

4—5 Zweige frischer Majoran
Kürbiskernöl, zum Würzen

Rösti mit dem Apfelsalat auf Tellern anrichten, den Majoran grob darüberzupfen und mit ein wenig Kürbiskernöl würzen.

MUSKATKÜRBIS SÜSS-SAUER

ZUTATEN für 6—8 Personen | **ZEIT** 25 Minuten (plus Marinierzeit 2—4 Tage)

ZUBEREITUNG

500 g Muskatkürbis, geschält und
  in Würfel geschnitten (0,5—1 cm),
  alternativ Butternutkürbis
Salz
150 g Zucker
150 ml Apfelessig
1/2 TL Gewürznelken
1/2 TL weiße Pfefferkörner
2 Sternanis
1 Zimtstange

Die Kürbiswürfel mit 1 TL Salz mischen.

Zucker, Essig und 350 ml Wasser zusammen mit den Gewürzen in einem Topf aufkochen lassen. Die Kürbiswürfel zugeben und für ca. 3 Minuten bei mittlerer Hitze köcheln lassen. (Das Kürbisgemüse sollte noch bissfest sein.)
Mit Salz nachwürzen.

Das Gemüse samt Flüssigkeit in sterilisierte Einmachgläser füllen, die Gläser verschließen und abkühlen lassen.

Den Kürbis am besten 2 bis 4 Tage im Kühlschrank durchziehen lassen. Er kann natürlich auch sofort verzehrt werden.

TIPP

Der eingelegte Kürbis passt gut zu Salaten und gedämpftem Fisch. Im Kühlschrank hält er sich mindestens 1 Monat.

KÜRBISCREMESUPPE MIT SALSICCIA

ZUTATEN für 4 Personen | **ZEIT** 1 Stunde

SUPPE

3—4 EL Olivenöl
170 g Möhren, geschält und grob
    gewürfelt
120 g Zwiebeln, geschält und grob
    gewürfelt
900 g Butternutkürbis, geschält,
    entkernt und gewürfelt (0,5 cm)
1 1/2 EL edelsüßes Paprikapulver
100 ml Weißwein
1 1/2 l Geflügelbrühe
50 ml Sahne
1—2 EL Rotweinessig oder
    Zitronensaft
Muskatnuss
Zucker
Salz

Olivenöl in einem großen, breiten Topf erhitzen. Die gewürfelten Möhren und Zwiebeln zugeben und für 2 Minuten anschwitzen. Butternutkürbiswürfel hinzufügen und 3 Minuten unter gelegentlichem Rühren dünsten. Das Paprikapulver zugeben und 2 Minuten mitdünsten. Mit dem Weißwein ablöschen, der Brühe auffüllen und für 25 bis 30 Minuten bei niedriger Hitze köcheln lassen.

Die Suppe mit dem Mixstab fein pürieren. Die Sahne zugeben, mit Rotweinessig, 1 Prise Muskatnuss, Zucker und Salz abschmecken. Anschließend erneut pürieren und bei Bedarf mit etwas Flüssigkeit (Brühe oder Wasser) auffüllen. Anschließend auf kleiner Stufe warm halten.

HOKKAIDO-EINLAGE

2 EL Olivenöl
250 g Hokkaidokürbis, gewaschen,
    entkernt und grob gewürfelt
1—2 TL Zucker
1 EL Rotweinessig
1 Stückchen Butter
Salz

Olivenöl in einer großen Pfanne erhitzen. Den gewürfelten Hokkaido zugeben und für ca. 4 Minuten anbraten. Zucker hinzufügen und leicht karamellisieren lassen. Mit Rotweinessig ablöschen, die Butter zugeben, durchschwenken und mit Salz würzen.

SALSICCIA-EINLAGE

2 EL Olivenöl
4 frische Salsiccia-Würste, längs
    geviertelt

Olivenöl in einer Pfanne erhitzen. Die Salsiccia darin goldbraun braten.

ANRICHTEN

3 Stiele frischen Majoran, die
    Blätter von den Stielen gezupft

Die Suppe mit gebratenem Hokkaido und Salsiccia in tiefen Tellern anrichten und mit Majoranblättern bestreut servieren.

KARTOFFELN

Vielfältig, reichhaltig und wandlungsfähig: Die Alleskönner aus der Erde sind in den Küchen aller Kontinente zu Hause. Zwei Dritteln der Menschheit dienen sie als Grundnahrungsmittel. Sie enthalten mehr wertiges Eiweiß als alle anderen pflanzlichen Eiweißlieferanten, mehr Vitamin C als Äpfel, viel Kalium und kaum Fett. Und das Wichtigste: Sie schmecken einfach hervorragend.

SORTEN UND TYPEN

Allein in Deutschland werden heute über 200 Sorten angebaut. Jedes Jahr kommen neue dazu, alte verschwinden von den Märkten. Wie behält man da den Überblick?

Es kommt nicht darauf an, jede Kartoffelsorte und ihre typischen Eigenheiten zu kennen. Nur eines sollte man wissen, um sicher zu sein, ob sich eine Knolle als Pell- oder Salzkartoffel, für Kartoffelsalat, Gratin oder Püree eignet: Wie viel Stärke steckt drin?

Entscheidend für die Verarbeitung von Kartoffeln ist ihre Konsistenz nach dem Garen. Zur Vereinfachung unterscheidet der Handel drei Kategorien: festkochend, vorwiegend festkochend und mehlig kochend.

Festkochende Kartoffeln wie »Sieglinde« oder »Linda« haben wenig Stärke (10 bis 12 %). Sie taugen für saftige Kartoffelgerichte mit Biss, bei denen die Textur der Knolle möglichst erhalten bleiben soll (z.B. Salate, Gratins, Brat- oder Pellkartoffeln). Vorwiegend festkochende wie »Gloria« oder »Christa« mit einem mittleren Stärkeanteil (12 bis 14 %) werden feinsämig und weich, ohne dass ihr Fruchtfleisch zerfällt – ideal z.B. für Salz- und Bratkartoffeln, Pommes frites, Aufläufe oder auch Kartoffelpuffer. Besonders in Süddeutschland sind die trockenen, mehlig kochenden Sorten wie »Melina« oder »Lilly« (mit bis zu 16,5 % Stärke) z.B. für die Zubereitung von Kartoffelknödeln unverzichtbar. Aber auch für Suppen, Püree, Kroketten, Gnocchi oder Ofenkartoffeln sind sie die richtige Wahl.

EINKAUFEN UND LAGERN

Regionale Anbieter auf Wochenmärkten bieten beste Auswahl, Qualität und Frische. Rohe Kartoffeln sollten immer trocken und fest sein und möglichst geschützt in Papiertüten abgepackt ausliegen. Eine Schicht Sand oder Erde auf der Schale schadet nicht, im Gegenteil: Die Knollen sind empfindlich gegen Licht. Wurden sie dem zu lange ausgesetzt, bilden sie sogar das Pflanzengift Solanin, erkennbar an grünen Flecken. Also Finger weg von weichen Supermarktkartoffeln, die im Netz oder im Plastiksack unter Neonröhren schwitzen.

Doch nicht nur Licht schadet den Knollen. Werden sie zu warm gelagert, beginnen sie zu keimen; ist es zu kalt, werden sie zu süß, denn die enthaltene Stärke wird in Zucker umgewandelt. Dunkel, trocken und kühl (um 5 °C) können Kartoffeln monatelang gelagert werden. Festkochende Sorten können mehlig werden, wenn man sie zu lange aufbewahrt. Auch der Reifegrad spielt eine Rolle bei der Lagerung. Bereits ab Juni gibt es Frühkartoffeln. Ihre dünne Schale darf man, gründlich gereinigt, mitessen. Anders als Spätkartoffeln, die bis in den Winter geerntet werden und lange haltbar sind, sollte man Frühkartoffeln nicht länger als 14 Tage lagern, sonst verlieren sie an Geschmack und Konsistenz.

Wenn möglich, vermeidet man am besten das Lagern von Kartoffeln (ich mache es trotzdem) und kauft sie lose in der benötigten Menge statt im Zwei-Kilo-Sack. So haben sie bei der Zubereitung die perfekte Frische und den besten Geschmack.

ZUBEREITEN

Soll man sie schälen oder nicht? Kochen oder dämpfen? Braten, backen oder frittieren? Oder passieren und weiterverarbeiten? Mit Kartoffeln ist praktisch alles möglich – wenn man einige einfache Regeln beachtet. So sind Kartoffeln keine Nudeln. Sie kommen in kaltes, gesalzenes Wasser und werden langsam zum Kochen gebracht. Ungekochte Bratkartoffeln wiederum werden am schönsten, wenn man sie vorm Braten kurz blanchiert. Und will man Kartoffeln in Fett backen (frittieren), sollte man vorher unbedingt die Stärkeschicht von den Stücken abwaschen – dann werden sie schön golden-braun.

SALZGEBACKENE KARTOFFELN MIT AUFGESCHLAGENER NUSSBUTTER

ZUTATEN für 4 Personen | **ZEIT** 1 Stunde

ZUBEREITUNG

1,2 kg mittelgroße Kartoffeln
(vorwiegend festkochend,
z.B. rote Laura)
1 kg grobes Meersalz
200 g kalte Butter
Salz
Muskatnuss

Den Backofen auf 200 °C Ober-/Unterhitze vorheizen.

Die Kartoffeln gründlich waschen, anschließend abtropfen lassen.

Die Hälfte vom Meersalz in einer tiefen ofenfesten Auflaufform gleichmäßig verteilen und die Kartoffeln auf das Salzbett legen. Das übrige Salz auf den Kartoffeln verteilen.

Die Auflaufform in den Ofen (zweite Schiene von unten) schieben und die Kartoffeln 45 Minuten backen.

In der Zwischenzeit die Nussbutter zubereiten: Hierfür 100 g der Butter in einem kleinen Topf zerlassen und bei mittlerer Temperatur goldbraun werden lassen. Durch das Karamellisieren des enthaltenen Milchzuckers verändert sich die Farbe, und die Butter entwickelt ein »nussiges« Aroma.

Die restlichen 100 g kalte Butter in eine kleine Schüssel geben. Sobald die Nussbutter im Topf ihre gewünschte Farbe erreicht, diese durch ein feines Sieb zur kalten Butter passieren, beides miteinander verrühren und 20 Minuten in den Kühlschrank stellen.

Die Butter aus dem Kühlschrank nehmen, mit einer Prise Salz und Muskatnuss würzen und mit einem Mixstab kurz luftig aufschlagen.

ANRICHTEN

Die Kartoffeln aus dem Ofen nehmen und das anhaftende Salz entfernen. Zusammen mit der Nussbutter servieren.

INFO

Für salzgebackene und auch für Pellkartoffeln nimmt man möglichst gleich große, ungeschälte, aber gesäuberte Knollen.

GRATINIERTE KARTOFFELN MIT RÖMERSALAT

ZUTATEN für 4 Personen | **ZEIT** 50 Minuten

GRATINIERTE KARTOFFELN

250 ml Sahne
250 ml Milch
3 Knoblauchzehen, geschält und
  in feine Streifen geschnitten
Salz
Pfeffer
Muskatnuss
weiche Butter zum Fetten der
  Form
1,2 kg Kartoffeln (vorwiegend
  festkochend), geschält
etwas Olivenöl
40 g Parmesan, fein gerieben

Den Backofen auf 180 °C Ober-/Unterhitze vorheizen.

Sahne und Milch in einem tiefen Topf aufkochen, Knoblauchstreifen, ordentlich Salz, Pfeffer und eine gute Prise Muskatnuss zugeben. (Es darf ruhig etwas überwürzt sein.)

Einen ofenfesten Topf oder eine Auflaufform (ca. 22 cm Ø und 6 cm Höhe) großzügig ausbuttern.

Von den geschälten Kartoffeln jeweils der Länge nach eine hauchdünne Scheibe abschneiden, sodass sie gerade auf dem Schneidebrett aufliegen und nicht wegrollen können. Die Kartoffeln dann quer in kleinen Abständen einschneiden, aber nicht ganz durchschneiden. Anschließend leicht andrücken, damit sie sich ein wenig auffächern.

Die Kartoffeln nebeneinander in den Topf bzw. die Form stellen, sodass der Boden vollständig bedeckt ist.

Die Sahne-Milch-Mischung durch ein feines Sieb passieren und auf die Kartoffeln gießen, sodass diese knapp bedeckt sind.

Topf oder Form auf den Herd stellen und die Mischung auf kleiner Hitze aufkochen. Für 5 bis 8 Minuten köcheln lassen, bis der Guss leicht eingedickt ist. Mit ein paar Tropfen Olivenöl beträufeln und gleichmäßig mit Parmesan bestreuen.

Den Topf bzw. die Form für ca. 35 Minuten in den Ofen schieben (zweite Schiene von unten).

RÖMERSALAT

2 Römersalatherzen
6 EL Olivenöl
3 EL Rotweinessig
Salz
Pfeffer
Zucker
1 EL Schnittlauch, in feine
  Röllchen geschnitten

Die äußeren dunkelgrünen Blätter vom Salat entfernen und den Strunk abschneiden. Die übrigen Blätter längs vierteln. Den Salat unter kaltem, fließendem Wasser abbrausen, anschließend trocken schütteln.

Olivenöl und Rotweinessig mit 1/2 TL Salz, 1 Prise Zucker und Pfeffer zu einer leichten Vinaigrette verrühren, anschließend den Schnittlauch unterheben.

ANRICHTEN

1 kleine rote Zwiebel, geschält
  und in feine Ringe geschnitten

Salat auf Tellern portionieren. Zwiebeln und jeweils 1 bis 2 EL Vinaigrette darüber verteilen. Mit den gratinierten Kartoffeln anrichten und servieren.

KARTOFFELSALAT MIT KAPERN UND PAPRIKA

ZUTATEN für 4 Personen | **ZEIT** 1 1/2 Stunden

ZUBEREITUNG

800 g Kartoffeln (festkochend),
  gewaschen

5 EL Olivenöl

2 rote Paprika à ca. 350 g,
  geputzt und in dünne Streifen
  geschnitten

1 gelbe Paprika à ca. 350 g,
  geputzt und in dünne Streifen
  geschnitten

4 Schalotten, geschält und in
  dünne Streifen geschnitten

2 Knoblauchzehen, geschält und
  in dünne Scheiben geschnitten

Salz

Pfeffer

250 ml Rinderbrühe

4 Kapernäpfel, in Ringe
  geschnitten

2 EL glatte Petersilie, gehackt

Salzflocken

Chiliflocken

Pfeffer

3—4 EL Weißweinessig

Kapernäpfel zum Garnieren

Die Kartoffeln in einen Topf voll leicht gesalzenem, kaltem Wasser geben. Aufkochen, die Hitze reduzieren und in 20 bis 25 Minuten garen. Anschließend für ca. 10 Minuten im Kochwasser abkühlen lassen. Noch warm pellen, in ca. 0,5 cm dünne Scheiben schneiden und in eine große Schüssel geben.

4 EL Olivenöl in einer großen Pfanne auf mittlerer Stufe erhitzen. Die Paprikastreifen zugeben und ca. 4 Minuten bei mittlerer Hitze dünsten. Die Schalottenstreifen und die Knoblauchscheiben zugeben, mit Salz und Pfeffer würzen und weitere 8 bis 10 Minuten dünsten, dabei darf das Gemüse ruhig etwas Farbe annehmen.

In der Zwischenzeit die Brühe in einem kleinen Topf erwärmen. Die Kartoffelscheiben mit der warmen Brühe übergießen.

Paprika-Zwiebel-Mischung, Kapernäpfel und Petersilie zugeben und vorsichtig unterheben. Mit Salz- und Chiliflocken, Pfeffer und Weißweinessig abschmecken.

ANRICHTEN

Den Salat auf einer großen Platte anrichten und mit dem restlichen Olivenöl beträufeln. Nach Belieben mit ganzen Kapernäpfeln garnieren.

TIPP

Kartoffelsalat sollte man immer kräftig würzen. Die Stärke der Kartoffeln schluckt viel Geschmack. Deshalb vor dem Servieren grundsätzlich mit Salz, Pfeffer und Essig abschmecken.

ZUCCHINI-FRITTATA MIT JALAPEÑOS

ZUTATEN für 2–4 Personen | **ZEIT** 35 Minuten

ZUBEREITUNG

7 EL Olivenöl
1 grüne Paprika
4 grüne Jalapeños
3 mittelgroße Kartoffeln
  (festkochend), gegart, gepellt
  und in mundgerechte Stücke
  geschnitten
1 Zucchini à ca. 200 g, in mundgerechte Stücke geschnitten
Salz
Pfeffer
6 Eier (M)
50 ml Sahne, steif geschlagen
250 g Pimientos de Padron,
  gewaschen und trocken getupft
1 rote Chilischote
4 Knoblauchzehen, geschält und
  in dünne Scheiben geschnitten
2 EL gehackte Petersilie
Salzflocken

Den Backofen auf 200 °C Ober-/Unterhitze vorheizen.

4 EL Olivenöl in einer Pfanne erhitzen. Die Paprika vierteln und entkernen, mit der Hautseite nach unten in das heiße Öl legen und für 2 bis 3 Minuten scharf anrösten. Dann samt Öl in eine kleine Schüssel geben, mit Alufolie verschließen und für 10 Minuten ruhen lassen. (So lassen sich die Paprika besser häuten.)

In der Zwischenzeit die Jalapeños längs halbieren, Strunk und Kerngehäuse entfernen und das Fruchtfleisch längs in feine Streifen schneiden.

Die Paprika aus dem Öl nehmen (dabei das Öl aufbewahren), mit Küchenpapier trocken tupfen und häuten. Dann ebenfalls längs in dünne Streifen schneiden.

2–3 EL vom Paprikabratöl in einer ofenfesten beschichteten Pfanne (24 cm ø) auf mittlerer Stufe erhitzen. Die Kartoffeln für ca. 2 Minuten anbraten. Die Zucchini und ca. 1/3 der geschnittenen Jalapeños zugeben und weitere 2 Minuten braten. Mit Salz und Pfeffer würzen.

Die Eier mit dem Schneebesen schaumig aufschlagen und die Sahne unterheben. Die Eiermischung über das Gemüse in die Pfanne gießen und durch leichtes Schwenken gleichmäßig verteilen. Die restlichen geschnittenen Jalapeños und die Paprikastreifen darüber verteilen.

Die Pfanne für ca. 15 Minuten in den vorgeheizten Backofen stellen (zweite Schiene von unten).

In der Zwischenzeit 3 EL Olivenöl in einer weiteren Pfanne erhitzen, Pimientos und Chilischote darin für 2 Minuten kräftig anbraten. Knoblauch und Petersilie zugeben und unter Schwenken kurz mitbraten. Die Pfanne vom Herd nehmen.

ANRICHTEN

Die Frittata aus dem Ofen nehmen. Kurz ruhen lassen und auf ein Brett stürzen. In Stücke schneiden, mit Salzflocken würzen und mit den Pimientos servieren.

TIPP

Feuchte Kartoffelstücke unbedingt immer gründlich abtrocknen, bevor Sie sie in heißes Fett oder Öl geben – sonst kann es schäumen oder spritzen!

KLASSISCHER KARTOFFELSALAT MIT EI UND KRESSE

ZUTATEN für 4 Personen | **ZEIT** 60 Minuten

ZUBEREITUNG

1 kg Kartoffeln (festkochend),
    geputzt
Salz
4 Eier (M)
80 g Mayonnaise
200 g Joghurt (3,8 % Fett)
2 TL Dijon-Senf
6 EL Cornichonwasser
1 EL Zitronensaft
200 g kleine Cornichons, abge-
    tropft und in dünne Scheiben
    geschnitten
1 Zwiebel, geschält und fein
    gewürfelt
Pfeffer
1/2 Beet Gartenkresse

Kartoffeln in einem Topf knapp mit Wasser bedecken und kräftig salzen. Zugedeckt 20 bis 25 Minuten nicht zu weich garen.

In der Zwischenzeit die Eier 6 bis 7 Minuten in Wasser wachsweich kochen, anschließend kurz unter kaltem, fließendem Wasser abschrecken.

Mayonnaise, Joghurt, Senf, Cornichonwasser und Zitronensaft in einer großen Schüssel zu einem Dressing verrühren. Cornichonscheiben und Zwiebelwürfel untermischen und mit Salz und Pfeffer abschmecken.

Die Kartoffeln abgießen, ausdämpfen lassen und noch warm pellen. Dann in ca. 0,5 cm dicke Scheiben schneiden, vorsichtig unter das Dressing heben und mindestens 20 Minuten ziehen lassen.

Den durchgezogenen Kartoffelsalat erneut mit Salz und Pfeffer abschmecken. (Auch hier gilt wieder: Die Stärke der Kartoffeln schluckt Geschmack.)

Die Eier pellen und halbieren. Kresse vom Beet schneiden.

ANRICHTEN

Den Kartoffelsalat und die Eier auf Tellern anrichten und mit Kresse bestreuen.

KOCHEN

KOCHEN ALS KULTURTECHNIK

Im alltäglichen Gebrauch legen wir den Begriff »Kochen« ziemlich weit aus und meinen damit alle Techniken und Prozesse, mit denen man Lebensmittel behandelt, um sie essbar zu machen. So gesehen fallen unter das Kochen also auch Braten, Backen, Frittieren, Grillen, Dünsten oder Schmoren. Die entscheidende Gemeinsamkeit dieser Techniken liegt auf der Hand: Hitze.

Seit der Mensch vor rund 1,8 Millionen Jahren lernte, Feuer zu kontrollieren und sich dessen Energie zu bedienen, basiert die Ernährung unserer Spezies zum Großteil auf der Technik, Lebensmittel zu erhitzen und so einige entscheidende chemische und physikalische Prozesse in ihrem Inneren auszulösen. Diese Prozesse zu kontrollieren ist kein Hexenwerk. Jeder, der schon einmal eine Nudel ins heiße Wasser geworfen hat, hat es mindestens bereits einmal hinbekommen. Mich verblüfft immer wieder, wie einfach Kochen ist – und ich finde, es ist das eigentlich Tolle daran!

Aber auch das chemische Prinzip, das dahintersteckt, ist simpel: Moleküle im Inneren der Lebensmittel werden durch die Energie der Hitze in Aufruhr versetzt und reagieren miteinander. Das verändert Form, Konsistenz und Farbe der Lebensmittel. Spiegelei und Fischfilet werden weiß,

Rindfleisch gräulich. Hartes, festes Zellgewebe wird gelockert. Deswegen ist das Fruchtfleisch einer Kartoffel nach dem Kochen weich und fluffig.

Viel wichtiger war es für unsere Urahnen und deren evolutionäre Entwicklung aber, mit dem Kochen erstmals schädliche Mikroorganismen abtöten zu können. Bis heute werden viele Lebensmittel ja erst durch Hitzeeinwirkung genießbar. Gleichzeitig kann man durchs Abtöten oder Deaktivieren bestimmter Stoffe auch die Haltbarkeit von Lebensmitteln verlängern.

Dass Gegrilltes und Gekochtes den Menschen von Anfang an besonders gut schmeckte, ist aber äußerst unwahrscheinlich. Bis ihre Gehirne die krosse Kruste von gebratenem Fleisch und die intensiven Aromen gebackener Kräuter als »lecker« abgespeichert hatten, kann es eine ganze Weile gedauert haben.

KOCHEN ALS GARTECHNIK

Wasser kann nicht heißer als 100 °C werden – es sei denn, man kocht im Hochgebirge, mit extrem großen Mengen Salz oder unter Druck (im Schnellkochtopf können bis zu 120 °C erreicht werden). Beim Kochen hat man es deshalb immer mit relativ geringen Temperaturen zu tun – im

MICH VERBLÜFFT IMMER WIEDER, WIE EINFACH KOCHEN IST – UND ICH FINDE, ES IST DAS EIGENTLICH TOLLE DARAN!

Vergleich zu 220 °C heißer Ofenluft oder 160 °C heißem Frittierfett. Deshalb können Fleisch oder Kartoffeln beim Kochen nicht verbrennen – ja, sie können noch nicht einmal braun werden (funktioniert erst ab 140 °C).

Wegen der 100-Grad-Grenze lassen sich Temperatur und Garprozess außerdem perfekt kontrollieren: Zwei identische Kartoffeln werden in kochendem Wasser immer dieselbe Garzeit benötigen, und ihre Konsistenz wird am Ende auch immer dieselbe sein.

Natürlich kann man die Wassertemperatur senken. Beim sogenannten Garziehen vollzieht sich der Garprozess langsamer, und genau das ist manchmal gewünscht: Fleisch und Fisch etwa erreichen ihre perfekte Konsistenz in 60 °C heißem Wasser – bei größerer Hitze würden die äußeren Schichten austrocknen, während andere Teile roh blieben. Die Hitze überträgt sich beim Kochen nämlich viel schneller in die Oberfläche der Lebensmittel, wo die Wassermoleküle dicht an dicht sitzen. Beim pochierten Ei (»pochieren« und »garziehen« sind dasselbe) arbeitet man allerdings aus einem anderen Grund mit niedriger Temperatur: weil Eigelb erst bei 80 °C stockt, Eiweiß aber schon ab 60 °C. So gart man hier bewusst nur einen Teil des Lebensmittels. Am besten, man kontrolliert die Temperatur beim Garziehen zunächst immer mit einem Thermometer. Irgendwann hat man den Dreh aber raus, dann fühlt man intuitiv, ob die Temperatur in etwa stimmt. Und wenn man lange genug gekocht hat, hört man es sogar – an den Geräuschen der aufsteigenden Gasbläschen im Kochtopf.

Dämpfen

Lebensmittel lassen sich nicht nur im kochenden Wasser garen, sondern auch im heißen Dampf. Das »Dämpfen« ist logischerweise extrem eng verwandt mit dem »Kochen«, denn auch Dampf – gasförmiges Wasser – wird unter normalen Bedingungen 100 °C und im Drucktopf bis zu 120 °C heiß. Der entscheidende Unterschied: Die natürliche Konsistenz und Farbe von Lebensmitteln bleiben im Dampf eher erhalten als im Kochwasser. Deshalb eignen sich gerade sensible und zarte Produkte, die leicht zerfallen, für diese Zubereitungstechnik. Etwa bestimmte Gemüsesorten (Spargel, Brokkoli) oder Fisch. Ein weiterer Vorteil: Wertvolle Nährstoffe wie Vitamine und Mineralien gehen beim Dämpfen weniger leicht verloren als im kräftig zirkulierenden Kochwasser – wo sie regelrecht aus den Lebensmitteln herausgeschwemmt werden.

GEKOCHTER SPARGEL MIT LIMETTEN-HOLLANDAISE

ZUTATEN für 4 Personen | **ZEIT** 30—35 Minuten

SPARGEL

1 Prise Zucker
1 EL Butter
1 Scheibe Bio-Zitrone
Salz
2 kg Spargel, geschält (Schalen
   für Spargelcremesuppe *(S. 154)*
   aufbewahren)

2 1/2 bis 3 l Wasser mit dem Zucker, der Butter und der Zitronenscheibe in einem großen Topf zum Kochen bringen und leicht salzen.

Den Spargel mit Küchengarn zu 2 bis 3 Bündeln binden. Dann 2 bis 3 cm der holzigen Enden abschneiden.

Die Spargelbündel ins Kochwasser geben und zugedeckt aufkochen. Den Herd ausschalten und den Spargel ca. 15 Minuten garziehen lassen.

LIMETTEN-HOLLANDAISE

250 g Butter
Saft von drei Limetten (100 ml)
1 kleine Schalotte, geschält und
   fein gewürfelt
6 weiße Pfefferkörner
3 Eigelb (M)
1/2 TL Speisestärke mit 2 TL
   kaltem Wasser angerührt
   (optional)
Cayennepfeffer

250 g Butter in einem kleinen Topf bei geringer Hitze zum Schmelzen bringen.

Limettensaft, Schalottenwürfel und Pfefferkörner in einem anderen kleinen Topf auf die Hälfte einkochen lassen. Anschließend durch ein feines Sieb passieren.

Die Eigelbe mit der Limettenreduktion in eine hitzebeständige Schüssel geben und mit einem Schneebesen über dem heißen Wasserbad luftig (zur »Rose«) aufschlagen.

> Achten Sie darauf, dass die Schüssel nahtlos auf dem Topf sitzt, ohne die Oberfläche des Wassers zu berühren. Eventuell die Wassermenge reduzieren. Das Wasser sollte während des Aufschlagens nicht sprudelnd kochen.

Wer Angst hat, die Sauce könnte gerinnen, kann zur Sicherheit die angerührte Speisestärke zugeben. Die zerlassene Butter mit dem Schneebesen fadenweise unterrühren. Mit Salz und einer Prise Cayennepfeffer abschmecken. Wenn die Sauce zu dick wird, kann man sie mit etwas Spargelwasser verdünnen. Die Sauce Hollandaise dann vom Wasserbad nehmen.

ANRICHTEN

Den Spargel mit einer Schaumkelle aus dem Wasser heben und kurz auf Küchenpapier abtropfen lassen. Das Küchengarn lösen, den Spargel mit der Sauce auf Tellern anrichten und servieren.

TIPP

Man kann auch die Schalen zuerst auskochen und den Spargelfond anstelle des Wassers zum Garen des Spargels verwenden. Nimmt man diesen Fond anschließend als Grundlage für die Spargelcremesuppe *(S. 154)*, wird diese noch intensiver!

SPARGELCREMESUPPE MIT KALBSHACKBÄLLCHEN

ZUTATEN für 4 Personen | **ZEIT** 1 1/4 Stunden

ZUBEREITUNG

Schalen von 2 kg weißem Spargel
1 TL Salz
1 TL Zucker
300 g Spargel, geschält
50 g Toastbrot, ohne Rinde
50 ml Milch
70 g Butter
1 Zwiebel, fein gewürfelt
300 g Kalbshackfleisch
1 Ei (M)
Salz
Pfeffer
Cayennepfeffer
60 g Mehl
200 ml Sahne
1—2 TL Zitronensaft

2 l Wasser in einen großen Topf füllen. Spargelschalen, Salz und Zucker zugeben und auf mittlerer Stufe aufkochen. Die Hitze reduzieren und den Fond sanft köcheln lassen. Den geschälten Spargel nach 25 Minuten zugeben und ca. 20 Minuten garen.

Dann mit einer Schaumkelle aus dem Fond nehmen, kalt abschrecken und in mundgerechte Stücke schneiden. Abgedeckt beiseitestellen. Den Spargelfond durch ein feines Sieb in einen großen Topf gießen. Die Spargelschalen entsorgen.

Das Toastbrot grob würfeln und in der Milch einweichen. 1 EL der Butter in einem kleinen Topf schmelzen, Zwiebelwürfel zugeben und ca. 2 Minuten farblos andünsten.

Hackfleisch, eingeweichtes Toastbrot samt Milch, Zwiebelwürfel und Ei in einer Schüssel vermengen, mit Salz, Pfeffer und einer Prise Cayennepfeffer abschmecken. Mit leicht angefeuchteten Händen aus der Hackmasse kleine Hackbällchen formen (ergibt ca. 30 Stück).

Mehl und restliche Butter in einer Schüssel verkneten und kalt stellen.

Den Spargelfond erneut aufkochen, anschließend die Hitze reduzieren. Die Hackbällchen darin für ca. 10 Minuten gar ziehen lassen. Anschließend mit einer Schaumkelle aus dem Fond nehmen und beiseitestellen.

Die Mehlbutter nach und nach mit einem Schneebesen in den Spargelfond rühren, dabei die Hitze leicht erhöhen. Sobald die Suppe die gewünschte Bindung hat, die Sahne zugießen. Mit Zitronensaft und einer Prise Cayennepfeffer abschmecken und mit dem Mixstab fein pürieren.

Die Spargelstücke und die Hackbällchen in die Suppe geben und bei geringer Hitze darin warm ziehen lassen.

WURZELGEMÜSE

UNTERSCHÄTZTE BODENSCHÄTZE

Raus aus der Erde, ab ins Rampenlicht: Es ist höchste Zeit, eine Lanze für die Rübe zu brechen. Viel zu lange wurde Wurzelgemüse einfach als Beilage weggekocht und dabei irgendwie das Wesentliche übersehen. Als großer Fan der unterschätzten Bodenschätze freue ich mich darüber, dass wieder mehr Menschen sie für sich entdecken, spätestens seit der »Brutal-regional«-Bewegung der Nordic Cuisine.

Die aromatische Intensität und unermessliche Vielfalt von Wurzelgemüse beeindruckt mich immer wieder: Da ist die würzige Süße von Karotten und Pastinaken. Da sind Schwarzwurzeln und Steckrüben mit ihren mild-nussigen Noten, der senfig-kräuterige Sellerie, die pikant-erdigen Petersilienwurzeln und Rote Beten, nicht zu vergessen Rettich und Radieschen, die mir mit ihrer spitzen Schärfe die Nase freiblasen …

Das Beste daran: Diese großartigen Nahrungsmittel gibt es zu fast jeder Jahreszeit knackfrisch vor unserer Haustür. Denn Rüben haben immer Saison und liefern ganzjährig Spurenelemente und Vitamine oder deren Vorformen, zum Beispiel Beta-Carotin. Je später die verschiedenen Wurzelgemüse geerntet werden, umso größer ist ihr Gehalt an Bitterstoffen, die ihnen dann die typisch erdige, etwas spröde Note verleihen. Daran sollten wir uns aber nicht weiter stören. Denn zum einen würden uns mehr Bitterstoffe allgemein sehr gut bekommen, zum anderen unterstützen sie richtig dosiert eine ausgewogene, tiefe Aromatik auf dem Teller.

Was kann man in der Küche mit Rüben machen? Einfache Antwort: Alles kann, nichts muss. Sofern man mag, kann man alle Wurzelgemüse ohne Bedenken roh verzehren. Im Allgemeinen werden sie vor dem Verzehr geschält, Grün und Wurzelspitzen, soweit noch vorhanden, entfernt. Beim Garen sind der Fantasie praktisch keine Grenzen gesetzt. Gerieben, feinpüriert oder kleingeschnitten erfüllen sie in Brühen, Suppen oder Saucen ihren Zweck, können aber noch viel mehr: Eine gekochte Karotte entwickelt fantastische Aromen, Pastinaken oder Schwarzwurzeln schmecken unter der Kruste einfach überirdisch, wenn man sie äußerlich auf dem Grill verkohlen lässt.

Eine spezielle Eigenschaft mit gewaltigem Mehrwert zeigen Rüben beim Anbraten: Sie enthalten Zucker, und dieser karamellisiert beim Braten.

KAROTTEN

Karotten sind in jeder Küche gesetzt: als Bestandteil des Suppengrün-Dreigestirns mit Lauch und Knollensellerie, im Röst- oder Schmorgemüse (Mirepoix), als Einlage in Suppen oder Eintöpfen, geraspelt im Salat oder gepresst als Saft. Durch ihren hohen Zuckeranteil ergeben sie auch als Zutat für Süßspeisen wie Rüblikuchen Sinn. Zu meinen persönlichen All-time-Favourites zählen die legendären Vichy-Karotten, traditionell angedünstet und gegart in Mineralwasser (auch wenn es für mich nicht unbedingt Vichy-Wasser sein muss).

Ebenso vielseitig wie ihr Nutzen in der Küche ist ihre Farbe: Karotten (je nach Region auch Mohrrüben, Möhren oder gelbe Rüben genannt) existieren bei Weitem nicht nur in dem typischen Orange, welches den Handel dominiert. In Deutschland kannte man lange Zeit vor allem die gelben Sorten, weshalb man bis heute auch von gelben Rüben spricht. Vereinzelt sind noch immer gelbe, aber auch weiße oder rot- bis dunkelviolette Sorten im Angebot unserer Märkte und Läden zu finden. Bei diesen handelt es sich nicht etwa um Neuzüchtungen – vielmehr sahen so ähnlich die ersten Karotten aus, die sich über viele Jahrhunderte aus Vorderasien sowie vom Mittelmeerraum her in ganz Europa verbreiteten. Die süße orange Möhre wurde erst relativ spät, wahrscheinlich vor ca. 350 Jahren, in den Niederlanden gezüchtet, vielleicht als Ehrerbietung für das »oranje« Oranienburger-Königshaus.

Besser sehen mit Karotten?

Ihr leuchtendes Orange verdankt die holländische ▶

▶ »Wortel« ihrem hohen Gehalt an Beta-Carotin, das der Körper in Vitamin A umwandelt. Wichtig ist dieses Vitamin unter anderem für die Sinneszellen unserer Augen, den Stäbchen und Zapfen, die es brauchen, um Licht für Nervenimpulse in Sehpigmente umzuwandeln. Besteht ein Mangel an Vitamin A, kann sich das durch Nachtblindheit bemerkbar machen. Dass man seine Sehkraft durch den Verzehr von Karotten verbessern kann, ist aber ein Märchen.

Einkaufen und lagern

Frische Karotten sind hart und glatt, sie lassen sich nicht verbiegen, aber mit einem kräftigen »Knack« durchbrechen. Die Karottenform kann je nach Sorte variieren, von kegelförmig und spitz zulaufend (Bundmöhren) über zylindrisch und stumpf (Waschmöhren) zu klein und kugelförmig wie Radieschen. Die eher zarten jungen Bundmöhren eignen sich mit ihrem knackigen Biss perfekt für Salate oder Wokgemüse. Das Grün sollte im Laden taufrisch wirken und zu Hause 2 bis 3 cm über dem Ansatz abgeschnitten werden, denn es entzieht den Wurzeln Wasser und lässt sie schneller austrocknen. Im Kühlschrank sind Bundmöhren bis zu zwei Wochen haltbar. Junge Karotten müssen nicht geschält werden – es genügt, sie zu bürsten, da ihre zarte Haut problemlos mitgegessen werden kann.

Bei den meisten losen oder abgepackten Karotten handelt es sich um die etwas gröberen, weniger süßen Waschmöhren ohne Grün und Wurzelspitze. Sie eignen sich für jede Garform und bleiben bei entsprechender Lagerung (dunkel und wenige Grad über dem Gefrierpunkt) bis zu einem Monat frisch, Winterkarotten aus später Ernte sogar mehrere Monate.

KNOLLENSELLERIE

Mit seiner unebenen, bräunlich-gelben Schale und der knotig zerfransten Wurzelseite gehört der bis zu 20 cm dicke Knollensellerie nicht unbedingt zu den Schönheiten im Gemüseregal. Das macht er durch seine inneren Werte wett: Das komplexe Aroma trägt eine markante, leicht ätherische Limonennote, die an Dill oder Liebstöckel erinnert und sich beim Aufschneiden rasch verflüchtigt. Das Fruchtfleisch schmeckt würzig-erdig, wenn auch nicht so stark wie die Früchte des Echten Selleries, die als Gewürz verwendet werden. Stauden- oder Stangensellerie hat ähnliche geschmackliche Eigenschaften, wird in der Küche aber häufiger für Salate, gelegentlich auch als Gemüse oder Suppeneinlage verwendet.

Ist das Fruchtfleisch des Knollenselleries nicht makellos weiß, sondern zeigt gelbliche Verfärbungen, ist das kein Hinweis auf mangelnde Qualität. Ganz im Gegenteil: Die Flecken weisen auf bestimmte Formen von Phthalid hin, also genau jenes sekundären Pflanzenstoffs, dem Sellerie sein charakteristisches Aroma verdankt. Trotzdem setzen sich die »schneeweißen« Züchtungen aus ästhetischen Gründen immer mehr durch – leider auf Kosten des Geschmacks. Ein guter Grund, beim Einkauf eher zu einer der alten, kleineren Sorten zu greifen. Davon braucht man bei der Zubereitung auch entsprechend weniger.

Sein besonderes Aroma macht Knollensellerie zur Gemüsebasis unzähliger Rezepte, zum Beispiel als Röst- oder Wurzelgemüse für Schmorgerichte, vor allem aber als wichtiger Bestandteil des klassischen Suppengrüns, das im Handel oft als Bund mit Karotten und Lauch sowie meistens mit Petersilie, manchmal mit Petersilienwurzel angeboten wird. Als Hauptspeise ist Sellerie nur sehr vereinzelt anzutreffen, zum Beispiel als Sellerieschnitzel.

PASTINAKEN

Die Pastinake war in Deutschland schon fast in Vergessenheit geraten, dabei spielte diese Rübe in den Küchen des Mittelalters eine zentrale Rolle, vergleichbar mit der heutigen Bedeutung der Kartoffel. Bis ins 18. Jahrhundert zählte sie zwischen Alpen und Nordsee zu den wichtigsten Grundnahrungsmitteln, wurde aber allmählich von Kartoffeln und Karotten verdrängt und kehrte erst in den letzten Jahren zurück auf die Gemüsemärkte.

Der würzig-süßliche Geschmack von Pastinaken, die vorwiegend im Winter geerntet werden, erinnert stärker an Süßkartoffeln oder Sellerie als an Karotten. Lagerung und Verarbeitung entsprechen der von Karotten, allerdings sind Pastinaken nicht so knackig, sondern etwas weicher, und benötigen daher weniger Garzeit. Mit Kartoffeln püriert sind sie als Babybrei sehr beliebt. In Irland braut man aus Pastinaken aber auch Bier oder stellt daraus Wein her.

PETERSILIENWURZELN

Äußerlich ähnelt die cremefarbene, kegelförmige Rübe sehr der Pastinake und wird oft mit ihr verwechselt. Sie schmeckt eher muskatartig wie Petersilienkraut, nur deutlich aromatischer. Aber auch ohne Geschmackstest kann man Unterschiede erkennen: Petersilienwurzeln sind weiß und am Grünansatz nach außen gewölbt, Pastinaken dagegen sind nach innen gewölbt und etwas gelblicher. Zudem können Pastinaken viel größer werden – eine 30 bis 40 cm lange Petersilienwurzel wird man nirgends finden. Nicht zuletzt sind frische Pastinaken auch etwas weicher.

Petersilienwurzeln eignen sich hervorragend als Suppengemüse, zum Beispiel als Grundlage für Cremesuppen.

SCHWARZWURZELN

Von wegen »Arme-Leute-Spargel«: Gartenschwarzwurzeln gehobener Qualität haben ihren Preis. »Winterspargel« trifft es da schon eher, denn unter ihrer schwarzen, korkigen Schale ist die Rübe tatsächlich cremeweiß. Geschmacklich hat sie allerdings wenig mit Spargel zu tun, ihr ureigenes, unverwechselbares Aroma ist derber und dezent nussig.

Direkt vor der Zubereitung müssen Schwarzwurzeln kräftig unter fließendem Wasser geschrubbt und von der anhaftenden Erde befreit werden. Das Schwarzwurzelschälen macht ohne Handschuhe keinen Spaß, ihr kautschukhaltiger, harziger Milchsaft klebt wie Kaugummi an Händen und Küchengerät und hinterlässt hartnäckige braune Flecken auf der Haut. Wer keine Handschuhe mag, kann die gesäuberten Wurzeln aber auch erst in Salzwasser blanchieren und die Schale anschließend ohne viel Stress abpellen. Noch besser funktioniert allerdings das Unterwasserschälen, wobei man Hände, Schäler und Wurzeln komplett in Essig- oder Zitronenwasser taucht. Darin können die fertig geschälten Wurzeln auch noch weiterbaden, bevor sie ins gesalzene Kochwasser, in die Pfanne oder in die Fritteuse wandern. So behalten sie ihr Weiß und laufen nicht braun an.

Schwarzwurzelsaison ist von Oktober bis April. Am schnellsten und am leckersten ist der Winterspargel gedünstet und in Béchamelsauce gegart – oder, wie schon gesagt, gegrillt.

ROTE BETEN

Die »Rote Rübe«, wie sie auch genannt wird, ist ein klassisches Wintergemüse und wird bis kurz vor dem Frost geerntet. Ihr Geschmack wird meistens als erdig beschrieben – ich finde diese Note angenehm urig-muffig und extrem appetitlich. Das Aroma kommt besonders gut zur Geltung, wenn man die ganze Knolle im Ofen gart, am liebsten mit Öl bestrichen und in Salz gewälzt. Verleiht man ihr mehr Saftigkeit, indem man sie zerkleinert und kocht oder dünstet, schmeckt sie eher süß bis säuerlich und leicht metallisch.

Rote Bete verfügt über kräftige purpurne Farbstoffe, was Gerichten wie Borschtsch, Labskaus oder Heringssalat, die traditionell mit Roter Bete zubereitet werden, deutlich anzusehen ist. Ebenso den Händen nach dem Schneiden, die man aber mit Zitronensäure wieder sauber bekommt. Alternativ kann man die Hände auch vorher mit etwas Öl einreiben, Handschuhe anziehen – oder einfach von vornherein Gelbe Bete kaufen, falls sie angeboten wird. Sie schmeckt zwar etwas süßer und milder, färbt aber viel weniger ab als ihre rote Schwester.

KOHLRABI

Wegen seiner wurzeligen Haptik und dem etwas süßlich-herben Aroma ist und bleibt Kohlrabi für mich eine Rübe, obwohl er streng genommen (wie schon der Name vermuten lässt) zu den Kohlgemüsen zählt. Alle, die ihn Rübkohl oder Stängelrübe nennen, werden mir zustimmen. Sehr lange Zeit hatte ich für dieses typisch deutsche Gemüse nur äußerst wenig übrig, was wohl am unvermeidlichen weichgedünsteten Rahmkohlrabi lag.

Es kann sich außerdem lohnen, auf dem Wochenmarkt nach verschiedenen Kohlrabisorten Ausschau zu halten und statt nach der üblichen weißen auch einmal nach einer blau-violetten Sorte zu greifen. Die Verarbeitung in der Küche ist identisch, aber es gibt oft saisonabhängige Unterschiede bei der Größe, der Farbe und dem Geschmack. Allgemein gilt: Größere Exemplare neigen dazu, innen holzig zu werden, die kleinsten bilden dagegen ein wunderbar zartes, butterweiches Fleisch.

RADIESCHEN

Die frechen Winzlinge unter den Rüben können zwei Dinge hervorragend: mit ihrem grellen Pink auffallen (weiße Sorten ausgenommen) und einem mit ihrer manchmal überraschenden Schärfe, die an Meerrettich erinnert, die Tränen in die Augen treiben. Diese beiden Eigenschaften zählen in der Küche, und sonst nichts.

Übrigens ist die Schärfe, die uns so angenehm die Stirnhöhlen lüftet, nicht von der Sorte abhängig, sondern weist auf sparsame Bewässerung und viel Sonnenlicht hin. ▶

DIE AROMATISCHE INTENSITÄT UND UNERMESSLICHE VIELFALT VON WURZELGEMÜSE BEEINDRUCKT MICH IMMER WIEDER.

▶ Radieschen, die etwas in die Länge gewachsen sind, weil sie sich ein wenig nach Wasser strecken mussten, schmecken oft schärfer als andere. Wenn möglich, sollte man vor dem Kauf auf jeden Fall probieren, um weder ein zu scharfes noch ein zu lasches Aroma zu bekommen.

Radieschen eignen sich auch zum Garen *(S. 166)*, aber beim Erhitzen verflüchtigt sich die Schärfe fast komplett. In ein feuchtes Tuch gewickelt, bleiben Radieschen im Kühlschrank einige Tage frisch. Das Grün sollte man wie bei Bundmöhren abdrehen. Beginnen sie zu schrumpeln, kann man sie über Nacht in eine Schüssel mit Wasser legen, dann werden sie wieder knackig.

RETTICHE

Sie sind die großen Brüder der Radieschen: der weiße Sommer-Rettich, der schwarze Winter-Rettich und der riesige, in den Küchen Ostasiens fest verwurzelte Daikon.

Wirklich interessant ist für mich vor allem die peppige Rettichschärfe. Der weiße Garten-Rettich (»Sommer-Rettich«) bringt davon meist nur eine milde Note mit und kommt am ehesten als Rohkost oder für Rettichsuppe infrage. Deutlich pikanter schmeckt dagegen der Schwarze Rettich (»Winter-Rettich«): Frisch in die Hühnerbrühe gerieben, mit einem Schuss Sojasauce, und die Nasenflügel heben ab! Da er bis zu 25 Zentimeter lang wird, man aber meist nur wenig davon frisch verzehrt, kann man ihn auch als Suppeneinlage mitkochen, zum Beispiel im Eintopf. Die Schärfe geht dabei durch die Hitzeeinwirkung verloren.

Immer häufiger findet man auf unseren Märkten auch den Daikon. In Japan, wo er zu den unverzichtbaren Nahrungsmitteln zählt, wird er vor allem gekocht (zum Beispiel als Einlage in Miso-Suppen oder in Eintopfgerichten) oder roh serviert, aber auch eingelegt. In Korea wird er zum Grundnahrungsmittel Kimchi fermentiert.

Meerrettich und Wasabi

Meerrettich oder »Kren«, küchentechnisch die verschärfte Variante der Garten-Rettiche, gehört trotz seines Namens botanisch nicht zur Familie der Rettiche. Er findet in der Küche ausschließlich als Gewürz Verwendung, zum Beispiel bei Tafelspitz, Roastbeef oder Räucherware. Echter Wasabi ist das grüne japanische, noch etwas schärfere und weitaus teurere Pendant. Bei uns wird häufig geriebener und grün gefärbter Meerrettich als Wasabipaste verkauft.

STECKRÜBEN, NAVETTEN, TELTOWER RÜBEN

Unter den Speiserüben gibt es unglaublich viele Namen, Sorten, Formen und Aromen zu entdecken. Manche regionale Geheimtipps wie die Teltower oder die Bayerische Rübe ähneln äußerlich ein wenig den Pastinaken oder Petersilienwurzeln, unterscheiden sich im Geschmack aber deutlich von ihnen. Andere, wie die unsterbliche Steckrübe (auch »Schwedische Rübe«), einst nur Viehfutter und zu Kriegszeiten die letzte Notration der Deutschen, etablieren sich seit ihrer Renaissance der letzten Jahre als Herbstgemüse, selbst in der Spitzengastronomie. Besonders lecker finde ich die feinen, würzig-süßen Mairübchen, auch als Navetten bekannt: Alle Rüben eignen sich wunderbar für Eintöpfe und Suppen, aber auch für Pürees und Schmorgerichte *(S. 162 und 169)*. Das Grün einiger Sorten (zum Beispiel der Mairüben) kann man als Rübstiel ähnlich wie Spinat verarbeiten.

STECKRÜBENPÜREE MIT PARMESAN

ZUTATEN für 4 Personen | **ZEIT** 1 Stunde

ZUBEREITUNG

3 EL Olivenöl

1 Steckrübe à ca. 1,2 kg, geschält
und in Würfel geschnitten
(ca. 1 cm)

100 g Möhren, geschält und in
Würfel geschnitten (ca. 1 cm)

1 große Zwiebel, geschält und in
Würfel geschnitten (ca. 1 cm)

300 g Kartoffeln (mehlig kochend), geschält und in Würfel
geschnitten (ca. 1 cm)

80 g Butter

Salz

Pfeffer

Muskatnuss

2—3 EL Parmesan,
frisch gerieben

Olivenöl in einem großen Topf auf mittlerer Stufe erhitzen. Das geschnittene Gemüse, Zwiebeln und Kartoffeln zugeben. Unter gelegentlichem Rühren ca. 10 Minuten andünsten.

500 ml Wasser zugeben, durchrühren und zugedeckt ca. 30 Minuten leise köcheln lassen, dabei gelegentlich umrühren. Dann den Deckel abnehmen und das Gemüse weitere 10 Minuten offen garen.

Gemüse mit einer Schaumkelle aus dem Topf heben und gut abtropfen lassen. Die Flüssigkeit im Topf aufbewahren. Gemüse in der Küchenmaschine cremig pürieren, dabei die Butter nach und nach zugeben. Sollte das Püree zu fest werden, können Sie es mit Kochwasser verdünnen. Das Püree mit Salz, Pfeffer und geriebener Muskatnuss würzen.

ANRICHTEN

In tiefen Tellern anrichten und mit Parmesan bestreuen.

TIPP

Wer ein noch feineres Püree möchte, streicht die Masse nach dem Pürieren zusätzlich durch ein Sieb.

INFO

Die Kartoffeln im Rezept dienen der Bindung. Es geht auch ohne, aber meist wird es dann etwas wässrig und die Zutaten trennen sich beim Pürieren.

AUF SALZ GEBACKENE ROTE BETEN MIT HIMBEER-VINAIGRETTE

ZUTATEN für 4 Personen | **ZEIT** 15 Minuten (plus 1 1/2—2 Stunden Garzeit)

ROTE BETEN

1 kg grobes Meersalz
8 mittelgroße Rote Beten
  mit Grün (ca. 800 g)

Den Backofen auf 180 °C Ober-/Unterhitze vorheizen.

Das Salz in eine tiefe ofenfeste Auflaufform geben und gleichmäßig verteilen.

Die zarten, jungen Blätter der Roten Beten abzupfen und in kaltes Wasser legen. Das restliche Grün bis ca. 2 cm über der Knolle kürzen. Die Roten Beten unter fließendem, kaltem Wasser gründlich waschen, falls nötig, die Schale mit einer Gemüsebürste reinigen.

Die tropfnassen Roten Beten in der Auflaufform im Salz wenden, danach auf dem Salzbett verteilen und anschließend für 1 1/2 bis 2 Stunden im Ofen (zweite Schiene von unten) garen. Die Garzeit ist abhängig von der Größe der Roten Beten. Sie können daher schon nach ca. 1 Stunde eine Garprobe durchführen. Hierfür mit einer Rouladennadel in die dickste Stelle der Bete stechen. Wenn sie ohne großen Widerstand von der Nadel rutscht, ist sie gar.

VINAIGRETTE

3 EL Olivenöl
1 EL Himbeeressig, alternativ
  ein anderer Obstessig
1 Prise Zucker
1 Prise Salz
Pfeffer
2 EL frische Himbeeren,
  alternativ TK-Himbeeren

Olivenöl, Essig, 1 Prise Zucker und Salz sowie etwas Pfeffer zu einer Vinaigrette verrühren, die Himbeeren zugeben und darin kurz marinieren.

Die Roten Beten aus dem Ofen nehmen. Wer mag, kann sie mit Schale halbieren oder vierteln, andernfalls sollte man sie vor dem Schneiden schälen. Anschließend in eine große Schüssel geben, die Vinaigrette darübergießen, alles vorsichtig mischen und für 5 Minuten marinieren.

Die Rote-Bete-Blätter trocken schütteln.

ANRICHTEN

Die Roten Beten mit den Blättern auf Tellern anrichten und servieren.

INFO

Die Roten Beten auf einem Salzbett zu garen, ist eine schonende Alternative zum Kochen in Wasser.

GEBRATENE RADIESCHEN MIT LARDO

ZUTATEN für 4 Personen | **ZEIT** 10 Minuten

ZUBEREITUNG

600 g längliche Radieschen mit
   Grün (z.B. der Sorten Patricia
   oder D'Avignon)
100 g Lardo-Speck
1 TL Butter
1 Prise Zucker
Zitronensaft
Fleur de Sel
Pfeffer

Die Radieschen samt Grün in stehendem, kaltem Wasser waschen und die groben Blätter entfernen (die feinen sollen dranbleiben). Anschließend sehr gut abtropfen lassen, ggf. mit Küchenpapier trocken tupfen.

Den Lardo in ca. 1 cm große Würfel schneiden. Anschließend eine große Pfanne erhitzen und den Lardo bei starker Hitze knusprig auslassen, dann aus der Pfanne nehmen. Es braucht kein zusätzliches Fett in der Pfanne. Der Speck gibt genug ab.

Die Radieschen portionsweise in die Pfanne geben und im heißen Lardo-Fett bei starker Hitze und unter gelegentlichem Wenden rundherum braten. Die Radieschen dürfen dabei ruhig Farbe annehmen. Anschließend den Lardo, die Butter und eine Prise Zucker zugeben und gut durchschwenken.

Die Radieschen mit einem Spritzer Zitronensaft, Fleur de Sel und Pfeffer würzen.

ANRICHTEN

Die Radieschen auf einem großen Teller anrichten und servieren.

TIPP

Die länglichen, walzenförmigen Radieschen sind eine typische Frühjahrs- und Herbstsorte. Sie können natürlich auch eine andere Sorte verwenden. Beim Salzen sollten Sie daran denken, dass der Lardo schon eine ordentlich würzige Salznote in das Gericht bringt.

KOHLRABI-SPARGEL-RAGOUT

ZUTATEN für 4 Personen | **ZEIT** 30 Minuten

ZUBEREITUNG

6 getrocknete Tomaten
1 roter Kohlrabi à ca. 300 g
2 grüne Kohlrabi à ca. 300 g
350 g dünner, junger weißer
  Spargel
30 g Butter
150 g frische Erbsen, gepalt
500 ml Gemüsebrühe
1—2 EL Speisestärke, angerührt
  in kaltem Wasser
1 TL Butter
Pfeffer
1 EL Kerbel, gehackt
Zucker
Salz

Die Tomaten für 5 Minuten in kaltem Wasser einweichen, anschließend abtropfen lassen und in feine Würfel schneiden.

Die holzigen Enden vom Kohlrabi entfernen. Kohlrabi mit einem Sparschäler schälen und grob würfeln. Die holzigen Enden vom Spargel knapp abschneiden. Spargel quer halbieren.

Butter in einem großen Topf erhitzen. Den Kohlrabi zugeben und auf kleiner Stufe 2 bis 3 Minuten andünsten, bis er etwas Farbe bekommt. Spargel und Erbsen zugeben und ca. 2 Minuten mitdünsten. Mit Gemüsebrühe auffüllen und weitere 5 Minuten bei kleiner Stufe köcheln lassen.

Die getrockneten Tomaten unterheben und die Flüssigkeit mit der angerührten Speisestärke leicht binden. 1 TL Butter zugeben, mit Pfeffer würzen und gut durchschwenken. Sobald die Butter geschmolzen ist, verleiht sie dem Ragout einen schönen Glanz. Den Kerbel zugeben und unterrühren. Mit 1 Prise Zucker und Salz abschmecken.

ANRICHTEN

Das Kohlrabi-Spargel-Ragout in tiefen Tellern anrichten und servieren.

TIPP

Der kleine, dünne Spargel wird immer als Bund angeboten, Sie können ihn ungeschält mit der zarten Schale zubereiten. Alternativ kann auch normaler Spargel verwendet werden, dann aber am besten schlanker, dünner. Dieser muss dann auch geschält werden.

ZWIEBELN UND LAUCHGEMÜSE

VIELSCHICHTIGE CHARAKTERE

Von der Silberzwiebel bis zur Porreestange, von der Frühlingszwiebel bis zur Schalotte: Zwiebeln und Lauchgemüse braucht man in der Küche ständig, sie verleihen Speisen in aller Welt eine aromatische Grundlage und liegen im deutschen Gemüseanbau und -verbrauch hinter Tomaten auf Platz zwei. Für mich gehört das Pellen und Schneiden bei mindestens jedem zweiten Gericht zum Kochritual.

Charakteristisch für das Zwiebelaroma ist neben der leichten Süße eine stechende Schärfe, je nach Sorte in unterschiedlicher Ausprägung. Verantwortlich für diese lauchig-schwefelige Note ist das blutverdünnende Allicin. Auf dieses ätherische Öl, das alle Zwiebeln und Lauch sowie Knoblauch beim Zerkleinern freisetzen, reagieren unsere Schleimhäute sehr sensibel – so kann es einem die Tränen in die Augen treiben, aber eben auch das Wasser im Munde zusammenlaufen lassen. Beim Garen und im Kontakt mit Salz verflüchtigt sich die Schärfe sehr schnell. Möchte man sie schmecken, sollte man die Zwiebel frisch aufgeschnitten verzehren.

Je länger Zwiebeln oder Lauch garen, umso stärker tritt der enthaltene Zucker in den Vordergrund. Brät man Zwiebelwürfel oder -ringe in der Pfanne scharf an oder frittiert sie, nehmen sie schnell eine bräunliche Färbung an und entwickeln den Geschmack, um den es beim Kochen mit Zwiebeln immer geht: kräftige, süß-karamellige Röstaromen sowie eine intensive Umaminote. Damit sie nicht verbrennen, kann man die Röstzwiebeln mit Flüssigkeit ablöschen – und erhält so eine simple Basisbrühe für tausend leckere Gerichte.

SORTEN UND IHRE VERWENDUNG

Grundsätzlich ist es ganz einfach: Sieht ein Gericht Zwiebeln vor, wird man es mit der falschen Zwiebel nicht verderben. Gleichwohl ist nicht jede Zwiebel für jede Anwendung gleich gut geeignet. Zum einen gibt es Unterschiede in der Beschaffenheit, die bei der Verarbeitung eine Rolle spielen, zum anderen hat jede Sorte ihr eigenes Aroma. Einen Hinweis auf den Geschmack gibt die Farbe: Gelb bedeutet häufig Schärfe, weiße Zwiebeln schmecken milder, rote bringen am meisten würzige Aromen mit.

Die am häufigsten verwendeten gelben Küchenzwiebeln (auch Haushalts- oder einfach Gelbe Zwiebeln) schmecken in rohem Zustand stechend und scharf. Es gibt sie in verschiedenen Größen, wobei man die kleineren Sorten als Saucen- oder Perlzwiebeln bezeichnet. Ihr gold-braun glänzendes Hüllblatt ist wie bei allen Zwiebeln pergamentartig dünn, die zweite Haut kann besonders nach längerer Lagerung welken und zum Essen zu ledrig werden. Küchenzwiebeln lassen sich dank ihres hohen Zuckergehalts von 8 % exzellent in Öl karamellisieren, wodurch sie ein würzig-süßes Aroma erhalten. Die harzige, leicht flüchtige Schärfe der rohen Zwiebel passt gut zu Zwiebelmett oder Gegrilltem, für Salate ist sie zu intensiv.

Schalotten gelten als die edelste Zwiebelsorte und werden in der französischen Küche bevorzugt verwendet. Je nach Sorte variiert ihre Färbung von rosaviolett über bräunlich-kupfern bis grau-grün. Da meist mehrere »Tochterzwiebeln« unter einem Hüllblatt stecken, machen Schalotten etwas mehr Arbeit als andere Küchenzwiebeln.

Wegen ihres feinen Aromas werden sie gern in Saucen verwendet. Ihre Blätter sind relativ zart, deshalb eignen sie sich eher zum Dünsten als zum scharfen Anbraten.

Als Gemüsezwiebeln fasst man küchensprachlich größere Sorten bis 200 g mit etwas milderem Geschmack zusammen, darunter die apfelgroße gelbliche Spanische Zwiebel oder die Weiße Zwiebel, die vorwiegend in wärmeren Ländern angebaut wird. Ihre Masse spart etwas Arbeitsaufwand, wenn größere Mengen gebraucht werden. Mit ihren dicken, saftigen Wänden eignen sich Gemüsezwiebeln gut zum Schmoren oder Füllen, zum Beispiel mit Hackfleisch. Frisch verarbeitet, passen sie vor allem zu Salaten oder auch Burgern ebenso wie die rote, »italienische« Zwiebel. Deren ausgeprägter Geschmack ist zugleich süß und scharf, jedoch nicht so stechend wie der von Küchenzwiebeln. Rote Zwiebeln haben wegen ihrer Farbe dekorative Qualitäten, deshalb erhalten sie bei Salaten oder hochwertigen Marinaden oft den Vorzug.

Lauchzwiebeln (Frühlingszwiebeln) können ebenfalls roh verzehrt werden, sowohl die grünen, röhrenförmigen Blätter als auch die eigentliche Zwiebel, die nur als leichte Verdickung am weißen Ende zu erkennen ist. Zu Ringen zerschnitten, machen sich Lauchzwiebeln gut in Salaten, Vinaigretten oder schonend zubereiteten Gemüsegerichten, zum Beispiel aus dem Wok. Da sie relativ empfindlich sind, halten Lauchzwiebeln keine wochenlange Lagerung aus wie andere Zwiebeln, sondern sollten gekühlt und nach maximal einer Woche verbraucht werden.

Lauchzwiebeln äußerlich ähnlich, wenn auch nicht näher verwandt, ist der Porree, den man häufig auch einfach Lauch nennt. Oft wird er im Gebinde mit Karotten, Knollensellerie und Petersilie als Suppengrün angeboten. Wie den Zwiebeln verleiht das schwefelhaltige Allicin frischem Porree eine strenge Schärfe, die zum Beispiel fruchtige Salate mit einer pikanten Note aufwertet. Gegart schmecken vor allem die grünen Blattscheiden süß, die weiße Hälfte dagegen wird sehr mild und zart.

In Scheiben und Streifen geschnitten eignet sich Porree als Suppeneinlage, in tellergerechte Stücke geschnitten kann die Stange als Schmorgemüse mit einer Béchamelsauce angerichtet werden, zum Beispiel als Lauch-Schinken-Röllchen.

TIPP Eine Porreestange vom Schmutz zu befreien kann etwas mühsam sein, wenn sich Sand darin gesammelt hat. Am besten durchtrennt man den Lauch knapp unter der Blattscheide, halbiert das Grün längs und wäscht die Blätter einzeln unter fließendem Wasser. Zum Zerkleinern lassen sie sich wieder aufeinanderlegen. Falls nötig, kann man das weiße Ende auch ein Stück weit halbieren – es sollte aber am Wurzelende verbunden bleiben, sonst wird das Zerkleinern unnötig kompliziert.

KNOBLAUCH

Auch Knoblauch gehört zu den Zwiebelgewächsen, genutzt wird er aber nicht als Gemüse, sondern hauptsächlich als Gewürz, und zwar für so gut wie alles außer Süßspeisen. Besonders wichtig ist er in der asiatischen und mediterranen Küche. Meist braucht man pro Gericht nur wenige der 10 bis 12 Knoblauchzehen einer Knolle.

Größter Produzent der Welt ist mit 80 % China, wo der relativ milde weiße Knoblauch angebaut wird. Sehr viel kräftiger und daher mit Vorsicht zu genießen ist französischer Knoblauch, zum Beispiel der aus Arleux. Man erkennt ihn an seiner Schale, die durch Räucherverfahren eine gelb-braune Farbe annimmt. Berühmt und begehrt ist der rosa »Manouille«-Knoblauch aus Lautrec. Ebenfalls aus Frankreich kommt der weiß-violette frische Knoblauch mit moderater Schärfe und weicher Haut, der mit einigen Zentimetern grünem Stängel verkauft wird. Im Gegensatz zu chinesischen und geräucherten Knoblauchknollen können sie einfach in die Pfanne geraspelt werden, da ihre Haut essbar ist.

Die Anwendungsvarianten sind vielfältig: Für eine leichte Note kann das Einreiben des Geschirrs mit einer frisch halbierten Zehe ausreichen. Das funktioniert auch mit festen Fischfilets oder Röstbrot. Eine mit Schale zerquetschte und leicht in Öl angeröstete Zehe erzeugt ein mild-würziges Aroma, etwas kräftiger wird es, wenn man sie hackt oder zerschneidet.

TIPP Ein Küchenklassiker für Brühen und Suppen ist die gespickte Zwiebel: Sie wird gepellt und mit drei Gewürznelken sowie einem Lorbeerblatt versehen, das man in einen seitlichen Schnitt steckt.

FLEISCH

Fleisch ist nicht gleich Fleisch, es schmeckt auch nicht immer gleich. Vor allem gibt es einen Grund dafür, warum ein Kotelett von Schwein A super schmeckt und eins von Schwein B total langweilig, und warum ein Hüftsteak von Rind X in der Pfanne saftig bleibt und eins von Rind Y immer austrocknet – egal, wie viel Mühe man sich beim Braten gibt. Dieser Grund ist so einfach wie elementar, und deshalb sollte man ihn sich meiner Meinung nach auch gut merken: Je natürlicher ein Tier aufwachsen durfte, desto besser schmeckt sein Fleisch. Ich bin mir sicher: Wer einmal verstanden hat, was ein hochwertiges Stück Fleisch ausmacht, wird sich immer für ein Steak vom Freilandrind oder für einen Braten vom Schwein aus einer alten Landrasse entscheiden.

WAS IST FLEISCH?

Das deutsche Lebensmittelrecht bezeichnet alle Teile eines geschlachteten oder erlegten Tieres, die ein Mensch zu sich nehmen kann, als Fleisch. Also auch Blut, Zunge, Knochenmark, Hirn oder Leber.

In der Alltagssprache machen wir es uns ein bisschen einfacher und meinen nur die Skelettmuskulatur von Säugetieren und Vögeln. Fast jedenfalls: Was im Tierkörper zwischen den Muskelfasern vorkommt, gehört nämlich auch dazu, vor allem Fett und Bindegewebe.

Der entscheidende Punkt: Fleischstücke unterscheiden sich zum Teil extrem voneinander, je nachdem, welchen Teil eines Tierkörpers man verwendet, welche Funktion er zu Lebzeiten übernommen hatte, aus welchen Bestandteilen er sich zusammensetzt und wie alt das Tier war, als es geschlachtet wurde.

Wegen dieser Unterschiede muss man sie auch unterschiedlich zubereiten. Um eine gute Ahnung davon zu bekommen, womit man es später in der Küche und auf dem Teller zu tun haben wird, lohnt es sich, schon beim Blick in die Fleischtheke ein paar einfache Fragen zu beantworten. Am besten mithilfe des Metzgers, denn der kennt das Tier, das bei einem in der Pfanne landet, und sein Fleisch am besten.

1. Wo im Tier saß der Muskel – und welche Aufgabe hatte er?

Was wir beim Metzger als »Fleisch« kaufen, ist tatsächlich ein Muskel. Muskeln ziehen sich zusammen und entspannen sich, immer wieder, das ist ihr Job. Dadurch bewegen sie die Knochen, mit denen sie verbunden sind, und setzen zum Beispiel die Beine eines Bullen oder die Flügel einer Gans in Bewegung. Je nachdem aber, wie häufig und wie regelmäßig ein Muskel beansprucht wird, verändert er sich.

Manche Muskeln sind ständig in Bewegung. Zum Beispiel weil sie die Flügel eines Dauerfliegers antreiben (Wildentenbrust) oder die Beine eines Dauerläufers (Bisonkeule). Solche Muskeln müssen viel Sauerstoff aufnehmen. Weil der über den roten Farbstoff Myoglobin ins Fleisch gelangt, sind Ausdauermuskeln besonders rot. Weil in diesen Muskeln gleichzeitig besonders viele chemische Prozesse ablaufen, bilden sich in ihnen auch besonders viele Stoffe mit Eigengeschmack. Diesen Geschmack, zum Beispiel den von Eisen, empfinden wir als »typisch fleischig«. Je mehr ein Muskel beansprucht wird, desto roter wird das Fleisch am Ende aussehen, und desto fleischiger wird es schmecken.

2. Wie lange hat ein Tier gelebt?

Natürlich haben sich die Muskeln eines alten Tieres in der Regel mehr und länger bewegt als die eines jungen. Deshalb schmeckt auch das Fleisch von einem dreieinhalb Jahre alten Ochsen intensiver als das von einem 11 Monate jungen Kalb.

Muskeln wachsen aber auch mit den Jahren, vor allem, wenn sie stark beansprucht werden – das funktioniert auf der Weide und im Fitnessstudio gleich: Die Muskelbündel werden dicker. Außerdem wird das Bindegewebe, das die

Fleischstücke unterscheiden sich zum Teil extrem voneinander, je nachdem, welchen Teil eines Tierkörpers man verwendet, welche Funktion er zu Lebzeiten übernommen hatte, aus welchen Bestandteilen er sich zusammensetzt und wie alt das Tier war, als es geschlachtet wurde. Und wegen dieser Unterschiede muss man sie auch unterschiedlich zubereiten.

einzelnen Fasern zusammenhält und zu größeren Strängen bündelt, durch die ständige Bewegung härter.

Je dicker die Muskelstränge und je härter das Bindegewebe dazwischen, desto schwieriger wird es, beides mit einem Messer zu zerschneiden oder mit den Zähnen zu durchbeißen. Ein langes Leben und viel Bewegung macht Fleisch also nicht nur aromatisch, sondern seine Konsistenz auch immer etwas spröder, widerspenstiger. Junges Fleisch hingegen ist zarter – aber auch eher geschmacklos.

3. Wie ist ein Tier aufgewachsen?

Bis ins 19. Jahrhundert hielten die Menschen vor allem Nutztiere, ihr Fleisch verwertete man erst am Ende eines langen, arbeitsreichen Lebens der Tiere. Ein Ochse zog viele Jahre lang den Pflug, bevor er geschlachtet wurde. Ein Huhn legte zwei, drei Jahre lang Eier und landete erst danach in der Suppe.

Tiere lebten also länger als heute, und sie bewegten sich mehr. Ihr Fleisch schmeckte intensiv und war in seiner Konsistenz deutlich weniger zart. Die Menschen entwickelten deshalb bestimmte Gartechniken, die das Fleisch weich werden ließen, allen voran das Schmoren *(S. 190 f.)*. So entstanden in ganz Europa typische Hausmannskostrezepte: Zum Beispiel Rouladen und Sauerbraten in Deutschland, »Ragù alla bolognese« in Italien, Gulasch in Ungarn, oder »Shepherd's Pie« in Großbritannien.

Erst mit der Industrialisierung änderte sich die Tierhaltung. Zum einen wurden Fahrzeuge und Fabriken nun mit Motoren und Maschinen angetrieben – weshalb man auf einen Schlag kaum noch Nutztiere benötigte. Zum anderen waren die Menschen wohlhabender und konnten mehr Geld für teure Lebensmittel wie eben Fleisch ausgeben.

Schritt für Schritt wurde nun das zähe, intensiv aromatische Fleisch der Bauernhoftiere ersetzt durch das zarte, weniger geschmackvolle von jungen, gut genährten Masttieren. In den 1950er Jahren schließlich begann die industrielle Fleischproduktion und wurde mit den Jahren immer effizienter. Heute wird das meiste Fleisch, das in den Kühltheken von Metzgereien und Supermärkten landet, nach demselben Prinzip produziert:

Rinder, Schweine und Hühner werden überwiegend in Ställen gehalten, sie bewegen sich recht wenig, bekommen Mastfutter zu fressen und werden jung geschlachtet. Im Ergebnis heißt das: Ihre Muskeln wachsen schnell, werden aber wenig beansprucht, das Bindegewebe bleibt locker – und das Fleisch zart und oft eher geschmacklos.

4. Wie viel Fett hat ein Tier angesetzt – und wo?

Viel mehr als von der Zusammensetzung des Muskels wird der Geschmack eines saftigen Steaks aber von einem anderen Stoff im Tierkörper bestimmt: vom Fett. Das ist nicht nur ein hervorragender Geschmacksträger (und unterstützt so die fleischigen Aromen der Muskeln). Im Gegensatz zu Muskelfasern können Fettzellen auch körperfremde Stoffe speichern – abhängig von der Genetik eines Tieres und davon, womit der Bauer es gefüttert hat. ▶

Heute werden Rinder, Schweine und Hühner überwiegend in Ställen gehalten, sie bewegen sich recht wenig und werden jung geschlachtet. Ihr Fleisch ist zart und oft eher geschmacklos.

▶ Dem Fett eines Rinds schmeckt man deshalb selbstverständlich an, ob es Weidegras gefressen hat oder im Stall mit stärke- und eiweißhaltigem Mastfutter auf Schlachtgewicht gebracht wurde. Und natürlich wird auch ein Schwein, das der Bauer mit Küchenabfällen füttert, ein anderes Aroma entwickeln als zum Beispiel ein Havelländer Apfelschwein, das – wer hätte es gedacht? – Äpfel zu fressen bekommt.

Mein Lieblingsbeispiel ist aber das Ibérico-Schwein, zumindest, wenn es wirklich traditionell aufgezogen wurde. Denn dann schmeckt man, dass es bei der Qualität von Fleisch an erster, zweiter und dritter Stelle um dasselbe geht – um die Tierhaltung. Ibérico-Schweine sind halbwilde Tiere, die ihr ganzes Leben lang durch die Eichenwälder der Extremadura-Region in Spanien streifen. Dort fressen sie vor allem frisches Gras und ein- oder zweimal in ihrem Leben wochen- und monatelang ausschließlich Eicheln. Ich kann nur jedem empfehlen, einmal eine hauchdünn geschnittene Scheibe vom Jamón Ibérico zu probieren. Den Unterschied zum Schinken »herkömmlich« aufgezogener Schweine schmeckt wirklich jeder!

Durch Fett bekommt das Fleisch aber nicht nur Geschmack, es wird auch zart (weil Fett das Bindegewebe lockert) und saftig (weil es die Muskelfasern bei Hitzeeinfluss vor dem Austrocknen schützt).

Wann immer es geht, lasse ich deshalb Fett, das außen am Muskelfleisch sitzt, sogenanntes »aufliegendes Fett«, vor der Zubereitung dran. Wer den Fettdeckel vom Roastbeef schneidet, bevor er es in den Ofen schiebt, oder den Fettrand vom Steak, bevor es auf den Grill kommt, verliert dabei nämlich immer Geschmack. Und unnötig ist das Ganze auch noch: Das Fett lässt sich leicht später vor dem Servieren oder auf dem Teller abschneiden.

Fett, das zwischen den Muskelfasern eingelagert ist, sogenanntes intramuskuläres Fett, kann man gar nicht abschneiden. Das ist auch gut so, denn genau in diesem Fett steckt das Aroma des Futters, das ein Tier zu Lebzeiten gefressen hat. Geschmacklich lohnt es sich total, das Fleisch von Rassen zu kaufen, deren Gene zulassen, dass sich ausreichend intramuskuläres Fett bildet (man sagt wegen des weißen Fettmusters im roten Fleisch auch: das Fleisch ist unterschiedlich stark »marmoriert«). Also zum Beispiel das vom Ibérico-Schwein.

Welches Fleisch kaufen?

Für mich ist die Haltung eines Tieres der alles entscheidende Faktor. Ich kaufe Fleisch immer in Bioqualität, am liebsten von Züchtern mit kleinen Beständen, die viel nachdenken über das Wohl ihrer Tiere und über deren richtige Aufzucht. Ich bilde mir ein, dass dieses Fleisch besser schmeckt als jenes aus konventioneller Mast. Das wäre auch logisch, denn dass Tiere sich bewegen können und dass sie hochwertiges Futter zu fressen bekommen, sind entscheidende Qualitätsfaktoren.

Ich würde aber auch bio kaufen, wenn ich keinen Unterschied schmecken würde. Wir stehen in unserer Welt in einer Verantwortung gegenüber Tieren, denn sie sind lebendige Wesen mit Instinkten und Gefühlen. Ich roman-

Natürlich wird ein Schwein, das der Bauer mit Küchenabfällen füttert, ein anderes Aroma entwickeln als zum Beispiel ein Havelländer Apfelschwein, das – wer hätte es gedacht – Äpfel zu fressen bekommt.

tisiere nicht, und ich nenne Tiere, die artgerecht aufgezogen werden, nicht »glücklich« – am Ende leben auch sie nur, um auf unserem Teller zu landen. Doch ich finde, jeder, der es sich leisten kann, sollte darauf achten, dass er Tiere isst, die zu Lebzeiten anständig behandelt wurden.

5. Was steckt einem Tier in den Genen?

Der typische Eigengeschmack unterschiedlicher Tierarten – von Schwein, Rind, Schaf, Ziege, Huhn, Ente oder Hirsch – hat seinen Ursprung ebenfalls im Fett, das setzt sich nämlich immer unterschiedlich zusammen. Das etwas süßliche Aroma von Schweinefleisch zum Beispiel geht auf ein bestimmtes Fettmolekül zurück, das auch in Kokosnüssen und Pfirsichen vorkommt. Je älter ein Tier wird, desto intensiver wird dieses spezifische Fettaroma.

Aber nicht bloß die Tierarten unterscheiden sich, sondern auch deren Unterklassen, die Tierrassen. Und auch, wenn diese Unterschiede zunehmend verloren gehen, ganz verschwunden sind sie zum Glück noch nicht – und es lohnt sich, bewusst nach ihnen zu suchen.

Nehmen wir das Schwein: Rund 90 % der deutlich über vier Milliarden Kilo Schweinefleisch, die in Deutschland in jedem Jahr produziert werden, stammt von sogenannten Hybridschweinen. Diese Tiere wurden über Jahrzehnte hinweg aus den ursprünglich regional sehr unterschiedlichen Rassen gezüchtet und dabei immer weiter spezialisiert. Seit Jahrzehnten schon gilt dabei das Prinzip: Mastschweine sollen in (1) sehr kurzer Zeit (2) sehr viel und (3) sehr mageres Fleisch auf die Knochen bekommen.

Zum Glück gibt es in Deutschland aber noch alte Schweinerassen – und damit Tiere, die sich bewegen, intramuskuläres Fett ansetzen und bis zu zehnmal so alt werden dürfen wie ihre Verwandten in den Mastställen. In Deutschland sind das zum Beispiel das Deutsche Edellandschwein, das Bentheimer Sattelschwein, das Angler Sattelschwein und das Schwäbisch-Hällische Schwein. Von den europäischen Rassen bekommt man bei uns zum Beispiel das Mangalitzer Wollschwein aus Ungarn und das bereits erwähnte Ibérico-Schwein – das längst nicht nur als Schinken fantastisch schmeckt.

Beim Rindfleisch ist die Situation ähnlich. Mehr als 95 % der in Deutschland geschlachteten Masttiere gehören zu nur zwei Hochleistungsrassen. Mittlerweile werden auf vielen kleineren Höfen aber wieder seltenere, alte Rassen gehalten. Fleisch, das man unbedingt mal probieren sollte, liefern zum Beispiel Angus-Rinder (ursprünglich aus Schottland), Simmental-Rinder (Schweiz) oder Galloway-Rinder (Schottland). Ein paar Bauern in Deutschland züchten mittlerweile auch Kreuzungen aus Wagyu-Rindern, das ist diese japanische Edelrasse, aus der die berühmten Kobe-Rinder stammen.

█ Fleischreifung

Rindfleisch muss nach der Schlachtung viel länger reifen als Schweine- oder gar Geflügelfleisch. Weil die Muskeln der Tiere recht groß sind, dauert es schlicht länger, bis sich die Totenstarre wieder lockert und das Fleisch zart ▶

Geschmacklich lohnt es sich total, das Fleisch von Rassen zu kaufen, deren Gene zulassen, dass sich ausreichend intramuskuläres Fett bildet.

Mehr als 95 % der in Deutschland geschlachteten Masttiere gehören zu nur zwei Hochleistungsrassen.

▶ wird. Das erreicht man auf zwei Wegen: Entweder man lässt das Fleisch in großen Stücken von der Decke eines gut durchlüfteten Kühlraums hängen – man lässt es »trocken« reifen. Oder man zerteilt und vakuumiert es, dann reift es »nass«, also im eigenen Fleischsaft. Ich bin eher Fan der zweiten Methode, auch wenn die Trockenreifung (»Dry Aging«, »Dry Aged«) in den letzten Jahren wieder sehr populär geworden ist.

Im einen wie im anderen Fall aber entwickelt sich das Fleisch während der Reifung geschmacklich weiter, vor allem entstehen dabei die typisch nussigen Aromen. Wirklich gutes Rindfleisch, vor allem das aus dem Rücken, welches man zum Kurzbraten und Grillen verwendet, muss daher mindestens 21 Tage reifen.

Doch je länger das Fleisch in einem Kühlhaus hängt oder liegt, desto teurer wird es. Oft wird die Reifung deshalb abgekürzt, das ganz normale Fleisch im Supermarkt kommt selten auf mehr als 12 Tage. Mit bestimmten Tricks (Druckluft, Begasung) schaffen die Produzenten es allerdings, dass auch dieses Fleisch optisch sehr schön und intensiv rot aussieht – dann erkenne auch ich den Unterschied nicht. Deshalb hilft nur eins: den Metzger fragen!

WAS IST GUTES FLEISCH?

Ich esse, weil ich etwas schmecken möchte, und deshalb ist mir die Entscheidung zwischen einem Kalbsschnitzel und einem gut marmorierten Rindersteak noch nie schwer gefallen. Rindfleisch entwickelt seinen vollen Geschmack meiner Meinung nach sogar erst, wenn die Tiere mindestens zweieinhalb bis drei Jahre leben. Es gibt mittlerweile Spitzenköche, die auf das Fleisch von 10-jährigen Milchkühen schwören. Das habe ich schon selbst probieren dürfen: Es hat sehr gut geschmeckt, und es war wunderbar zart.

Apropos zart: Ein Rinderfilet habe ich seit 15 Jahren nicht mehr gekauft. Das Filet ist ja das teuerste Stück an einem Rind oder Schwein und gilt als absoluter Premiumschnitt, weil es aus dem Lendenmuskel stammt, der so gut wie nie bewegt wird und deshalb eine extrem zarte Konsistenz besitzt. Ganz ehrlich: Für mich ist es genau deshalb das langweiligste Stück Fleisch der Welt. Ich würde dem Filet immer ein Stück mit mehr Geschmack und Charakter vorziehen, ein durchwachsenes Stück aus dem Schweinenacken zum Beispiel oder aus der Rinderhüfte. Das bekommt man mit der richtigen Technik mindestens genauso zart hin – und man muss deutlich weniger Geld dafür hinlegen.

Aber natürlich ist das alles mein ganz persönlicher Geschmack. Ich kann niemandem sagen, was ihm oder ihr schmeckt – oder gar zu schmecken hat. Am Ende hilft nur, genau hinzuschauen, den Metzger zu fragen, zu riechen, zu schmecken – also wieder: die eigene Intuition aufzubauen. Experimentieren Sie zum Beispiel mit unterschiedlichen Garpunkten eines Bratens, so werden Sie sich Schritt für Schritt an die Konsistenz herantasten, die Ihrem eigenen Geschmack entspricht. Der richtige Umgang mit Fleisch lässt sich auf keine lineare Formel bringen. Es braucht viel Erfahrung und Fingerspitzengefühl – beides entwickelt man aber nur, wenn man immer wieder unterschiedliche Wege und Zubereitungsmethoden ausprobiert.

> *Rindfleisch entwickelt seinen vollen Geschmack meiner Meinung nach sogar erst, wenn die Tiere mindestens zweieinhalb bis drei Jahre leben.*

Artgerechter geht nicht: Wildbret

Millionen Rehe, Böcke und Hirsche werden in Deutschland in jedem Jahr geschossen, dazu Wildtauben, Wildenten, Feldhasen, Kaninchen, Fasane, Wildgänse, Waldschnepfen, Rebhühner. In vielen Gegenden Deutschlands und Europas vermehren sich mittlerweile auch Wildschweine in bisher unbekannter Größenordnung. Ich kann das Fleisch dieser Tiere, das sogenannte Wildbret, nur jedem empfehlen. Nicht nur praktizieren Jäger artgerechtes Töten, Wildbret enthält außerdem viel Eiweiß, viele B-Vitamine und viele Mineralstoffe. Vor allem aber schmeckt es umwerfend intensiv und aromatisch.

Mein Tipp: Einfach mal im Internet recherchieren, ob sich in der Nähe noch ein echter Wildfachhandel finden lässt. Leider sind diese Spezialgeschäfte vielerorts schon ausgestorben, dabei lohnt sich ein Besuch wegen der kompetenten Beratung und des tollen Fleisches extrem. Ansonsten bekommt man Wildbret auch direkt beim Jäger. Die findet man über die Landesjagdverbände oder das lokale Kreisforstamt.

BEEF TATAR KLASSISCH

ZUTATEN für 4 Personen | **ZEIT** 30 Minuten

ZUBEREITUNG

400 g Rinderfiletspitze oder
    Rinderhüfte
2 Eigelb (M)
1 TL feiner Senf, z.B. Dijon-Senf
1 EL Cognac
1 gestrichener EL Ketchup
25 g Schalotten, geschält und
    fein gewürfelt
4 Cornichons, abgetropft und
    fein gewürfelt
2 TL Kapern, abgetropft und
    fein gehackt
2 Anchovis, fein gehackt
Salz
Pfeffer
Cayennepfeffer

Das Fleisch mit einem scharfen Messer zuerst in lange dünne Scheiben, dann in dünne Streifen schneiden. Das Fleisch jetzt für 8 bis 10 Minuten etwas anfrieren, dadurch lässt es sich leichter schneiden. Dann in sehr feine Würfel schneiden.

Das Rindfleisch kann natürlich auch von Ihrem Metzger durch einen Fleischwolf gelassen werden, es hat aber eine interessantere Textur, wenn man es per Hand schneidet. Bei mir in der Bullerei servieren wir es ausschließlich »handgeschnitten«.

Die Eigelbe mit Senf, Cognac und Ketchup in einer großen Schüssel glatt rühren. Gewürfelte Schalotten, Cornichons, gehackte Kapern und Anchovis unterheben. Mit einer Prise Salz, Pfeffer und Cayennepfeffer würzen.

ANRICHTEN

Das fein geschnittene Rindfleisch zufügen und vermengen, bei Bedarf mit Salz abschmecken.

TIPP

Wer sich fragt, was der Ketchup in der Zubereitung zu suchen hat, wird mit einer leicht süß-sauren Note belohnt. Ketchup als Würze einzusetzen ist kein Vergehen!
Probieren Sie mal ein kräftiges Walnussbrot zum Tatar, Sie werden es lieben.

GRATINIERTE RINDERMARKKNOCHEN

ZUTATEN für 4 Personen | **ZEIT** 35 Minuten

ZUBEREITUNG

2 Markknochen vom Rinderbein
à ca. 1 kg (vom Metzger längs
in je zwei Hälften gesägt)
1 kleines Bund Petersilie,
fein gehackt
2 Knoblauchzehen, geschält
und fein gehackt
4 EL Pankobrösel (japanische
Semmelbrösel, erhältlich im
Asia-Laden)
Fleur de Sel
3 EL Olivenöl

Den Backofen auf 200 °C Ober-/Unterhitze vorheizen.

Die Rindermarkknochen mit den Schnittflächen nach oben in einen Bräter legen. Den Bräter für 15 Minuten in den Ofen schieben (zweite Schiene von oben).

In der Zwischenzeit die Petersilie, den Knoblauch, die Pankobrösel, etwas Fleur de Sel und das Olivenöl in einer kleinen Schüssel mischen.

Die Knochen aus dem Ofen nehmen und den Ofengrill auf 240 °C vorwärmen.

Die Knoblauch-Petersilien-Mischung gleichmäßig auf dem Mark verteilen und auf der zweiten Schiene von unten im Ofen in ca. 15 Minuten goldbraun gratinieren.

TIPP

Die gratinierten Knochen als Vorspeise pur, wie sie sind, nur mit etwas geröstetem Brot und Fleur del Sel servieren.

GULASCH

ZUTATEN für 4 Personen | **ZEIT** 3 1/2 Stunden

ZUBEREITUNG

800 g Gemüsezwiebeln, geschält
  und grob gewürfelt

1 TL Salz

1 EL Zucker

4 rote Paprika

100 g Staudensellerie

1 1/2 kg Rinderschulter

3 EL Olivenöl

4 Knoblauchzehen, geschält
  und angedrückt

3 Lorbeerblätter

1 rote Pfefferschote, ohne Stiel
  (im Vergleich zur Chili größer
  und weniger scharf)

2 EL Butterschmalz

Salz

Pfeffer

1 gehäufter EL edelsüßes
  Paprikapulver

1 EL Kümmelsaat

1 EL Butter

Zwiebelwürfel mit Zucker und Salz mischen, ca. 1 Stunde lang beiseitestellen und Wasser ziehen lassen. Inzwischen die Paprika waschen, Strunk und Kerngehäuse entfernen. Paprika und Staudensellerie in der Saftpresse entsaften.

Das Fleisch mit Küchenpapier trocken tupfen und in 3 bis 4 cm große Würfel schneiden, dabei das Fett nicht abschneiden.

Olivenöl in einer großen Pfanne auf mittlerer Stufe erhitzen. Die Zwiebeln darin goldbraun braten, Knoblauch und Lorbeerblätter zugeben und kurz mitbraten. Den Pfanneninhalt mit der Pfefferschote in einen tiefen Bräter geben und beiseitestellen.

Eine große Pfanne auf hoher Stufe erhitzen und darin das Butterschmalz heiß werden lassen. Fleisch zugeben und von allen Seiten goldbraun braten. Erst jetzt mit Salz und Pfeffer würzen. Paprikapulver, Kümmel und Butter zugeben und unter Rühren 3 Minuten mitbraten.

> Je nach Größe Ihrer Pfanne würde ich empfehlen, das Fleisch nacheinander in zwei oder drei Durchgängen anzubraten. Die Fleischstücke sollten nebeneinander in die Pfanne passen. Fleisch sollte zudem niemals direkt aus dem Kühlschrank verarbeitet werden. Durch die Hineingabe von zu viel oder zu kaltem Fleisch kann sich die Pfanne schlagartig abkühlen. Während sie dann langsam wieder aufheizt, tritt Wasser aus dem Fleisch, und es kocht mehr, als dass es brät. Die gewünschten Röstaromen können nicht entstehen, und das Fleisch trocknet aus.

Das Fleisch auf die Zwiebeln in den Bräter geben. Den Bratensatz in der Pfanne mit 150 ml Wasser ablöschen und mit einem Holzlöffel lösen. Den Paprika-Sellerie-Saft zugeben und einmal aufkochen. Den Schaum an der Oberfläche mit einer Kelle abschöpfen.

Die Saftmischung in den Bräter geben und einmal aufkochen. Die Hitze reduzieren und auf kleiner Stufe ca. 1 1/2 Stunden mit leicht geöffnetem Deckel schmoren.

Den Deckel abnehmen und weitere 30 Minuten offen zu Ende garen. Die Fleischstücke aus der Sauce in eine Schale geben. Die Sauce anschließend mit einem Mixstab fein pürieren. Das Fleisch zur Sauce geben und ein weiteres Mal aufkochen.

ANRICHTEN

Das Gulasch auf Tellern anrichten und servieren.

TIPP

Dazu passt das Knödelbrot *(S. 78)*.

SCHMOREN

Brät man Fleisch scharf an und gart es danach behutsam und über lange Zeit in Wein, Brühe oder Bier, zerfällt es im Mund oft von alleine – nie wird eine Lammschulter oder ein Ochsenbäckchen zarter als beim Schmoren.

WORUM GEHT ES?

Fleisch ist nicht gleich Fleisch *(S. 175 ff.)*. Je nach Genetik, Alter und Lebensweise eines Tieres unterscheidet es sich im Geschmack – aber auch in seinem Aufbau und seiner chemischen Zusammensetzung. Muskelfleisch, das ein Metzger aus dem gleichen Körperteil zweier unterschiedlicher Rinder schneidet, kann deshalb einmal ganz rot und mager (etwa beim französischen Limousin-Rind) und einmal von dicken, weißen Fettbahnen durchzogen sein (etwa beim wuchtigen Black Angus aus Schottland).

Der entscheidende Punkt: Unterschiedliches Fleisch muss auch unterschiedlich zubereitet werden. Denn aus einem durchwachsenen, fetten Schweinebauch schneidet man keine Schnitzel und aus einer von dickem weißem Bindegewebe durchzogenen Rinderkeule wird niemals ein Steak. Beide kann man aber wunderbar in einen Schmortopf packen und mit etwas Flüssigkeit über Stunden im Ofen garen lassen. Für mich ist das Ergebnis eines der größten

Küchenwunder überhaupt: Denn beim Schmoren verwandeln sich jene Komponenten von Fleisch, die viele Menschen am liebsten schon vor dem Kochen abschneiden würden, in die zarteste und saftigste Versuchung, seit der Mensch auf die Idee kam, Töpfe mit Deckeln darauf in Backöfen zu schieben.

WIE GEHT SCHMOREN?

Zunächst wird das Fleisch im offenen Schmortopf von allen Seiten kräftig angebraten (nach der chemischen Reaktion, die sich nun vollzieht, nennen manche diesen Vorgang auch »maillardieren«. Siehe dazu *S. 295.)* Dabei werden intensive Röstaromen freigesetzt, die später sowohl dem Fleisch als auch der Flüssigkeit drum herum ihren typischen Schmorgeschmack verleihen werden. Das funktioniert mit kleineren Fleischwürfeln (Gulasch) genau wie mit großen Stücken (Rinderbraten). Im geschlossenen Topf im Ofen nimmt das Fleisch dann praktisch ein duftendes Bad in der Dampfsauna, mit gelegentlichen Aufgüssen aus Wasser, Wein, Marinade,

BEIM SCHMOREN VERWANDELN SICH
JENE KOMPONENTEN VON FLEISCH, DIE
VIELE MENSCHEN AM LIEBSTEN SCHON
VOR DEM KOCHEN ABSCHNEIDEN WÜR-
DEN, IN DIE ZARTESTE UND SAFTIGSTE
VERSUCHUNG.

Brühe, Bier oder sogar Spirituosen. Dabei wird es nicht gekocht, sondern nur zum Teil im Sud gegart, andere Teile (beim
Braten das obere Stück, das aus der Flüssigkeit hinausragt)
werden freiliegend gedünstet. Neben der heißen Flüssigkeit
wirkt auch die Strahlungshitze, die der Schmortopf abgibt,
aufs Fleisch. Optimal fürs Schmoren sind konstante Temperaturen etwas unter dem Siedepunkt.

WAS GESCHIEHT IM FLEISCH?

Zunächst läuft alles in die falsche Richtung: Wird Fleisch erhitzt, wird das Bindegewebe nämlich erst einmal hart und
spröde, außerdem tritt viel Flüssigkeit aus den Muskeln, und
das Fleisch wird trocken. Bis zu einer Kerntemperatur von
etwa 70 °C geht das so, doch dann kommt die große Schmor-
wende: Das Kollagen – das Eiweiß im Bindegewebe – wird
immer weicher und löst sich nach und nach auf. Das macht
den Braten saftig und zart. Saftig, weil die Gelatine, in die
sich das Kollagen verwandelt hat, Wasser bindet und dem

trockenen Fleisch so Flüssigkeit zurückgibt. Zart, weil die
Muskelfasern jetzt nicht mehr vom Bindegewebe zusammengehalten werden und auseinanderfallen (deshalb kann man
das Fleisch auch mit der Gabel zerrupfen bzw. »pullen« – wie
beim »Pulled Pork«). Der Trick: Die Muskeln sind zwar genauso hart und fest wie vorher, den einzelnen Fasern merkt die
Zunge das aber nicht mehr an.

UNTERM STRICH

Verwendet man die richtigen Temperaturen, lässt man dem
Fleisch ausreichend Zeit, hat man das Schmorstück am
Anfang außerdem von allen Seiten scharf angebraten und
kombiniert die satten Aromen des dunklen roten Fleisches
schon im Schmortopf mit dem Sud von Waldpilzen, Wurzeln,
Schoten, Lauch, Kräutern wie Gewürzen und mit einem besonders intensiven, schweren Rotwein, dann wird man so
schnell nicht mehr auf die Idee kommen, eine Hühnerbrust
»zart« zu nennen.

BŒUF BOURGUIGNON

ZUTATEN für 4 Personen | **ZEIT** 3 1/2 Stunden

ZUBEREITUNG

200 g geräucherter Speck

1 kleine Dose geschälte Tomaten
(400 g EW)

2,2 kg Rindfleisch aus der
Schulter (Schaufelbraten), am
Stück oder vom Metzger in ca.
150—200 g große Würfel geschnitten

5 EL Mehl

5 EL Olivenöl

Salz

2 Lorbeerblätter

1 Sternanis

100 g braune Champignons,
geputzt und halbiert

200 g Zwiebeln, geschält und
gewürfelt

150 g Staudensellerie, geputzt
und grob gewürfelt

500 ml kräftiger Rotwein (Bur-
gunder oder Weine aus der
Neuen Welt)

250 ml Geflügelbrühe

1—2 TL Speisestärke (optional)

50 ml roter Portwein, alternativ
Rotwein (optional)

Den Backofen auf 160 °C Ober-/Unterhitze vorheizen.

Den Speck in vier gleich große Stücke schneiden. Dosentomaten in ein Sieb
gießen, abspülen und abtropfen lassen.

Das Fleisch trocken tupfen und, sofern vom Metzger noch nicht vorbereitet,
mit einem flexiblen Messer vorsichtig die Sehnen entfernen. Dann in große
Würfel von 150 bis 200 g schneiden. Das Fett dranlassen. Die Stücke in Mehl
wenden, überschüssiges Mehl abklopfen.

Eine große Pfanne stark erhitzen, 3 EL Olivenöl zugeben. Das Fleisch darin
portionsweise rundherum scharf anbraten, dabei mit Salz würzen.

Anschließend das angebratene Fleisch, den Speck, die Lorbeerblätter und
den Sternanis in einen ofenfesten Bräter geben (das Fleisch sollte nebeneinander hineinpassen).

Die Pfanne erneut erhitzen, restliches Olivenöl zugeben und heiß werden
lassen. Pilze, Zwiebeln und Staudensellerie kräftig anbraten und anschließend
zusammen mit den Tomaten ebenfalls in den Bräter geben.

Die Pfanne mit dem Rotwein ablöschen, mit der Brühe auffüllen und die Flüssigkeit auf die Hälfte einkochen.

Den Sud in den Bräter gießen und einmal aufkochen lassen. Dann den Bräter
für ca. 1 Stunde 50 Minuten mit leicht geöffnetem Deckel in den Ofen schieben (zweite Schiene von unten). Nach 1 Stunde 20 Minuten den Deckel entfernen und die letzte 1/2 Stunde offen weitergaren.

Das Fleisch aus dem Schmorfond nehmen und den Fond mithilfe einer
Suppenkelle durch ein Sieb passieren. Die Sauce anschließend in den Bräter
zurückschütten und leicht sämig einkochen.

Für mich ist die Sauce jetzt perfekt! Wer mag, bindet sie noch nach Belieben.
Dazu etwas Speisestärke mit Portwein anrühren und in die Sauce einrühren.
Speisestärke schluckt Geschmack! Deshalb unbedingt noch einmal mit Salz
und Pfeffer abschmecken.

Das Fleisch in die Sauce geben und einmal aufkochen lassen.

ANRICHTEN

Das Bœuf Bourguignon in tiefen Tellern anrichten und servieren.

GESCHMORTE LAMMSCHULTER

ZUTATEN für 4 Personen | **ZEIT** 5 1/2 Stunden

ZUBEREITUNG

5 Stangen Lauch
Salz
Pfeffer
2 EL Olivenöl
3—4 Knoblauchzehen, geschält
1,2 kg Lammschulter mit Knochen
(vom Metzger im Gelenk halbiert)
1/2 l Lagerbier
2 EL Butter
5 Lorbeerblätter

Den Backofengrill auf 240 °C vorheizen.

Die Lauchstangen gründlich putzen und abspülen. Den weißen und hellgrünen Teil in ca. 4 cm lange Stücke schneiden. Die Lauchstücke auf den Schnittflächen nebeneinander in einen ofenfesten Bräter stellen.

Den Lauch mit Salz und Pfeffer würzen und mit dem Olivenöl beträufeln.

Den Bräter in den Ofen schieben (zweite Schiene von oben) und so lange grillen, bis der Lauch stark gebräunt ist. Anschließend aus dem Ofen nehmen.

Durch das starke Rösten entwickelt der Lauch ein wunderbar süßliches Grillaroma. Der Lauch darf aber nicht verbrennen, da ansonsten zu viele Bitterstoffe entstehen.

Den Backofen anschließend auf 160 °C Ober-/Unterhitze einstellen.

Die Knoblauchzehen längs halbieren. Die Lammschulter mit einem kleinen, spitzen Messer im Abstand von ca. 7 cm einstechen und mit den Knoblauchstückchen spicken.

Die Lammschulter auf den Lauch setzen und mit dem Bier übergießen. Butter in Flocken auf der Lammschulter verteilen, Lorbeerblätter zugeben und mit Salz und Pfeffer würzen.

Den Bräter mit Alufolie fest verschließen und für 4 bis 5 Stunden in den Ofen (zweite Schiene von unten) schieben.

Nach 3 1/2 bis 4 Stunden sollte man prüfen, ob das Fleisch schon gar ist. Hierzu die Alufolie entfernen und z.B. mit einem Metallspieß in die fleischigste Stelle der Schulter stechen. Wenn sich der Spieß ohne Widerstand herausziehen lässt, ist das Fleisch mürbe genug.

ANRICHTEN

Die Lammschulter aus dem Ofen nehmen und vor dem Servieren für 10 Minuten ruhen lassen.

SCHWEINEBRATEN

ZUTATEN für 6—8 Personen | **ZEIT** 4 1/4 Stunden

ZUBEREITUNG

800 g Pastinaken oder Petersilienwurzeln
800 g Möhren
3 kg Schweinenacken ohne Knochen
Salz
1 EL flüssiger dunkler Honig
2 EL grober Senf
4 EL Sojasauce
1/2 l Hefe-Weißbier

Den Backofen auf 160°C Ober-/Unterhitze vorheizen.

Pastinaken und Möhren waschen und mit einer Gemüsebürste putzen. Die Wurzeln je nach Größe ganz lassen oder der Länge nach halbieren.

Den Schweinenacken mit Küchenpapier trocken tupfen.

Das Fleisch rundherum salzen. Für die Marinade Honig, Senf und Sojasauce in einer großen Schüssel verrühren.

Das Fleisch in die Marinade legen und diese für mindestens 5 Minuten rundherum einmassieren. Man kann den Schweinenacken auch schon am Vortag mit der Marinade einmassieren und ihn über Nacht abgedeckt im Kühlschrank stehen lassen. So kann die Marinade in das Fleisch einziehen und der Geschmack wird noch intensiver.

Das Gemüse in einen Bräter geben und den Schweinenacken daraufsetzen. Mit dem Weißbier übergießen und für 3 1/2 bis 4 Stunden ohne Deckel in den Ofen (zweite Schiene von unten) schieben. Sollte die Flüssigkeit während des Garens komplett verdampfen, etwas Wasser hinzufügen.

ANRICHTEN

Den Braten aus dem Ofen nehmen und 10 Minuten ruhen lassen. Anschließend in Scheiben schneiden und mit Wurzelgemüse und Schmorsaft auf Tellern anrichten.

TIPP

Während das Fleisch nach dem Garen für 10 Minuten ruhen muss, können Sie das Gemüse aus der Sauce nehmen, auf Küchenpapier abtropfen lassen und in einer Pfanne in 2 bis 3 EL Butter nachbraten.
Wenn Sie die Schmorsauce durch ein feines Sieb in einen Topf passieren und einkochen, wird die Sauce noch intensiver.

Zum Schweinebraten passt Rotkohl klassisch *(S. 93)*.

SAUCEN

Man hört es immer wieder: »Saucen sind schwierig.« »Saucen sind kompliziert.« »Meine Saucen werden nie etwas.« Oder auch: »Saucen kann ich einfach nicht.« Ich sage: Jeder kann eine Salsa verde, eine Béchamel, eine schnelle Tomaten- oder Pilzrahmsauce selbst kochen. Nur trauen es sich merkwürdigerweise viele nicht zu. Woran liegt das? Und wie kriegt man diese Blockade aus den Köpfen, die manch einen am Ende doch zu Saucenbinder, Fertigfonds oder gekörnter Brühe greifen lässt?

WIE WICHTIG IST DIE SAUCE?

Kompliziert wird etwas oft dann, wenn man in falschen Maßstäben denkt und den Aufwand übertreibt. Als Maßstab in der Welt der Saucen hält sich hartnäckig die braune Sauce zum Sonntagsbraten, angerichtet in Porzellansaucieren auf gestärkten Tischtüchern.

Für solch eine Sauce extra eine Bratenjus oder eine Demiglace anzusetzen bedeutet auch für Profis eine Menge Arbeit und kostet viel Zeit. Man muss lange im Voraus blanchierte Knochen und Gemüse anrösten und stundenlang im großen Topf kochen, vom vielen Abfall ganz zu schweigen. Stolze 48 Stunden kann eine Grandjus, die dunkle Grundsauce der klassischen französischen Küche, dauern.

Aber wer kauft sich schon für zu Hause einen Kalbsfuß? Ich nicht! Solch ein Aufwand gehört eigentlich ins Restaurant und steht für einen normalen Haushalt in keinem Verhältnis zum Ertrag. Verabschiedet man sich gedanklich vom Ideal einer solchen braunen Sauce, bieten sich viele sinnvolle Alternativen an. Möchte man sich die Mühe zu besonderen Anlässen doch einmal machen, rate ich ausnahmsweise zum Vorbereiten, Portionieren und auf Vorrat Einfrieren, damit sich die Arbeit am Ende des Tages wirklich lohnt.

TIPP »Die Sauce wartet auf die Pasta, nicht die Pasta auf die Sauce« – das lässt sich durchaus auch auf andere Saucengerichte übertragen. Deshalb ist es beim Kochen absolut sinnvoll, mit der Sauce zu beginnen. Wird sie kalt, lässt sie sich zum Servieren in den meisten Fällen problemlos noch einmal aufwärmen.

DAS TEE-PRINZIP

Wie kriege ich Geschmack in die Flüssigkeit? Solange ich koche, suche ich Antwort auf diese Frage. Eine simple Möglichkeit ist eine Brühe, die praktisch wie ein Tee funktioniert: Man brüht ein Grundprodukt auf, dessen Aromen die Flüssigkeit annimmt. Im Fall der Gemüsebrühe ist das die Dreifaltigkeit aus Möhre, Lauch und Knollensellerie, die jedes Saucengericht mit Süße und feinen Umami-Noten abrundet. Von da an sind der Fantasie keine Grenzen gesetzt: Je nach gewünschter Aromatik kann man unterschiedlichste Geschmacksträger in der heißen Flüssigkeit auslaugen und anschließend herauspassieren.

So liefern beispielsweise Pilze, getrocknete Tomaten, Parmesanrinde oder auch bestimmte Algen (anstelle eines Löffels Sojasauce) ein ausgeprägtes Umami-Aroma, welches im Wasser sehr gut konserviert wird. Auf die gleiche Weise lässt sich eine sehr einfache dunkle Jus herstellen, indem man durch den Fleischwolf gedrehtes Fleisch scharf anbrät und aufkocht, zum Beispiel vom Rind oder Geflügel, auslaugen lässt und passiert. Das Ergebnis ist ein natürlicher, fein nuancierter Geschmack – nicht zu vergleichen mit industriell hergestellter gekörnter Brühe!

WIE KRIEGE ICH GESCHMACK IN DIE FLÜSSIGKEIT? SOLANGE ICH KOCHE, SUCHE ICH ANTWORT AUF DIESE FRAGE.

DAS À-LA-MINUTE-PRINZIP

Man muss eine Sauce nicht unbedingt extra ansetzen. À-la-minute-Saucen nutzen die überschüssige Flüssigkeit aus dem Topf oder der Pfanne, worin die Hauptspeise zubereitet wird. Darüber habe ich viel von den Italienern gelernt, die selten Brühe oder Fond benutzen. In der traditionellen italienischen Küche wird (wie in meiner) oft geschmort. Aus dem Gargut wird dann eine extrem aromatische Sauce gezogen. Für Pastasauce kann man beispielsweise Gemüse anrösten, mit einem Schuss Weißwein ablöschen, mit etwas Nudelwasser angießen und reduzieren. Die so kombinierten Aromen lassen sich nun frei verbinden, beispielsweise mit Fisch, Fleisch oder eben Pasta.

SAUCEN BINDEN

Ob die perfekte Sauce dick und kompakt gebunden sein sollte oder doch dünn und suppig, ist eine Frage des Geschmacks. Ich bevorzuge eher die klare und nuancierte Aromatik einer leichten, nicht abgebundenen Sauce gegenüber einer reduzierten, dichten Sauce, die ich oft etwas verschlossener empfinde. Wünscht man sich aber etwas mehr Zähflüssigkeit (Wissenschaftler sprechen dann von einer höheren Viskosität), ist gegen Binde- bzw. Verdickungsmittel nichts einzuwenden. Sie bewirken, dass in der Sauce enthaltenes Wasser gebunden wird und molekulare Brücken zwischen den Zutaten entstehen.

Entscheidet man sich für ein Bindemittel, muss man bedenken: Einige von ihnen beeinflussen den Geschmack.

Omas gute alte Mehlbutter, für die man Mehl und Butter (im Verhältnis 1:1 verknetet) in der Pfanne anröstet, bringt eine schöne eigene Note ein. Mehl hingegen, das als alleiniges Bindemittel zur Sauce gegeben wird, muss 20 Minuten mitkochen, damit die enthaltene Stärke in Dextrin umgewandelt wird und das störende Eigenaroma sich verflüchtigt. Ein Saucenbinder auf Basis von Kartoffelstärke schluckt den Geschmack der Sauce und erfordert etwas Erfahrung bei der Dosierung und beim Nachwürzen. Die Gefahr: Füllt man eine zu dick geratene Sauce mit Wasser auf, verdünnt das nicht nur ihre Konsistenz, sondern schmälert auch ihren Geschmack.

Es ist aber auch möglich, eine Sauce gleichzeitig zu binden und die darin konzentrierten Aromen zu unterstützen. Das gelingt beispielsweise mit einer angeschlagenen, leicht aufgeschäumten Sahne gut – die untergehobene Luft bewirkt sowohl geschmacklich als auch optisch eine Aufwertung.

SAUCEN OHNE KOCHEN

Oft vergessen: Nicht jede gute Sauce muss man kochen. Eine Bozener Sauce auf Basis von Eigelb und Öl *(S. 304)* kann man in jeder Küche relativ einfach zubereiten. Geriebene Tomaten mit Olivenöl, Pfeffer, Salz, Zucker und Basilikum sind in Minuten fertig, und auch kalte Kräutersaucen wie Salsa Verde (mit Senf, Essig, Kapern, Knoblauch, grob gehackter Petersilie und einer Idee Minze) bringen mit wenig Aufwand viel Aroma auf den Teller.

RINDERRIPPEN MIT SOBANUDELN

ZUTATEN für 4 Personen | **ZEIT** 3 1/2 Stunden (plus Ziehzeit über Nacht)

ZUBEREITUNG

2 kg fleischige Rinderrippen am
  Knochen, vom Metzger in
  6 Stücke geschnitten
1 TL Senfsaat
1 EL schwarzer Pfeffer
2 Nelken
1 EL Koriandersaat
2 Kardamomkapseln
1 EL Kümmelsaat
1 TL Szechuanpfeffer
1 Sternanis
100 ml Sojasauce
1 TL Chiliflocken
2 Lorbeerblätter
2 Schalotten, geschält und
  halbiert
3 Knoblauchzehen, geschält
2 EL Salz
5 EL brauner Zucker
20 g getrocknete Shiitake-Pilze
2 Römersalatherzen
ca. 6 EL Mehl
2 EL Butterschmalz
ca. 300 g Sobanudeln
  (Buchweizennudeln, erhältlich
  im Asia-Laden)
16 Sesamblätter, alternativ
  1 Beet Shisokresse

Die Rinderrippen bereits am Vortag kochen. Hierfür Senfsaat, Pfeffer, Nelken, Koriandersaat, Kardamomkapseln, Kümmelsaat, Szechuanpfeffer und Sternanis in einer Pfanne ohne Fett anrösten, bis die Gewürze zu duften beginnen und ihr Aroma freigeben.

2 1/2 l kaltes Wasser, Sojasauce, Chiliflocken, Lorbeerblätter, halbierte Schalotten, Knoblauch, Salz, Zucker, getrocknete Shiitake-Pilze und geröstete Gewürze in einem Topf aufkochen.

Anschließend die Rippenstücke in die Gewürzbrühe geben und abgedeckt bei geringer Hitze ca. 2 1/2 Stunden köcheln lassen, bis das Fleisch »butterzart« ist. Die Rippen in der Brühe über Nacht auskühlen lassen.

Am nächsten Tag die Rippen aus der Brühe nehmen und die Knochen entfernen, dann beiseitestellen. Die Brühe durch ein feines Sieb in eine Schüssel passieren, dabei die Pilze auffangen.

Mit einer Suppenkelle das Fett an der Oberfläche der Brühe abschöpfen. Die Brühe mit Salz abschmecken, in einen Messbecher füllen und bis zur Verwendung abgedeckt kalt stellen.

Salatherzen waschen und vierteln. Zwei Viertel in sehr feine Streifen schneiden. Den restlichen Salat beiseitestellen. Die aufbewahrten Shiitake-Pilze in sehr feine Streifen schneiden, mit dem fein geschnittenen Salat mischen und beiseitestellen.

Wasser in einem großen Topf zum Kochen bringen und salzen. Mehl auf einen Teller geben. Die Rippenstücke rundherum im Mehl wenden. Überschüssiges Mehl abklopfen.

Butterschmalz in einer großen Pfanne auf mittlerer Stufe erhitzen. Die Fleischstücke in 8 bis 10 Minuten rundherum knusprig braten.

In der Zwischenzeit die Sobanudeln nach Packungsangabe in 6 bis 8 Minuten im kochenden Wasser garen. Anschließend im Sieb abgießen und gut abtropfen lassen.

Die gebratenen Rippen aus der Pfanne nehmen, die Pfanne auf dem Herd lassen und die übrigen geviertelten Salatherzen darin scharf anbraten. Den Salat aus der Pfanne nehmen und auf etwas Küchenpapier abtropfen lassen.

ANRICHTEN

Nudeln, Salat-Pilz-Mischung, gebratenes Fleisch und gebratenen Salat in tiefen Tellern anrichten, jeweils ca. 150 ml der kalten Brühe angießen und nach Belieben mit Sesamblättern garnieren.

Restliche Brühe einfrieren oder anderweitig verwenden.

KANINCHENKEULEN MIT TOMATEN UND DICKEN BOHNEN

ZUTATEN für 4 Personen | **ZEIT** 1 1/4 Stunden

ZUBEREITUNG

50 g getrocknete Tomaten
(Soft-Tomaten, ohne Öl)

300 g dicke grüne Bohnenkerne,
alternativ TK-Bohnenkerne

Salz

8 Stiele Bohnenkraut

50 g Taggiasca-Oliven, entsteint
und quer halbiert, alternativ andere ungefärbte schwarze Oliven

ca. 5 EL Mehl

4 Kaninchenkeulen à ca. 200 g,
vom Metzger küchenfertig vorbereitet

Pfeffer

ca. 5 EL Olivenöl

4 Knoblauchzehen, geschält und
in feine Scheiben geschnitten

4 Zwiebeln, geschält und grob
gewürfelt

2 Tomaten, grob gewürfelt

200 ml trockener Weißwein

200 ml Rinderbrühe

2 Lorbeerblätter

4 Zweige Rosmarin

Den Backofen auf 100 °C Ober-/Unterhitze vorheizen.

Die getrockneten Tomaten für ca. 5 Minuten in einer Schüssel mit lauwarmem Wasser einweichen. Anschließend abgießen, leicht ausdrücken und in grobe Stücke schneiden.

Bohnenkerne in kochendem Salzwasser ca. 10 Sekunden blanchieren. Im Sieb abgießen, kalt abschrecken und die grünen Kerne aus den Hülsen drücken. Bohnenkrautblätter abzupfen und fein hacken. Mit den Oliven vermischen.

Das Mehl auf einen flachen Teller geben. Die Keulen rundherum mit Salz und Pfeffer würzen und im Mehl wenden. Überschüssiges Mehl abklopfen.

Olivenöl in einem großen Bräter auf mittlerer Stufe erhitzen. (Der Boden sollte vollständig bedeckt sein.)

Die Keulen ca. 8 Minuten rundherum goldbraun anbraten. Anschließend aus dem Bräter nehmen und beiseitestellen.

Knoblauchscheiben, Zwiebel- und Tomatenwürfel in den Bräter geben und für 5 Minuten rösten. Mit Weißwein ablöschen und den Bratensatz unter Rühren vom Boden lösen. Mit Brühe auffüllen, Lorbeerblätter und Rosmarin zugeben und einmal aufkochen lassen.

Anschließend die Hitze reduzieren und die Kaninchenkeulen zurück in den Bräter geben. Bei geringer Hitze mit geschlossenem Deckel 20 bis 35 Minuten leise köcheln lassen.

Eine Garprobe durchführen: Dazu mit dem Daumen oder einem Löffel in die Keulen drücken. Lassen sich die Fasern vom Knochen lösen, ist das Fleisch auf den Punkt gegart. Die gegarten Keulen aus dem Bräter nehmen, auf ein Backblech legen und im Ofen warm halten.

Die Sauce durch ein feines Sieb in einen kleinen Topf passieren. Die getrockneten Tomaten zugeben. Die Sauce erhitzen und um ca. 1/3 einkochen lassen. Die Oliven-Bohnen-Mischung in der Sauce erwärmen.

ANRICHTEN

Die Keulen auf einem Teller anrichten und mit der Sauce übergießen.

TIPP

Sollten die getrockneten Tomaten sehr säuerlich sein, kann die Sauce mit etwas Zucker abgeschmeckt werden. Wer mag, kann die Sauce auch mit etwas angerührter Speisestärke binden. Nur nicht zu stark: Das Kaninchen braucht eine zarte Sauce als Begleiter!

RAGOUT VON DER LAMMKEULE MIT MAIRÜBCHEN

ZUTATEN für 4 Personen | **ZEIT** 2 Stunden

ZUBEREITUNG

1,2 kg Lammkeule, am Stück
ohne Knochen oder vom Metzger geputzt und in walnussgroße
Stücke geschnitten
2 EL Olivenöl
1 EL Mehl (Type 405)
Fleur de Sel
5 Knoblauchzehen, geschält
250 ml Weißwein
2 Lorbeerblätter
10 Stiele Thymian
Pfeffer
10 Schalotten, geschält
700 g Mairübchen, geschält und
halbiert
0,1 g Safran, gemahlen
Saft von 1/2 Zitrone
Cayennepfeffer
4 Stiele glatte Petersilie, fein
geschnitten

ANRICHTEN

Die Lammkeule mit einem scharfen Messer von Sehnen und Häuten befreien. Das Fleisch in walnussgroße Stücke schneiden.

Olivenöl in einem hohen Topf erhitzen. Das Fleisch zugeben und bei mittlerer Hitze, auf keinen Fall scharf, anbraten. Ich verwende hier auch gerne den Begriff »anstoven« – das Fleisch soll dabei nur wenig Farbe annehmen.

Mehl zugeben, mit einem Holzlöffel unterrühren und mit Fleur de Sel würzen. Die geschälten Knoblauchzehen zugeben und mit dem Weißwein ablöschen.

Lorbeer und Thymian mit Küchengarn zusammenbinden, ebenfalls in den Topf geben, mit Pfeffer würzen und mit 350 ml Wasser auffüllen. Zugedeckt bei niedriger Temperatur ca. 1 1/4 Stunden köcheln lassen.

Nach 30 Minuten Garzeit die geschälten Schalotten hinzufügen und weitergaren.

20 Minuten vor Ende der Garzeit Wasser in einem großen Topf aufkochen und leicht salzen. Die vorbereiteten Mairübchen darin 5 bis 6 Minuten bissfest garen. Anschließend im Sieb abgießen, kalt abschrecken und abtropfen lassen.

Den Safran zum Lamm geben und einrühren. Das Fleisch mit einer Schaumkelle aus der Sauce nehmen, auf einen Teller geben und beiseitestellen.

Die Sauce mit Zitronensaft und einer Prise Cayennepfeffer abschmecken und bei niedriger Temperatur für ca. 5 Minuten leicht sämig einkochen. Das Fleisch und die Mairübchen in die Sauce geben und darin erwärmen.

Das Ragout auf Tellern anrichten und mit der geschnittenen Petersilie bestreuen.

KALBSHAXE

ZUTATEN für 4 Personen | **ZEIT** 3 Stunden

ZUBEREITUNG

1 Kalbshaxe à ca. 1,8–2 kg
Salz
250 g Lauch, geputzt
250 g Zwiebeln, geschält
250 g Staudensellerie
1 TL Salz
4 EL Butterschmalz
2 EL Tomatenmark
2 abgeschälte Streifen
 Bio-Zitronenschale
4 Zweige Thymian
3 Lorbeerblätter
800 ml Geflügelbrühe,
 alternativ Wasser verwenden

Den Backofen auf 170 °C Ober-/Unterhitze vorheizen.

Die Kalbshaxe rundherum mit Salz würzen.

Das Gemüse grob würfeln, mit 1 TL Salz mischen und leicht Wasser ziehen lassen.

Einen ofenfesten Bräter bei mittlerer Stufe erhitzen, Butterschmalz zugeben und heiß werden lassen. Die Haxe in den Bräter geben und rundherum goldbraun anbraten, anschließend herausnehmen.

Das Gemüse in den Bräter geben und andünsten, bis es leicht Farbe bekommt. Das Tomatenmark zugeben, unterrühren und kurz mitdünsten.

Zitronenschale, Thymian und Lorbeer mit Küchengarn zusammenbinden und ebenfalls zugeben.

Mit der Geflügelbrühe ablöschen und einmal aufkochen lassen. Die Haxe mit der fleischigen Seite nach unten in den Bräter legen und diesen mit Alufolie fest verschließen.

Die Haxe für 2 1/2 Stunden auf der mittleren Schiene im Ofen garen.

Die Haxe aus dem Bräter nehmen und den Bratensaft durch ein feines Sieb passieren.

ANRICHTEN

Kalbshaxe mit dem Bratensaft servieren.

TIPP

Ich mische das Gemüse vorher mit dem Salz, weil ihm so Zucker entzogen wird und es hinterher besser karamellisiert. Bei hellerem Fleisch, wie z.B. Kalb, möchten wir auch eine hellere Soße. Dazu werden Fleisch und Gemüse nur leicht angebraten.

RINDERROULADEN MIT MORCHELN

ZUTATEN für 4—8 Personen | **ZEIT** 3 1/2 Stunden

ZUBEREITUNG

20 g getrocknete Morcheln

8 Rinderrouladen à ca. 230 g, am
  besten aus der Unterschale, vom
  Metzger geschnitten

8 TL Dijon-Senf

16 Scheiben Bacon

6 Gewürzgurken, längs geviertelt

3 kleine Zwiebeln, geschält und in
  feine Streifen geschnitten

4 Anchovis, längs halbiert
  (optional)

Salz

Pfeffer

Butterschmalz

11 EL Mehl

250 g Knollensellerie, geschält
  und grob gewürfelt

250 g Zwiebeln, geschält und
  grob gewürfelt

250 g Möhren, geschält und grob
  gewürfelt

2 EL Tomatenmark

300 ml Rotwein

50 g Butter

300 ml roter Portwein

3 Lorbeerblätter

4 kleine Knoblauchzehen,
  geschält

Den Ofen auf 140 °C Ober-/Unterhitze vorheizen. Die Morcheln für 15 Minuten in 150 ml lauwarmem Wasser einweichen und das Wasser anschließend durch einen Kaffee- oder Teefilter gießen und auffangen.

Jede Rinderroulade zwischen zwei Lagen Frischhaltefolie legen und mit einem Plattiereisen (oder einem Stieltopf) gleichmäßig und behutsam plattieren. Die Rouladen auf die Arbeitsfläche legen und mit je 1 TL Senf bestreichen. Danach je 2 Baconscheiben, die geviertelten Gewürzgurken, Zwiebelstreifen und, wer mag, Anchovis darauf verteilen. Mit Salz und Pfeffer würzen. Die Seiten der Rouladen leicht nach innen falten und das Fleisch der Länge nach stramm aufrollen. Das Ende mit einer Rouladennadel fixieren.

Die Anchovis fördern das Umami und geben mehr Geschmackstiefe.

Butterschmalz in einem großen ofenfesten Bräter auf mittlerer Stufe erhitzen. 8 EL Mehl auf einen Teller geben und die Rouladen darin wenden, überschüssiges Mehl abklopfen. Die Rouladen rundherum goldbraun anbraten, anschließend aus dem Bräter nehmen und beiseitestellen.

Das geschnittene Gemüse (Sellerie, Zwiebeln, Möhren) für ca. 8 Minuten im Bräter gleichmäßig anrösten. Das Tomatenmark zugeben und 3 bis 4 Minuten unter Rühren mitrösten.

Dieser Röstvorgang ist entscheidend für Geschmack und Farbe der Schmorsauce. Wichtig ist, dass das Tomatenmark nicht verbrennt, sonst wird's bitter!

Das Röstgemüse mit Rotwein ablöschen und auf die Hälfte einkochen lassen. Die Butter einrühren. Die Hitze reduzieren und 3 EL Mehl einrühren. Mit Portwein ablöschen, Lorbeerblätter zugeben und erneut einkochen lassen.

700 ml Wasser zugießen und unter Rühren den Bratensatz lösen. Die Rouladen, das Morchelwasser und die Knoblauchzehen in den Bräter geben. Backpapier auf die Rouladen legen und leicht andrücken (verhindert das Austrocknen der Oberfläche). Für ca. 2 Stunden in den Ofen schieben (zweite Schiene von unten). Die Rouladen nach 1 Stunde einmal wenden.

Die Rouladen nach dem Schmoren aus der Sauce nehmen und diese durch ein feines Sieb passieren. Sauce und Fleisch zurück in den Bräter geben und ca. 30 Minuten bei niedriger Temperatur sämig einkochen. (Wer mag, verwendet etwas Stärke zum Binden und spart so etwas Zeit beim Einkochen.) Zum Schluss die Morcheln zugeben und in der Sauce erwärmen.

TIPP

Dazu passt der Rotkohl klassisch *(S. 93)*.

BOLOGNESER RAGOUT

ZUTATEN für 6—8 Personen | **ZEIT** 4 Stunden

ZUBEREITUNG

2 Dosen geschälte Tomaten
(800 g EW)
800 g Schweineschulter,
küchenfertig
800 g Lammschulter,
küchenfertig
800 g Rinderschulter,
küchenfertig
Salz
8 EL Olivenöl
400 ml kräftiger Rotwein
300 g Möhren, geschält und
sehr klein gewürfelt
300 g Staudensellerie, geputzt
und sehr klein gewürfelt
300 g Gemüsezwiebeln, geschält
und klein gewürfelt (ca. 0,5 cm)
200 g Tomatenmark
1 l Rinder- oder Geflügelfond
4 Lorbeerblätter
5—10 Zweige Thymian
1 großer Zweig Rosmarin

Die Tomaten im Sieb abgießen und unter fließendem, kaltem Wasser abspülen, anschließend abtropfen lassen.

Die unzerteilten Fleischstücke mit Küchenpapier trocken tupfen, anschließend rundherum großzügig salzen.

5 EL Olivenöl in einer großen Pfanne erhitzen. Das Fleisch darin bei starker Hitze von allen Seiten scharf anbraten.

> Je nach Größe Ihrer Pfanne würde ich empfehlen, das Fleisch nacheinander in zwei oder drei Durchgängen anzubraten. Die Fleischstücke sollten nebeneinander in die Pfanne passen. Fleisch sollte zudem niemals direkt aus dem Kühlschrank verarbeitet werden. Durch die Hineingabe von zu viel oder zu kaltem Fleisch kann sich die Pfanne schlagartig abkühlen. Während sie dann langsam wieder aufheizt, tritt Wasser aus dem Fleisch, und es kocht mehr, als dass es brät. Die gewünschten Röstaromen können nicht entstehen, und das Fleisch trocknet aus.

Das Fleisch nach dem Braten aus der Pfanne nehmen. Überschüssiges Fett abgießen, die Pfanne erneut erhitzen, mit Rotwein ablöschen, kurz aufkochen, um die Röststoffe zu lösen, und beiseitestellen.

Restliches Olivenöl in einem großen Topf erhitzen. Gewürfelte Möhren, Sellerie und Zwiebeln zugeben, bei mittlerer Hitze für ca. 5 Minuten unter gelegentlichem Rühren dünsten. Das Tomatenmark zugeben und weitere 5 Minuten unter ständigem Rühren mitdünsten. Die Tomaten zugeben und ebenfalls kurz mitdünsten. Mit dem Rotweinsud aus der Pfanne ablöschen.

Das Fleisch mit dem ausgetretenen Fleischsaft in den Topf geben, mit der Brühe auffüllen. Lorbeer, Thymian und Rosmarin mit Küchengarn zusammenbinden und zugeben. Zugedeckt 2 1/2 bis 3 Stunden bei niedriger Hitze schmoren.

Den Topf vom Herd nehmen und das Fleisch aus der Sauce nehmen.

Das Fleisch mit zwei Gabeln in mundgerechte Stücke zupfen. (Sollten die Fasern, vor allem vom Rindfleisch, zu lang sein, einfach mit einem Messer klein schneiden.) Zurück in den Topf geben, erneut aufkochen und mit Salz und Pfeffer abschmecken. Fertig!

INFO

Wichtig: Es ist keine deckende Tomatensauce. Sie soll etwas wässrig sein. Man kann von allem auch weniger nehmen und eine kleinere Portion kochen, macht aber keinen Sinn.

BRATEN

Große Hitze, die direkt aufs Fleisch oder Gemüse einwirkt, zur Not über offenem Feuer und ganz ohne Kochgeräte – einfacher und direkter wird Kochen nicht. Deshalb ist das Braten mit ziemlicher Sicherheit auch die älteste Gartechnik – unsere Vorfahren müssen sie sich gleich nach der Entdeckung des Feuers ausgedacht haben. Zumindest jedenfalls, wenn man den Begriff recht weit auslegt und jede trockene Hitzeübertragung in der Küche dazuzählt (außer dem Backen). Neben dem Braten im Ofen (heiße Luft wirkt aufs Gargut, etwa einen Schweinsbraten) und in der Pfanne (heißes Metall oder Eisen leitet die Hitze ins Gargut, man spricht auch von »kurzbraten« oder »sautieren«), gehört dann nämlich auch das Grillen über offenem Feuer dazu (die Wärmestrahlen der Glut wirken direkt auf Steak, Wurst, Grillpaprika oder Kartoffel). Und gerade weil das Ganze so wunderbar einfach ist, werde ich den Teufel tun, es künstlich kompliziert zu machen. Es genügt, sich das Prinzip hinter dem Braten klarzumachen.

ERST KROSS, DANN GAR

Den ersten Schritt des Bratens kann man weder übersehen noch überhören: Legt man ein Stück Fleisch in die heiße Pfanne (in der Regel ins heiße Fett, das die Hitze der Pfanne besonders gut leitet), zischt es laut, und die Oberfläche zum Beispiel eines Steaks oder einer Frikadelle färbt sich dunkel. Genau wie beim Frittieren *(S. 294)* vollzieht sich ab diesem Moment die sogenannte Maillard-Reaktion: Bestimmte Eiweiße reagieren bei Temperaturen ab etwa 140 °C miteinander und verändern ihre chemische Struktur. Das erzeugt neben einer krossen Kruste auch vielschichtige Röstaromen. Die riecht man sofort, und weil Menschen den Duft von kross gebratenem Fleisch, Fisch und Gemüse seit mehr als einer Million Jahren damit verbinden, in Kürze eine nahrhafte Mahlzeit vorgesetzt zu bekommen, empfinden wir ihn als extrem befriedigend und glücklich machend – als »lecker« eben.

Im zweiten Schritt geht es darum, das Innere des Garguts zart und saftig zu bekommen. Auch dahinter steckt keine Magie, sondern die immer selben und zu 100 % berechenbaren Gesetze der Chemie (Eiweiß und Kollagen werden bei bestimmten Temperaturen umgewandelt, mit extrem köstlichen Folgen, am Beispiel von Fleisch erklärt *ab Seite 191)*.

Je kleiner man das Gargut vorher geschnitten hat, desto schneller geht das natürlich. Weil unsere Augen aber nicht hineingucken können in einen gefüllten Pilz auf dem Grill oder in ein Hüftsteak in der Pfanne, tun wir uns mitunter schwer, den perfekten Garpunkt mitzubekommen. Dann ist der Pilz vielleicht schon viel zu trocken geraten oder das Steak innen noch blutig und zäh.

DAS PERFEKTE FLEISCH

Am sichersten verhindert man das mit einem Küchenthermometer. Die Messnadeln solcher Kerntemperaturmesser steckt man direkt ins Fleisch, auf einer analogen oder digitalen Anzeige kann man den Garprozess dann bis auf halbe Grad verfolgen. Danach muss man nur noch wissen, was man möchte:

KERNTEMPERATUR ÜBERSICHT

GEFLÜGEL	ROSA	DURCH	
Ente	62–65 °C	80–90 °C	
Gans	75–80 °C	90–92 °C	
Hähnchen		80–85 °C	

RIND	ROSA	MEDIUM	DURCH
Braten		70 °C	80–85 °C
Filet	38–55 °C	55–58 °C	
Brust			90–95 °C
Tafelspitz			90 °C
Roastbeef	53 °C	55–60 °C	
Entrecôte-Steak	50–55 °C	56 °C	

SCHWEIN	ROSA	DURCH	
Schulter/Keule		75 °C	
Haxe (ungepökelt)		80–85 °C	
Kassler	55–62 °C	64–68 °C	
Hackfleisch		75 °C	
Filet	58 °C	65 °C	
Kotelett		68 °C	

LAMM	ROSA	DURCH	
Keule	60 °C	70–72 °C	
Karree	55 °C		
Rücken	60–62 °C		
Kotelett	55 °C		

WILD	ROSA	DURCH	
Rehschulter	60 °C		
Rehrücken	50–60 °C		
Wildschweinbraten		75–78 °C	
Wildschweinkeule		75 °C	
Kaninchenkeule		65 °C	

DIE WICHTIGSTE ENTSCHEIDUNG FÄLLT NICHT AM HERD, SONDERN AN DER METZGERTHEKE: NUR AUS GUTER QUALITÄT WIRD EIN TOLLES STEAK.

▶ Auch beim Steak kann man mit einem Kerntemperaturmesser arbeiten – das gibt perfekte Kontrolle, ich finde den Aufwand aber übertrieben. Außerdem entwickelt man beim Kochen ohne Thermometer ein besseres Gefühl dafür, was im Fleisch so vor sich geht. Den perfekten Garpunkt eines Steaks ohne Thermometer herauszubekommen ist reine Erfahrungssache – man muss es einfach ein paarmal probieren, irgendwann hat man den Dreh raus. Gute Orientierung bietet dabei zunächst der »Daumen-Trick« *(siehe rechts)*.

Auf ein paar Punkte sollte man außerdem achten: Die wichtigste Entscheidung fällt nicht am Herd, sondern an der Metzgertheke: Nur aus tollem Fleisch wird ein tolles Steak *(S. 175 ff.)*.

Das Steak sollte vor dem Braten oder Grillen Zimmertemperatur angenommen haben, deshalb: das Fleisch etwa 30 bis 45 Minuten vorher aus dem Kühlschrank nehmen.

Ich salze Steaks vor dem Braten ganz leicht an, weil sich so eine etwas krossere Kruste bildet – andere Köche schwören darauf, unbedingt erst hinterher zu salzen. Am besten: ausprobieren und selbst entscheiden.

Das Steak in der heißen Pfanne scharf anbraten, sodass sich eine krosse und duftende Kruste bildet. Danach die Temperatur ein wenig nach unten regeln, das Innere soll ja gar werden, ohne dass das Steak außen verbrennt. Alternativ kann man es nach dem Anbraten auch bei 120 °C im Ofen nachgaren.

Dicke Steaks sollte man vor dem Aufschneiden einige Minuten ruhen und nachgaren lassen, ähnlich wie man das auch mit einem Braten tut (am besten bei geschlossenem Deckel oder in Alufolie eingewickelt) – so wird das Fleisch zum Anschneiden etwas fester, und weniger Flüssigkeit tritt aus.

Der Trick mit dem Daumen

Zunächst die Daumenkuppe der einen Hand leicht auf die Kuppe des benachbarten Zeigefingers legen. Dann mit einem Finger der anderen Hand nach dem Handballen direkt unter dem Daumen tasten – der fühlt sich ziemlich wabbelig an und gibt widerstandslos nach, wenn man hineindrückt. Diese Konsistenz entspricht in etwa der von rohem Fleisch (das Steak ist »rare«, also »roh«). Wiederholt man den Vorgang, tauscht dabei aber Zeige- gegen Mittelfinger, spürt man am Ballen schon eine deutlich höhere Spannung – die zwar nachgibt, aber wie ein elastischer Ball wieder zurück in ihre Ursprungsform drängt. Verhält sich Fleisch so, liegt sein Garpunkt etwa in der Mitte zwischen roh und fertig gegart (das Steak ist »medium rare«, »mittelroh«). Legt man schließlich Daumen und Ringfinger aneinander, ist der Ballen starr und fest – das entspricht der Spannung von durchgebratenem Fleisch (das Steak ist »well done«).

KALBSFRIKADELLEN

ZUTATEN für 4 Personen | **ZEIT** 30 Minuten

ZUBEREITUNG

100 g Toastbrot, entrindet
100 ml Milch
10 EL Olivenöl
2 kleine Zwiebeln, geschält und
  fein gewürfelt
600 g Kalbshack
2 EL gehackter Majoran
2 TL Dijon-Senf
2 Eier (M)
Salz
Pfeffer
Cayennepfeffer
1 EL Butter
2 EL Petersilie, gehackt

Das Toastbrot in Würfel schneiden und in der Milch einweichen. 1 EL Olivenöl in einer Pfanne erhitzen und die gewürfelten Zwiebeln darin glasig dünsten, anschließend auf einen Teller geben und auskühlen lassen.

Das Kalbshack mit gehacktem Majoran, Senf, Eiern und 1 EL Olivenöl in eine große Schüssel geben und vermengen. Zwiebeln und Toastbrot samt Milch zugeben. Mit Salz, Pfeffer und 1 Prise Cayennepfeffer würzen und mit den Händen gut verkneten.

Aus der Masse mit leicht angefeuchteten Händen 8 Frikadellen formen.

Eine Pfanne auf mittlerer Stufe erhitzen, restliches Olivenöl zugeben und heiß werden lassen.

Die Frikadellen in die Pfanne geben und auf jeder Seite 3 bis 5 Minuten goldbraun braten.

Butter und gehackte Petersilie zugeben, aufschäumen lassen, die Pfanne leicht schwenken und die Frikadellen mit der Butter glasieren.

TIPP

In der feinen Küche werden die Zwiebeln vorher angedünstet, wenn es aber mal schnell gehen muss, können sie auch so unter die Hackmasse gegeben werden. Ich benutze etwas mehr Öl zum Anbraten – der Bratensaft und die Butter ergeben eine super Stippe!

ENTRECÔTE »RÜCKWÄRTS« GEGART

ZUTATEN für 2 Personen | **ZEIT** 40 Minuten (plus 2 Stunden temperieren)

ZUBEREITUNG

1 Entrecôte à ca. 400 g
1 EL Olivenöl
Salzflocken
6 Stiele Thymian
2 Zweige Rosmarin
1 Streifen Bio-Zitronenschale
2 Knoblauchzehen, angedrückt
1 EL Butter
Pfeffer

Das Fleisch mindestens 2 Stunden vor der Zubereitung aus dem Kühlschrank nehmen und abgedeckt Raumtemperatur annehmen lassen.

Den Backofen auf 100 °C Ober-/Unterhitze vorheizen. Ein Backblech auf die unterste Schiene stellen (um das tropfende Fett später aufzufangen).

Das Steak auf ein Ofengitter legen und für ca. 30 Minuten in den Ofen schieben (zweite Schiene von unten).

Sobald das Fleisch aus dem Ofen kommt, Olivenöl in einer Pfanne stark erhitzen. Das Steak rundherum mit Salzflocken würzen und auf jeder Seite 1 bis 2 Minuten braten.

Wenn nach dem Wenden an der Oberfläche roter Fleischsaft austritt, Thymian, Rosmarin, Zitronenschale, angedrückte Knoblauchzehen und die Butter zugeben. Das Steak mit der schäumenden Butter mehrmals übergießen.

Das Fleisch aus der Pfanne nehmen und für ca. 2 Minuten ruhen lassen.

ANRICHTEN

Das Steak in Scheiben schneiden und auf einer Platte anrichten. Mit dem Bratfett aus der Pfanne beträufeln und mit Salzflocken und Pfeffer bestreuen.

TIPP

Größere Steaks, aber auch Hähnchenbrustfilets gare ich gerne nach dieser Methode. Die Kerntemperatur des Fleisches steigt im Ofen langsam und schonend auf 50 bis 55 °C. Es muss jetzt nur noch kurz in der Pfanne gebraten werden, um eine knusprige Kruste zu bekommen. Dabei tritt nahezu kein Fleischsaft aus. Das Fleisch bleibt supersaftig.

SCHWEINEBAUCH PUR

ZUTATEN für 4—6 Personen | **ZEIT** 3 1/2 Stunden

ZUBEREITUNG

5—6 Lorbeerblätter
Salz
10 Pfefferkörner
2 kg Schweinebauch ohne
  Knochen und mit Schwarte
350 g Johannisbeeren
1 gestrichener EL Zucker
Olivenöl

1 l Wasser, die Lorbeerblätter, 2 TL Salz und die Pfefferkörner in einem großen Topf mit Dämpfeinsatz zum Kochen bringen.

Den Schweinebauch von allen Seiten mit Salz würzen und in den Dämpfeinsatz legen. Für ca. 1 1/2 Stunden bei geringer Hitze und mit geschlossenem Deckel dämpfen.

In der Zwischenzeit die Johannisbeeren mit einer Gabel von den Rispen ziehen. 5 bis 6 EL Johannisbeeren beiseitelegen. Die übrigen Johannisbeeren, den Zucker und 1 Prise Salz in der Küchenmaschine mit dem Knethaken ca. 10 Minuten auf der kleinsten Stufe verrühren. Johannisbeersauce mit den ganzen Beeren mischen.

Eine Form mit Backpapier auslegen, anschließend mit Olivenöl einstreichen und mit etwas Salz bestreuen. Den Schweinebauch aus dem Dämpfeinsatz nehmen und mit der Schwarte nach unten in die Form legen. Den Bauch mit einer weiteren Lage Backpapier abdecken und gut beschweren (z.B. mit einem schweren Bräter oder einem Steinmörser). Den Bauch so für ca. 1 Stunde flach auf den Boden der Form pressen, damit er eine gleichmäßige Form bekommt.

Den Bauch aus der Form nehmen, mit Küchenpapier trocken tupfen und rundum mit Olivenöl einreiben. Eine große Pfanne (am besten unbeschichtet) mit etwas Öl einstreichen und stark erhitzen. Den Schweinebauch mit der Schwarte nach unten in die Pfanne legen, mit einem Stück Backpapier bedecken, mit einem Topf beschweren und 5 Minuten anbraten. Die Hitze reduzieren und den Schweinebauch auf mittlerer Stufe weitere 15 bis 25 Minuten braten, bis die Schwarte goldbraun und knusprig ist. Dann wenden und weitere 10 Minuten zu Ende garen.

ANRICHTEN

Den Schweinebauch 5 Minuten ruhen lassen, in Scheiben schneiden und mit der Johannisbeersauce servieren.

TIPP

Wer keinen Dämpfeinsatz hat, kann auch eine umgedrehte Metallschale auf den Topfboden stellen und einen flachen Teller daraufsetzen. Auf diesen legen Sie das Fleisch. Es sollte aber nicht mit dem Wasser in Kontakt kommen.

INFO

Ich lasse den Schweinebauch bewusst sehr pur – dazu passt der aufregend süß-salzige Geschmack der Johannisbeeren, deren Säure gut mit dem fetten Schweinebauch harmoniert. Wem es zu sauer ist, der gibt einfach mehr Zucker zu den Beeren. Zum Schweinbauch passt z.B. Rotkohl *(S. 93)* oder Honigsauerkraut *(S. 90)*.

GEGRILLTER SCHWEINENACKEN MIT RHABARBER

ZUTATEN für 2 Personen | **ZEIT** 40 Minuten

ZUBEREITUNG

2 Schweinenackensteaks à
 ca. 200 g
2 EL Zucker
150 ml weißer Portwein
100 g Rhabarber, geschält
 und fein gewürfelt
Salz
Pfeffer
1 EL Olivenöl
40 g Butter
1—2 EL grober Senf
1 EL Estragon, gehackt

Das Fleisch 1 Stunde vor der Zubereitung aus dem Kühlschrank nehmen und abgedeckt Raumtemperatur annehmen lassen.

Einen kleinen Topf auf mittlerer Stufe erhitzen, den Zucker darin schmelzen und leicht karamellisieren lassen. Mit Portwein ablöschen und auf die Hälfte einkochen lassen. (Nicht erschrecken: Der Zucker kann fest werden nach dem Ablöschen. Beim Einkochen schmilzt er dann wieder.)

Sobald der Portwein eingekocht ist, den gewürfelten Rhabarber zugeben und für ca. 1 Minute köcheln lassen. Die Sauce mit Salz und Pfeffer würzen, den Topf vom Herd nehmen und beiseitestellen.

Eine Grillpfanne stark erhitzen. Die Steaks rundherum dünn mit Olivenöl einreiben und leicht salzen. Dann auf jeder Seite 3 bis 4 Minuten grillen, dabei zwei Mal wenden. Beim zweiten Wenden um 180 Grad drehen, so entsteht ein schönes Grillmuster. Die Butter kurz vor Ende der Garzeit in die Pfanne geben. Die Steaks mehrmals mit der schäumenden Butter übergießen. Die Pfanne vom Herd nehmen, mit Alufolie abdecken und 2 bis 3 Minuten ruhen lassen.

In der Zwischenzeit die Rhabarbersauce erneut erwärmen, den Senf und den gehackten Estragon untermischen. Wer mag, rührt noch 1 bis 2 EL vom Bratensaft aus der Pfanne unter die Sauce.

ANRICHTEN

Die Steaks mit der Rhabarbersauce auf Tellern anrichten.

HIRSCHSCHNITZEL MIT BLAUBEER-PREISELBEER-SAUCE

ZUTATEN für 2 Personen | **ZEIT** 30 Minuten

ZUBEREITUNG

2 Hirschsteaks aus der Keule à
ca. 160 g, ggf. vom Metzger
per Schmetterlingsschnitt
vorbereitet
1 TL Wacholderbeeren
1 Rosmarinzweig
8 cl Gin
2 EL Wildpreiselbeeren, alternativ
Preiselbeermarmelade
60 g Blaubeeren, gewaschen
2 Eier (M)
1 EL Joghurt
Salz
3–4 EL Mehl
ca. 80 g Semmelbrösel
Salzflocken
Cayennepfeffer
80 g Butterschmalz
Pfeffer
4 Stiele Petersilie
2 Zitronenspalten

Die Steaks mindestens 30 Minuten vor der Zubereitung aus dem Kühlschrank nehmen. Falls noch nicht geschehen, im sogenannten Schmetterlingsschnitt einschneiden. Hierfür das Steak flach auf das Arbeitsbrett legen und mit der flachen Hand auf dem Brett fixieren. Dann mit einem scharfen Messer waagerecht ansetzen und das Steak so weit wie möglich halbieren, ohne es durchzuschneiden. Dann aufklappen.

Die Wacholderbeeren in einer unbeschichteten Pfanne ohne Fett kurz anrösten. Den Rosmarin zugeben und kurz mitrösten. Mit Gin ablöschen, vorsichtig anzünden (z.B. mit einem langen Streichholz) und so lange flambieren, bis die Flamme von selbst erlischt.

Die Preiselbeeren einrühren und einmal kurz aufkochen lassen. Anschließend durch ein feines Sieb in eine Schüssel passieren. Die Blaubeeren unterheben und beiseitestellen.

Die Steaks zwischen zwei Lagen Backpapier legen und mit einem Plattiereisen (oder einem Stieltopf) mit kurzen, weichen Schlägen flach klopfen.

Die Panierstraße vorbereiten: Eier mit Joghurt und 1 Prise Salz verquirlen. Je eine Schale mit Mehl, verquirlten Eiern und Semmelbröseln bereitstellen.

Die Schnitzel mit Salzflocken und 1 Prise Cayennepfeffer rundherum würzen. Dann zuerst in Mehl wenden, überschüssiges Mehl abklopfen. Danach durch das Ei ziehen. Zum Schluss locker in den Semmelbröseln wenden und diese leicht andrücken.

Den Backofen auf 80 °C Ober-/Unterhitze vorheizen. Butterschmalz in einer großen Pfanne auf mittlerer Stufe erhitzen. Die Schnitzel 2 bis 3 Minuten von jeder Seite ausbacken. (Sie sollten leicht schwimmen.) Nach dem Wenden stetig mit dem Butterschmalz übergießen. Aus der Pfanne nehmen und auf Küchenpapier abtropfen lassen. Mit Salz und Pfeffer würzen. Die ausgebackenen Schnitzel im Backofen warm halten.

Zum Schluss die Petersilie im Mehl wenden und in der Pfanne 20 bis 30 Sekunden ausbacken. Auf Küchenpapier abtropfen lassen.

ANRICHTEN

Die Schnitzel mit den Zitronenspalten, der Petersilie und der Blaubeer-Preiselbeer-Sauce auf Tellern anrichten.

TIPP

Dazu passt Rotkohl klassisch *(S. 93)*.

LAMMKARREE MIT KARAMELLISIERTEN KIRSCHTOMATEN

ZUTATEN für 4 Personen | **ZEIT** 1 Stunde (plus 1 Stunde Ruhezeit für das Fleisch)

ZUBEREITUNG

2 Lammkarrees mit Fettdeckel à
  ca. 500 g, Knochen vom Metzger
  geputzt
8 Thymianstiele
4 EL Pankobrösel (japanische
  Semmelbrösel, erhältlich im
  Asia-Laden), alternativ Semmelbrösel
2 TL Piment d'Espelette
2 EL Butter
Salz
4 EL Olivenöl
2 Zweige Rosmarin
6 Knoblauchzehen, geschält
500 g Kirschtomaten
1–2 EL Zucker
1–2 EL Rotweinessig
Salzflocken
Pfeffer

Das Fleisch mindestens 1 Stunde vor der Zubereitung aus dem Kühlschrank nehmen und abgedeckt Raumtemperatur annehmen lassen.

Den Backofen auf 160 °C Ober-/Unterhitze vorheizen.

Die Blättchen von 2 Thymianstielen abzupfen. Pankobrösel, Piment d'Espelette, Thymianblättchen und Butter in der Küchenmaschine fein pürieren.

Das Fleisch trocken tupfen und rundherum mit Salz würzen.

Olivenöl in einem ofenfesten Bräter auf mittlerer Stufe erhitzen. Die Lammkarrees (je nach Pfannengröße in ein oder zwei Durchgängen) in 5 bis 6 Minuten von allen Seiten goldbraun anbraten, anschließend herausnehmen und in der Pankobröselmischung wenden.

Rosmarin, geschälten Knoblauch und übrigen Thymian in den Bräter geben, schwenken und kurz anrösten, damit sie ihr Aroma freigeben. Dann die panierten Lammkarrees zurück in den Bräter geben. Rosmarin, Knoblauch und Thymian auf die Karrees legen.

Den Bräter in den Ofen schieben (zweite Schiene von unten) und das Fleisch in 25 bis 30 Minuten garen.

Inzwischen Wasser in einem kleinen Topf aufkochen und leicht salzen. Eine Schüssel mit Eiswasser bereitstellen. Den Strunk und Stielansatz der Kirschtomaten mit einem spitzen Messer keilförmig entfernen.

Tomaten für 8 bis 10 Sekunden im kochenden Wasser blanchieren. Mit einer Schaumkelle aus dem Topf heben und sofort im Eiswasser abschrecken. Die Tomaten häuten und beiseitestellen.

Den Zucker in einer kleinen Pfanne leicht karamellisieren lassen. Die Kirschtomaten zugeben, kurz durchschwenken und mit dem Essig ablöschen. Unter Schwenken einkochen lassen, bis eine sirupartige Konsistenz entsteht, dann vom Herd nehmen.

ANRICHTEN

Das Lammkarree aus dem Ofen nehmen, für 2 bis 3 Minuten ruhen lassen. Anschließend zwischen den Rippenknochen halbieren und zusammen mit den Tomaten auf Tellern anrichten. Mit Salzflocken und Pfeffer würzen und servieren.

CORDON BLEU

ZUTATEN für 4 Personen | **ZEIT** 1 Stunde

ZUBEREITUNG

4 Schweinerückensteaks à ca.
250 g (ggf. vom Metzger per
Schmetterlingsschnitt vorbereitet)
4 Scheiben Kochschinken
8 dünne Scheiben Emmentaler
4 Eier (M)
1 1/2 EL Sauerrahm
Salz
ca. 100 g Mehl
ca. 150 g Semmelbrösel
ca. 12 EL Butterschmalz
2 Zitronen, längs geviertelt

Die Steaks im sogenannten Schmetterlingsschnitt einschneiden. Hierfür das Steak flach auf das Arbeitsbrett legen und mit der flachen Hand auf dem Brett fixieren. Dann mit einem scharfen Messer waagerecht ansetzen und das Fleisch so weit wie möglich halbieren, ohne es durchzuschneiden.

Anschließend aufklappen, zwischen zwei Lagen Backpapier legen und mit einem Plattiereisen (oder einem Stieltopf) mit kurzen, weichen Schlägen zu flachen Schnitzeln klopfen. Die restlichen Steaks genauso verarbeiten.

Die fertigen Schnitzel nebeneinander auf die Arbeitsfläche legen. Je eine Hälfte mit einer Scheibe Schinken und zwei Scheiben Käse belegen. Bei Bedarf den Schinken auf die Größe des Schnitzels zuschneiden. Zusammen-falten und mit einem Schaschlikspieß oder einer Rouladennadel fixieren.

Die Panierstraße vorbereiten: Eier mit Sauerrahm und 1 Prise Salz verquirlen. Je eine Schale mit Mehl, verquirlten Eiern und Semmelbröseln auf die Arbeits-fläche stellen.

Die Schnitzel zuerst in Mehl wenden, überschüssiges Mehl anschließend abklopfen. Danach durch das Ei ziehen. Zum Schluss locker in den Semmel-bröseln wenden und diese leicht andrücken.

Wenn man die Schnitzel jeweils 3 bis 5 Minuten im Mehl und im Ei liegen lässt, werden sie hinterher schön fluffig.

Den Backofen auf 80 °C Ober-/Unterhitze vorheizen.

In einer großen Pfanne ca. 3 EL vom Butterschmalz je Bratvorgang erhitzen. (Das Cordon Bleu sollte leicht schwimmen.) Die Schnitzel bei mittlerer Hitze 2 bis 3 Minuten von jeder Seite ausbacken. Nach dem Wenden stetig mit dem Butterschmalz aus der Pfanne übergießen. Aus der Pfanne nehmen und auf Küchenpapier abtropfen lassen.

Je nach Größe Ihrer Pfanne würde ich empfehlen, das Fleisch nach-einander in zwei oder drei Durchgängen anzubraten, damit Sie ein perfektes Bratergebnis erreichen. Wer hat, nimmt 2 Pfannen.

Die ausgebackenen Cordon Bleus im vorgeheizten Backofen warm halten.

ANRICHTEN

Das Cordon Bleu vor dem Servieren mit Salz würzen und mit Sauerrahm-Gurkensalat *(S. 45)* sowie Zitronenspalten auf Tellern anrichten.

SCHWEINEFILET MIT PFEFFERRAHMSAUCE

ZUTATEN für 4 Personen | **ZEIT** 1 Stunde

ZUBEREITUNG

2 Schweinefilets à ca. 350 g am
  Stück
Salz
Pfeffer
3 EL Dijon-Senf
2 EL Olivenöl
3 1/2 EL Butter
6 cl Cognac
320 g Perlzwiebeln, geschält
400 g weiße und braune Champignons, gewaschen und in dicke
  Scheiben geschnitten
120 g Bacon, quer in feine Streifen geschnitten
1 EL eingelegter grüner Pfeffer
100 ml Geflügelbrühe
150 ml Sahne
2 EL Petersilie, fein gehackt

Das Filet ca. 45 Minuten vor der Zubereitung aus dem Kühlschrank nehmen und abgedeckt Raumtemperatur annehmen lassen.

Das Filet mit Küchenpapier trocken tupfen. Gegebenenfalls parieren. Hierfür an der Filetspitze ein scharfes Messer eng zwischen Sehne und Fleisch ansetzen und (vom Körper weg) Sehnen, Silberhaut und Fett nach und nach abschneiden. (Alternativ kann man sich das Fleisch auch vom Metzger parieren und küchenfertig vorbereiten lassen.)

Den Backofen auf 60 °C Ober-/Unterhitze vorheizen. Die Schweinefilets mit Salz und Pfeffer würzen und rundherum dünn mit Senf einstreichen.

Olivenöl in einer unbeschichteten Pfanne auf mittlerer Stufe erhitzen. Die Filets in die Pfanne geben und rundherum in 15 bis 18 Minuten goldbraun braten. Nach ca. 10 Minuten 1 EL Butter zugeben und das Fleisch mit einem Esslöffel mehrfach mit der schäumenden Butter übergießen. Nach weiteren 3 Minuten mit 3 cl Cognac ablöschen, kurz heiß werden lassen, anzünden (z.B. mit einem langen Streichholz) und das Fleisch flambieren. (Vorsicht beim Entzünden der Flamme!)

> Ich flambiere gern! Der abgebrannte Alkohol hinterlässt ein tolles Aroma, und der Alkoholgehalt verschwindet. Sie können natürlich auch nur mit dem Cognac ablöschen und diesen einkochen lassen. In diesem Fall brauchen Sie auch nicht zwingend eine unbeschichtete Pfanne.

Das Fleisch aus der Pfanne nehmen und auf einem Backblech in den Ofen schieben.

Die Pfanne mit dem restlichen Bratfett erneut stark erhitzen, geschälte Perlzwiebeln und Champignonscheiben zugeben und für 3 bis 4 Minuten anbraten. Die Baconstreifen hinzufügen und weitere 2 Minuten braten. 1 EL Butter zugeben, kurz durchschwenken. Mit Salz und Pfeffer würzen. Das Pilzgemüse in einer Schüssel ebenfalls im Ofen warm halten.

Für die Pfefferrahmsauce 1 EL Butter in der Pfanne zerlassen, grüne Pfefferkörner darin für ca. 2 Minuten dünsten. Mit dem übrigen Cognac ablöschen und mit der Geflügelbrühe auffüllen. Bei mittlerer Hitze ca. 2 Minuten köcheln lassen, die Sahne zuschütten und sämig einkochen. Die Sauce mit Pfeffer und Salz abschmecken, gehackte Petersilie und 1/2 EL Butter einrühren.

ANRICHTEN

Das Fleisch portionieren und mit dem Pilzgemüse und der Pfefferrahmsauce auf Tellern anrichten.

SCHMORGURKEN MIT KNUSPRIGEM HACKFLEISCH

ZUTATEN für 4 Personen | **ZEIT** 35 Minuten

SCHMORGURKEN

2 Schmorgurken à ca. 600 g
2–3 EL Olivenöl
2 Knoblauchzehen, geschält und
  in dünne Scheiben geschnitten
1 rote Pfefferschote (im Vergleich
  zur Chili größer und weniger
  scharf), in feine Ringe geschnitten
1 gehäufter EL Tomatenmark
1 1/2 EL Zucker
Salzflocken
2 EL Weißweinessig
4 EL trockener Sherry
2 EL Sojasauce
1 TL geröstetes Sesamöl
1 EL gehackte Korianderblätter

Die Gurken schälen, die Enden abschneiden. Die Gurken längs vierteln, das Kerngehäuse entfernen. Das Fruchtfleisch anschließend grob würfeln.

Olivenöl in einem großen Topf auf mittlerer Stufe erhitzen. Die Gurken für ca. 2 Minuten unter Rühren andünsten. Knoblauchscheiben und Pfefferschotenringe hinzufügen und für 1 Minute mitdünsten. Tomatenmark und Zucker zugeben und unter Rühren 1 bis 2 Minuten leicht anrösten. Mit Salzflocken würzen und mit Weißweinessig, Sherry und Sojasauce ablöschen. Den Topf vom Herd nehmen, Sesamöl und gehackten Koriander unterheben.

HACKFLEISCH

2–3 EL Olivenöl
500 g Rinderhackfleisch
1/2 Zimtstange
1 Prise Zucker
Salz
Pfeffer
1 großer EL Butter

Olivenöl in einer großen Pfanne stark erhitzen. Das Hackfleisch zugeben und für ca. 4 Minuten anbraten. Dabei ständig rühren, damit das Fleisch zerkrümelt und knusprig wird. Nach ca. 1 Minute die Zimtstange zugeben und mit Zucker, Salz und Pfeffer würzen. Die Butter zugeben und unterrühren.

Je nach Größe Ihrer Pfanne würde ich empfehlen, das Hackfleisch nacheinander in zwei oder drei Durchgängen anzubraten. Es sollte den Pfannenboden nur knapp bedecken. Zudem sollte es niemals direkt aus dem Kühlschrank verarbeitet werden. Durch die Hineingabe von zu viel oder zu kaltem Fleisch kann sich die Pfanne schlagartig abkühlen. Während sie dann langsam wieder aufheizt, tritt Wasser aus dem Fleisch, und es kocht mehr, als dass es brät. Die gewünschten Röstaromen können nicht entstehen, und das Fleisch trocknet aus.

ANRICHTEN

ca. 1 TL Chiliflocken
einige Korianderzweige

Die Schmorgurken mit dem knusprigen Hackfleisch anrichten und nach Belieben Chiliflocken und Koriander darüberstreuen.

TIPP

Die Schmorgurke enthält deutlich mehr Bitterstoffe als die Salat- oder Schlangengurke. Der Zucker hilft, die leicht bittere Note zu neutralisieren und dient als natürlicher Geschmacksverstärker.

KALBSRAHMGESCHNETZELTES

ZUTATEN für 4 Personen | **ZEIT** ca. 35 Minuten

ZUBEREITUNG

300 g kleine weiße Champignons
Mehl
600 g Kalbfleisch aus der Ober-
schale
4 EL Olivenöl
Salz
Pfeffer
2 kleine Zwiebeln, geschält und
fein gewürfelt
200 ml Weißwein
400 ml Kalbsfond, alternativ
Gemüsebrühe
200 ml Sahne, steif geschlagen
1/2 Bund Schnittlauch, in feine
Röllchen geschnitten

Pilze putzen und die Stielansätze abschneiden, bei Bedarf waschen. Hierfür die Pilze mit Mehl bestäuben und ganz kurz in stehendes, kaltes Wasser
legen. Das Mehl bindet den Schmutz schnell. Die Pilze mit den Händen im
Wasser vorsichtig durchmengen und dadurch das anhaftende Mehl lösen.
Bei Bedarf kurz mit kaltem Wasser abbrausen, in einem Sieb abtropfen lassen
und anschließend auf mehrere Lagen Küchenpapier legen.

Die Pilze je nach Größe ganz lassen, vierteln oder halbieren.

Das Kalbfleisch in ca. 1 cm dicke und 3 bis 4 cm lange Streifen schneiden und
anschließend in 2 EL Mehl wenden. Überschüssiges Mehl abklopfen.

2 EL Olivenöl in einer großen Pfanne stark erhitzen. Das Fleisch je nach
Pfannengröße in 1 bis 2 Portionen kurz und kräftig für ca. 1 bis 1 1/2 Minuten
anbraten (nicht länger, sonst wird das Fleisch trocken).

Die Pfanne vom Herd nehmen. Das Fleisch mit Salz und Pfeffer würzen und in
einem Sieb abtropfen lassen. Dabei die Bratenflüssigkeit auffangen.

Die Pfanne mit Küchenpapier auswischen und das restliche Olivenöl darin
stark erhitzen. Die Pilze ca. 2 Minuten von allen Seiten scharf anbraten. Die
Hitze reduzieren und mit Salz würzen. Die Zwiebelwürfel zugeben und 1 bis
2 Minuten andünsten.

Die Pilze mit Weißwein ablöschen und einmal aufkochen lassen. Kalbsfond
und aufgefangenen Bratensaft zugeben und um die Hälfte einkochen lassen.

2/3 der steif geschlagenen Sahne unterrühren. Das gebratene Fleisch zugeben und bei geringer Hitze für 2 bis 3 Minuten garen.

ANRICHTEN

Die übrige Sahne unterheben und das Geschnetzelte in tiefen Tellern anrichten. Mit Schnittlauchröllchen bestreuen.

TIPP

Hervorragend in Kombination mit dem herzhaften Kartoffelkuchen *(S. 356)*.

KANINCHENFILETS MIT HASELNÜSSEN
UND GERÖSTETEM BROKKOLI

ZUTATEN für 2 Personen | **ZEIT** 40 Minuten

KANINCHEN

400 g Kaninchenfilets
50 g geschälte Haselnüsse (am
  besten aus dem Piemont)
4 EL Olivenöl
Salz
Pfeffer
1 EL Butter
8 Stiele Petersilie, grob gezupft

Die Kaninchenfilets ca. 30 Minuten vor der Zubereitung aus dem Kühlschrank nehmen und abgedeckt Raumtemperatur annehmen lassen.

Haselnüsse in einer Pfanne ohne Fett auf mittlerer Stufe goldbraun anrösten. Die Pfanne stetig schwenken. Anschließend abkühlen lassen und grob hacken.

Die Kaninchenfilets dünn mit 2 EL Olivenöl bestreichen und mit Salz und Pfeffer würzen. Die Filets in den gehackten Haselnüssen wenden. Restliches Olivenöl und 1 EL Butter in einer Pfanne auf niedriger Stufe erhitzen. Die Filets 10 bis 15 Minuten rundherum anbraten. Kurz vor Ende der Garzeit die Petersilie zugeben und mitbraten. In der Zwischenzeit die Vinaigrette und den Brokkoli zubereiten.

> Hier sollten Sie mit so wenig Hitze arbeiten, dass man es schon fast nicht mehr »braten« nennen kann. Je langsamer das Filet gegart wird, desto saftiger bleibt es!

VINAIGRETTE

1 TL Dijon-Senf
1 EL Honig
Saft von 1 Zitrone
2 EL milden Weißweinessig
3 EL neutrales Öl
5 EL Haselnussöl (geröstet)
1 TL Salz
1 Prise Cayennepfeffer

Für die Vinaigrette Senf, Honig, Zitronensaft und Weißweinessig in einer kleinen Schüssel verrühren.

Beide Sorten Öl nacheinander mit dem Schneebesen einrühren und alles mit Cayennepfeffer und Salz abschmecken.

BROKKOLI

2 EL Olivenöl
300 g Brokkoli, geputzt und
  gewaschen, in Röschen geteilt
  und in mundgerechte Stücke
  geschnitten
2 Knoblauchzehen, geschält
  und halbiert
1 EL Butter
Salz

Olivenöl in einer Pfanne erhitzen. Brokkoli und Knoblauch unter Schwenken scharf anbraten, sodass sie Farbe bekommen. (Der Brokkoli sollte bissfest bleiben.) Die Butter zugeben, einmal aufschäumen lassen und mit Salz würzen. Vom Herd nehmen.

ANRICHTEN

Die Kaninchenfilets aus der Pfanne nehmen, kurz ruhen lassen, portionieren und mit dem Brokkoli auf Tellern anrichten. Die Vinaigrette darüber verteilen.

LEBERKÄSE OHNE LEBER

ZUTATEN für 6—8 Personen | **ZEIT** 2 Stunden

ZUBEREITUNG

1 EL Butterschmalz
1 kg Kalbsbrät (vom Metzger)
ca. 300 g Käse, in feine Würfel
geschnitten (ganz nach Belieben,
z.B. Emmentaler, Appenzeller
oder Bergkäse)
Pfeffer
1/2 EL Piment d'Espelette
1 TL getrockneter Oregano
50 ml Sahne, steif geschlagen
ca. 2—3 EL Pankobrösel (japanische Semmelbrösel, erhältlich
im Asia-Laden)
2 Zweige Rosmarin
4 Zweige Thymian
1 EL Olivenöl

Den Backofen auf 160 °C Ober-/Unterhitze vorheizen.

Butterschmalz in einem kleinen Topf zerlassen. Eine Kastenform (ca. 30 cm) damit einpinseln.

Das Brät mit dem gewürfelten Käse in eine große Schüssel geben und mit einem Gummispatel verrühren. Mit Pfeffer, Piment d'Espelette und Oregano würzen. Die Sahne mit dem Gummispatel unterheben.

Die Brätmasse gleichmäßig in die Form füllen und mit den Pankobröseln bestreuen. Die Rosmarin- und Thymianzweige darauf verteilen und mit dem Olivenöl beträufeln.

Die Form in den Ofen schieben (zweite Schiene von unten) und die Masse für 45 Minuten backen. Dann die Temperatur auf 180 °C erhöhen und den Fleisch-käse weitere 30 Minuten im Ofen lassen.

Garprobe ausführen: Mit einer Rouladennadel in die dickste Stelle des Fleisch-käses stechen, wenige Sekunden warten, die Nadel herausziehen und an die Oberlippe halten. Wenn sie sehr warm (fast heiß) ist, so ist der Leberkäse gar. Dann aus dem Ofen nehmen und ca. 5 Minuten ruhen lassen.

ANRICHTEN

Nach Belieben in Scheiben schneiden, auf Tellern anrichten und servieren.

TIPP

Dazu passt das Honigsauerkraut *(S. 90)*.

KALBSTAFELSPITZ MIT MEERRETTICH-SAUCE

ZUTATEN für 4 Personen | **ZEIT** 2 Stunden

TAFELSPITZ

1 Kalbstafelspitz à ca. 1,3 kg
150 g braune Champignons
3 EL Olivenöl
Salz
200 ml Sherry
100 g Knollensellerie, geschält
 und klein gewürfelt
6 kleine Schalotten, geschält
1 Lorbeerblatt

Den Tafelspitz kalt abspülen und trocken tupfen. Die Schwarte mit einem scharfen Messer rautenförmig einritzen.

Champignons putzen und die Stielenden abschneiden. Anschließend in dünne Scheiben schneiden.

Olivenöl in einer großen gusseisernen Pfanne auf mittlerer Stufe erhitzen. Den Tafelspitz rundherum mit Salz würzen und zuerst für 5 Minuten auf der Schwarte anbraten. Anschließend von allen Seiten goldbraun braten. Aus der Pfanne nehmen und beiseitelegen. Den Bratensatz in der Pfanne mit Sherry ablöschen und 800 ml Wasser zugießen. Den Bratensatz mit einem Holzlöffel vom Pfannenboden lösen.

Den Sellerie, die Pilze, die Schalotten, den Tafelspitz und das Lorbeerblatt in einen Topf geben. Den Bratensatz zugießen (ggf. mit Wasser auffüllen, damit das Fleisch vollständig bedeckt ist). Den Tafelspitz bei mittlerer Hitze ca. 1 1/4 Stunden köcheln lassen.

Nach ca. 1 Stunde prüfen, ob das Fleisch gar ist. Hierfür eine dünne Fleischgabel in die dickste Stelle des Tafelspitzes stechen. Wenn das Fleisch ohne Widerstand locker von der Gabel rutscht, ist der ideale Garpunkt erreicht. Den Topf vom Herd nehmen und das Fleisch bis zur Verwendung in der Brühe lassen.

SAUCE

100 ml Tafelspitzbrühe
3 Scheiben Toastbrot, entrindet
 (ca. 50 g)
Salz
Zitronensaft
100 ml Sahne, steif geschlagen
50 g Meerrettich, gerieben

100 ml von der Brühe in einem Topf kurz aufkochen und von der Herdplatte nehmen. Das Toastbrot in Stücke zupfen, hinzufügen und für 3 Minuten quellen lassen. Mit Salz und etwas Zitronensaft abschmecken. Die Sahne und den Meerrettich zugeben, einmal kurz aufkochen lassen und mit dem Mixstab schaumig pürieren.

ANRICHTEN

Den Tafelspitz aus dem Topf nehmen und quer zur Faser in dünne Scheiben schneiden. Die Scheiben auf einem flachen Teller mit der Meerrettich-Sauce anrichten und servieren.

TIPP

Nachdem der Meerrettich zur Sauce gegeben wurde, sollte sie nur noch kurz aufgekocht werden. Das Aroma und die Schärfe des Meerrettichs verflüchtigen sich ansonsten sehr schnell, und die Sauce verliert ihre Kraft.

INNEREIEN

**ICH BIN VON DER IDEE ÜBERZEUGT,
ALLE TEILE EINES TIERS ZU VERWER-
TEN – AUS RESPEKT VOR DEM LEBEN,
DAS WIR BEENDEN, DAMIT WIR ETWAS
LECKERES ESSEN KÖNNEN.**

Eigentlich wollte ich das Thema Innereien hier nicht behandeln – die Leute kochen am Ende doch nicht damit, dachte ich. Aber dann habe ich mich umentschieden, denn in meiner Kochwelt spielen Leber, Niere und Herz einfach eine zu große Rolle. Zum einen bin ich von der Idee überzeugt, alle Teile eines Tiers zu verwerten – aus Respekt vor dem Leben, das wir beenden, damit wir etwas Leckeres essen können. Zum anderen haben Innereien zu Unrecht einen schlechten Ruf.

Das Herz zum Beispiel: Biologisch gesehen ist das ein sehr starker Muskel, wie ein Steak auch.

Die Zunge genauso – wer die richtig zubereitet, wird keinen Unterschied zu einem zarten Kalbstafelspitz feststellen können. Innereien erfordern ein bisschen mehr Arbeit als Muskelfleisch, außerdem braucht man etwas Erfahrung, damit sie perfekt gelingen. Doch wer sich die-

ser Welt einmal öffnet und alle Vorurteile fallen lässt, der wird begeistert sein.

Als Innereien bezeichnet man klassischerweise die Organe innerhalb des Tierkörpers. Grob kann man unterscheiden zwischen Muskeln, die nicht der Fortbewegung dienen, einerseits (etwa Herz, Zunge, Zwerchfell und Magen). Muskelinnereien werden meist bei recht niedrigen Temperaturen und in viel Flüssigkeit gegart, damit sie zart werden.

Andererseits gehören zu den Innereien Organe, die biochemische Prozesse des Körpers steuern (etwa Niere und Leber). Dieses Gewebe ist extrem zart – es wird ja gar nicht oder kaum bewegt – und darf deshalb auf keinen Fall zu intensiv oder zu lange gegart werden. Leber zum Beispiel kommt immer nur ganz kurz in die Pfanne oder auf den Grill, sonst fühlt sie sich auf der Zunge ledrig an.

GANZE KALBSNIERE AUS DEM OFEN

ZUTATEN für 4 Personen | **ZEIT** 1 Stunde

ZUBEREITUNG

1 Kalbsniere im Fettmantel à
  ca. 1 kg
feines Salz
2 EL Olivenöl
6 Stiele Rosmarin

Den Backofen auf 200 °C Ober-/Unterhitze vorheizen. Die Niere rundherum mit Salz würzen.

Olivenöl in einem flachen ofenfesten Bräter auf mittlerer Stufe erhitzen. Die Niere für 5 bis 7 Minuten rundherum goldbraun braten. Mit dem Fettdeckel nach oben legen und den Rosmarin darüber verteilen. Den Bräter mit einem Deckel verschließen und für 45 Minuten in den Ofen schieben (zweite Schiene von unten).

Nach 30 Minuten den Backofengrill einschalten (240 °C), den Deckel abnehmen, den Bräter eine Schiene höher stellen und die Niere weitere 15 Minuten goldbraun grillen.

Den Bräter aus dem Ofen nehmen. Die Niere auf ein Arbeitsbrett legen und für 3 bis 4 Minuten ruhen lassen.

ANRICHTEN

Die Niere in Scheiben schneiden und servieren.

INFO

Es ist vollkommen normal, wenn die Niere in der Ruhephase nach dem Garen etwas Fleischsaft verliert. Es könnte sogar sein, dass der Fleischsaft leicht rötlich ist.

GEBRATENES KALBSHERZ MIT BOHNENSALAT UND FRISCHEM MEERRETTICH

ZUTATEN für 4 Personen | **ZEIT** 45 Minuten

BOHNENSALAT

500 g grüne Bohnen, geputzt und
  gewaschen
20 g Pinienkerne
6 Stiele Bohnenkraut
1 EL grobkörniger Senf
2–3 EL Rotweinessig
2–3 EL Olivenöl
1 EL Honig
Salz
Pfeffer
2 Schalotten, geschält und in
  feine Streifen geschnitten

Leicht gesalzenes Wasser in einem großen Topf zum Kochen bringen. Die Bohnen darin 7 bis 9 Minuten bissfest garen.

In der Zwischenzeit die Vinaigrette für den Bohnensalat zubereiten: Dazu Pinienkerne in einer Pfanne ohne Fett goldbraun rösten. Die Bohnenkrautblätter abzupfen und fein hacken. Senf, Essig, Olivenöl und Honig in einer Schüssel verrühren, mit Salz und Pfeffer würzen. Schalottenstreifen, Pinienkerne und Bohnenkraut zugeben und unterrühren.

Die Bohnen im Sieb abtropfen lassen und noch warm in einer großen Schüssel mit der Vinaigrette mischen. Mit Salz und Pfeffer abschmecken.

KALBSHERZ

1 Kalbsherz à ca. 1 kg, im Ganzen
  oder vom Metzger küchenfertig
  vorbereitet
2 EL Olivenöl
Salz
Pfeffer
2 EL Butter
4 Stiele Rosmarin
1 TL schwarze Pfefferkörner

Den Backofen auf 160 °C Ober-/Unterhitze vorheizen.

Das Kalbsherz, wenn nötig, parieren: Mit einem scharfen Messer großzügig Fett, Adern und Sehnen entfernen. Das Herz der Länge nach einschneiden, aufklappen und im inneren Teil ebenfalls Adern und Sehnen entfernen. Wer das Herz küchenfertig gekauft hat, braucht das nicht mehr zu tun.

Das Herz in 4 gleich große Stücke schneiden, unter fließendem, kaltem Wasser abspülen und anschließend mit Küchenpapier trocken tupfen.

2 EL Olivenöl in einer großen Pfanne stark erhitzen. Die Herzstücke 2 bis 3 Minuten rundherum scharf anbraten, dabei mit Salz und Pfeffer würzen. Butter, Rosmarin und Pfefferkörner zugeben und das Fleisch mehrmals mit der schäumenden Butter übergießen.

Die Pfanne für ca. 15 Minuten in den vorgeheizten Ofen stellen. Die Herzstücke nach der Hälfte der Zeit einmal wenden. Aus dem Ofen nehmen und kurz ruhen lassen.

ANRICHTEN

40 g Meerrettich, frisch
  gerieben

Die Herzstücke in Scheiben schneiden und mit dem Bohnensalat und dem geriebenen Meerrettich auf Tellern anrichten.

SAURE KALBSLUNGE

ZUTATEN für 4 Personen | **ZEIT** 2 Stunden (plus 1 Stunde Wässern und 12 Stunden Pressen)

GEWÜRZSÄCKCHEN

1 TL schwarzer Pfeffer
1 TL Piment
3 Zweige Thymian
3 Lorbeerblätter
3 Nelken
1 TL Wacholderbeeren
2—3 Stiele Petersilie

KALBSLUNGE

1 kg Kalbslunge
1 Gemüsezwiebel, quer halbiert
1 Bund Suppengrün, grob gewürfelt
Gewürzsäckchen
1 EL Sonnenblumenöl
100 g durchwachsener Speck
  (Bacon), fein gewürfelt
5 EL Butter
5 EL Mehl
60 ml Rotweinessig
150 g Cornichons, fein gewürfelt
100 g Schalotten, geschält und
  fein gewürfelt
1 TL gemahlener Piment
Cayennepfeffer
Pfeffer
Salz
1—2 EL Zucker
1—2 EL scharfer Senf
3—4 EL Cornichonwasser
100 ml Sahne, steif geschlagen
1—2 TL Bio-Zitronenschalenabrieb
4 EL Petersilie, gehackt

ANRICHTEN

TIPP

Alle Gewürze in einen Teefilter geben und zubinden.

Ein Gewürzsäckchen hat den Vorteil, dass man die Gewürze vor dem Servieren gut entfernen kann und niemand daraufbeißen muss.

Die Kalbslunge unter fließendem, kaltem Wasser gründlich abspülen. Anschließend für 1 Stunde in reichlich kaltem Wasser einlegen, dabei zweimal das Wasser wechseln.

Die Schnittflächen der Zwiebel in einer Pfanne ohne Fett goldbraun anrösten. 3 l kaltes Wasser in einen großen Topf füllen. Die vorbereitete Kalbslunge, die gerösteten Zwiebelhälften, das gewürfelte Suppengemüse und das Gewürzsäckchen zugeben.

Die Kalbslunge im Topf mit einem Deckel oder einem Teller beschweren und bei mittlerer Hitze aufkochen. Die Hitze reduzieren und die Lunge in 60 bis 75 Minuten weich garen. (Beim Garen darauf achten, dass die Lunge immer knapp mit Flüssigkeit bedeckt ist. Beim Kochen dehnt sie sich aus und steigt an die Wasseroberfläche.)

Die gegarte Lunge aus dem Fond nehmen und in eine große Auflaufform legen. Mit Backpapier abdecken, einer weiteren Auflaufform (oder einem schweren Topf, Mörser o. Ä.) beschweren und für 8 bis 12 Stunden pressen.

Den Fond durch ein feines Sieb passieren, vollständig abkühlen lassen und abgedeckt kalt stellen.

Nach der Presszeit: Sonnenblumenöl in einem Topf erhitzen. Speck glasig dünsten und anschließend aus dem Topf nehmen. Butter in den Topf geben und bei mittlerer Hitze schmelzen. Mehl zugeben und unter Rühren dunkelbraun anschwitzen. Mit Essig und ca. 1,2 l vom Lungenfond auffüllen und bei schwacher Hitze 1/2 Stunde leise kochen lassen. Inzwischen die Lunge in feine Streifen schneiden.

Lungenstreifen, Cornichon-, Schalotten- und Speckwürfel zugeben und mit Piment, Cayennepfeffer, Pfeffer, Salz und Zucker würzen. Weitere 20 Minuten offen köcheln lassen.

Senf, Cornichonwasser, Schlagsahne und Zitronenschale untermischen und mit Salz abschmecken.

Die saure Lunge mit Petersilie bestreut servieren.

Dazu passt z.B. das Knödelbrot *(S. 77)*.

KALBSZUNGE MIT SÜSS-SAURER LINSEN-VINAIGRETTE

ZUTATEN für 4—6 Personen | **ZEIT** 45 Minuten (plus 2 1/2—3 Stunden Kochzeit der Zunge plus Auskühlen über Nacht)

KALBSZUNGE

1 TL Pimentkörner

3 Nelken

1 TL schwarzer Pfeffer

1 Zwiebel, mit Schale quer halbiert

1 kg Kalbszunge, vom Metzger küchenfertig vorbereitet

150 g Karotten, geschält und klein gewürfelt

100 g Knollensellerie, geschält und klein gewürfelt

100 g Lauch, geputzt und klein gewürfelt

1 TL Salz

LINSEN-VINAIGRETTE

3 Lorbeerblätter

100 g grüne Linsen

6 EL Olivenöl

3 rote Zwiebeln, geschält und fein gewürfelt

2 Knoblauchzehen, geschält und fein gewürfelt

450 ml trockener Sherry

3 EL Zucker

6—9 EL Sherryessig

700 ml Zungenbrühe, alternativ Geflügel- oder Gemüsebrühe

4 EL Rosinen

Salz, Pfeffer

3 EL kleine Kapern (am besten der Sorte Nonpareille)

2 EL Kerbel, gehackt

ANRICHTEN

INFO

Die Zunge am besten am Vortag zubereiten.

Eine Pfanne auf mittlerer Stufe erhitzen. Piment, Nelken und Pfeffer leicht anrösten, bis sie zu duften anfangen. Aus der Pfanne nehmen. Die Schnittflächen der Zwiebelhälften in der Pfanne goldbraun anrösten. (Das Rösten der Zwiebel verleiht der Brühe später eine schöne Farbe und ein leichtes Röstaroma.)

Die Kalbszunge in einem tiefen Topf mit 2 l kaltem Wasser aufsetzen. Die Zwiebel, das gewürfelte Gemüse, Piment, Nelken, Pfefferkörner und Salz zugeben und bei mittlerer Hitze ohne Deckel einmal aufkochen lassen. Die Hitze reduzieren und für ca. 2 bis 2 1/2 Stunden leise köcheln lassen.

Den Topf vom Herd nehmen und die Zunge in der Brühe über Nacht vollständig auskühlen lassen.

Am Folgetag die Zunge aus der Brühe nehmen und die Haut abziehen. Anschließend mit einem scharfen Messer in sehr dünne Scheiben schneiden. Die Linsen-Vinaigrette zubereiten.

Lorbeerblätter in einen Topf mit ca. 1 l Wasser geben und aufkochen. Die Linsen zugeben und in 15 bis 20 Minuten bissfest garen.

2 EL Olivenöl in einem kleinen Topf auf mittlerer Stufe erhitzen. Zwiebel- und Knoblauchwürfel ca. 2 Minuten glasig dünsten. Mit dem Sherry ablöschen, Zucker zugeben und um die Hälfte einkochen lassen.

6 EL Sherryessig und Zungenbrühe zugeben und erneut um die Hälfte einkochen lassen.

Den Topf vom Herd nehmen, die Rosinen zugeben und mit Salz und Pfeffer würzen. Die Vinaigrette für 5 Minuten ziehen lassen. (Die Rosinen verleihen einen süßen Kontrast zur Säure und schaffen so Balance.)

Die gegarten Linsen im Sieb abgießen. Mit Kapern, gehacktem Kerbel und dem restlichen Olivenöl in die warme Vinaigrette geben. Mit Sherryessig, Salz und Pfeffer abschmecken.

Die Zungenscheiben mit der Linsen-Vinaigrette in einer Schüssel vermengen und auf Tellern anrichten.

Die aromatische Brühe von der Kalbszunge lässt sich gut einfrieren und als Ansatz für Bohneneintopf mit Grünkohl und Schweinefuß *(S. 97)* verwenden.

GEBRATENE KALBSLEBER MIT RADICCHIO UND ORANGEN

ZUTATEN für 4 Personen | **ZEIT** 45 Minuten

ZUBEREITUNG

4 Orangen
ca. 500 ml Orangensaft, frisch
   gepresst
5 EL Zucker
ca. 10 g Ingwer, in dünne
   Scheiben geschnitten
100 g eiskalte Butter, in kleine
   Würfel geschnitten
2 Radicchio à ca. 280 g (am
   besten der Sorte Trevisano)
5 EL Olivenöl
4 Scheiben Kalbsleber à ca. 150 g,
   vom Metzger küchenfertig vorbereitet
Salzflocken
Pfeffer

Die Orangen filetieren: Hierfür das obere und untere Ende der Orange bis zum Fruchtfleisch abschneiden. Die Orange auf eine der Schnittflächen stellen und mit einem scharfen Messer schälen. Die weiße Haut dabei vollständig entfernen. Die Orangenfilets mit einem scharfen Messer zwischen den Trennhäuten herausschneiden und in eine Schüssel geben.

Nach dem Filetieren den Saft aus dem Orangenrest pressen und mit zusätzlichem frisch gepresstem Orangensaft auffüllen. Insgesamt werden 600 ml benötigt.

4 EL Zucker in einer Pfanne bei mittlerer Hitze hellbraun karamellisieren lassen. Mit dem Orangensaft ablöschen, den Ingwer zugeben und ca. 5 Minuten kochen, bis der Zucker sich aufgelöst hat. Dabei stetig rühren.

Ingwer entfernen. Die Hitze leicht reduzieren und den Orangensaft für ca. 10 Minuten einkochen lassen. Anschließend die Hitze nochmals reduzieren und die kalten Butterwürfel mit einem Schneebesen in die Sauce rühren. Sobald die Sauce eine leicht sämige Konsistenz hat, die Orangenfilets zugeben und warm halten.

Radicchio längs halbieren, abspülen, trocken schütteln und auf mehreren Lagen Küchenpapier abtropfen lassen.

Die Radicchiohälften in einer Schale mit 3 EL Olivenöl und 1 EL Zucker mischen. In einer großen Pfanne portionsweise von allen Seiten kurz und kräftig anrösten. Anschließend aus der Pfanne nehmen und warm halten.

Die Leberscheiben mit Küchenpapier trocken tupfen und dünn mit dem restlichen Olivenöl bestreichen. Anschließend in einer heißen Grillpfanne auf jeder Seite ca. 2 Minuten grillen. (Passen nicht alle Scheiben in die Pfanne, in zwei Durchgängen vorgehen.)

ANRICHTEN

Radicchio, Leber und Orangenfilets auf Tellern anrichten. Mit der Sauce beträufeln und mit Salzflocken und Pfeffer würzen.

KALBSLEBERRAGOUT MIT APFEL

ZUTATEN für 2 Personen | **ZEIT** 35 Minuten

ZUBEREITUNG

1 säuerlicher Apfel, geschält, ohne Kerngehäuse und grob gewürfelt

1 TL Zitronensaft

2 EL Butterschmalz

4 mittelgroße Kartoffeln (festkochend), am Vortag gegart und in Würfel geschnitten (1,5 cm)

2 Zwiebeln, geschält und in feine Streifen geschnitten

400 g Kalbsleber, vom Metzger gehäutet

etwas Mehl zum Panieren

3 EL Olivenöl

Pfeffer

Fleur de Sel

1 EL Butter

100 ml Portwein

100 ml Geflügelbrühe

2 EL frische Oreganoblätter

Salz

Apfelwürfel mit Zitronensaft beträufeln.

1 EL Butterschmalz in einer großen Pfanne auf mittlerer Stufe erhitzen. Die Kartoffelwürfel für 3 bis 5 Minuten goldbraun braten, gelegentlich schwenken. Die Zwiebelstreifen zugeben, durchschwenken und 2 Minuten mitbraten. Kartoffel-Zwiebel-Mischung aus der Pfanne nehmen und beiseitestellen.

Restliches Butterschmalz in der Pfanne auf mittlerer Stufe erhitzen. Die Apfelwürfel ca. 2 Minuten goldbraun braten, stetig schwenken. Anschließend ebenfalls aus der Pfanne nehmen und beiseitestellen.

Die Pfanne auswischen. Mehl auf einen Teller geben. Die Leber mit Küchenpapier trocken tupfen und quer in Streifen schneiden. Die Leberstreifen im Mehl wenden. Überschüssiges Mehl abklopfen.

Olivenöl in der Pfanne auf mittlerer Stufe erhitzen. Die Leber 3 bis 4 Minuten rundherum goldbraun anbraten. Dabei mit Pfeffer und Fleur de Sel würzen. Die Butter nach ca. 2 Minuten in der Pfanne zerlassen und die Leber damit übergießen. Die Leber aus der Pfanne nehmen und beiseitestellen.

> Wird die Leber zu heiß angebraten, wird sie von außen leicht ledrig. Falls die Leberstücke nicht nebeneinander in die Pfanne passen, besser in zwei Durchgängen anbraten.

Überschüssiges Fett aus der Pfanne gießen. Die Pfanne auf mittlerer Stufe erneut erhitzen, mit Portwein ablöschen und die Röststoffe mit einem Holzlöffel lösen. Mit der Brühe auffüllen und einmal aufkochen lassen.

Die gebratenen Apfelstücke zugeben. Die Hitze nach ca. 1 Minute leicht reduzieren und die Leber hinzufügen, kurz durchschwenken. Kartoffeln und Zwiebeln zugeben, erneut durchschwenken und für ca. 2 Minuten erwärmen. Mit 1 EL Oreganoblättern, Salz und Pfeffer würzen.

ANRICHTEN

Das Leberragout auf Tellern anrichten und mit den restlichen Oreganoblättern bestreuen. Mit Fleur de Sel und Pfeffer würzen.

GEFLÜGEL

An einer Hühnerbrühe kann ich stundenlang kochen, ohne dass mir dabei langweilig wird. Im Gegenteil: Ich stehe dann voller Begeisterung in der Küche, tüftle, probiere neue Zutaten aus, variiere die Kochzeit – bin fast ein bisschen besessen vom Wunsch, eine Brühe zu kreieren, deren Aromatik an diese einmalige Umami-Konzentration herankommt, wie ich sie früher bei meiner Oma gegessen habe.

DIE PERFEKTION DES EINFACHEN

Kein Lebensmittel ist in seiner Einfachheit so kompliziert wie Geflügel. Bei den meisten Gerichten mit Huhn, Ente, Gans oder Fasan (Details zu Arten und Rassen *ab Seite 268)* können sich schon Nuancen in der Zubereitung extrem auswirken.

Bestes Beispiel: Ein Brathähnchen kriegt jeder irgendwie hin, zur Not besorgt man es sich beim Imbiss um die Ecke. Ein Brathähnchen aber auf den Punkt saftig und zart zu bekommen, mit einer wunderbar gleichmäßigen und krossen, dunkel-goldenen Haut und ohne dass die Brust schon austrocknet oder die Keulen innen noch blutig sind – das erfordert viel Erfahrung und extrem viel Begeisterung fürs Produkt.

Bei Geflügel kommt es auf Präzision an, die macht das Endprodukt nämlich in der Regel gleich um ein Vielfaches besser.

Andersrum gesagt: Ein Steak ist am Ende immer ein Steak, die Röstaromen kaschieren da auch mal eine Minute zu viel oder zu wenig auf dem Grill. Bei Geflügel aber kommt es auf Präzision an, die macht das Endprodukt nämlich in der Regel gleich um ein Vielfaches besser.

Es ist die Suche nach dieser Perfektion des scheinbar Einfachen, die mir seit ein paar Jahren den Kick gibt, mich extrem intensiv mit Geflügel zu beschäftigen. An der Technik, Brust und Keule wunderbar saftig zu bekommen, habe ich zum Beispiel ewig gefeilt. Was habe ich da nicht alles probiert – habe den Hühnern Butter unter die Haut geschoben oder sie 24 Stunden in einer Apfelsaft-Wasser-Marinade ziehen und danach im Kühlhaus trocknen lassen.

INTUITION IST ALLES

Zum Glück lohnt sich der ganze Aufwand aber. Ich glaube jedenfalls, dass ich dem perfekten Brathähnchen mittlerweile schon ziemlich nahe gekommen bin *(S. 273)*. Und eine Hühnerbrühe, die mit Detailversessenheit und Liebe gekocht ist, bedient für mich alles, was ich von Essen erwarte: In ihr schmecke ich Aromen voller Wärme, Tiefe und Umami *(S. 270)*.

Geflügel steht deshalb wie keine andere Zutat und kein anderes Lebensmittel für eine meiner wichtigsten Küchenüberzeugungen: Für »Trial and Error«, fürs Ausprobieren. Dafür, dass jeder Koch sein eigenes Bauchgefühl entwickeln muss und dass sich das kontinuierliche Probieren, Scheitern und Aufs-Neue-Versuchen in der eigenen Küche hundertmal mehr lohnt als jeder Kochkurs.

Eine Jus, einen konzentrierten Fleischfond, koche ich mit verbundenen Augen, und meine Lieblingsgartechnik, das Schmoren, beherrsche ich perfekt – das sage ich jetzt einfach mal so. An der Hühnerbrühe und an Geflügelgerichten generell können Köche meiner Meinung nach aber ein Leben lang arbeiten und dabei jedes Mal einen neuen Twist kennenlernen. Das Endprodukt auf dem Teller wird dabei zwar immer simpel bleiben, doch erst in der Präzision der Zubereitung wird es zum echten Hochgenuss.

WELCHES GEFLÜGEL IST DAS INTERESSANTESTE?

Eine kurze Geschichte des Huhns

Der Weg des **Huhns** zum Nahrungsmittel ist so unglaublich, dass ich kurz von ihm erzählen muss. Grob geht die Geschichte so:

Weil im Zweiten Weltkrieg der Großteil des US-Rind- und -Schweinefleisches für die Versorgung der Soldaten benötigt wurde, blieb davon für die Zivilbevölkerung kaum etwas übrig. Zum ersten Mal begannen die Amerikaner damals, in größeren Mengen Hühnerfleisch zu essen.

Als der Krieg vorbei war, fürchteten die Geflügelfarmer um ihre dicken Gewinne. Sie starteten eine PR-Kampagne und bewarben Hühnerfleisch in den USA und in Europa. Außerdem züchteten sie neue, schnell wachsende Hühnerrassen mit extrem großen, fleischigen Brüsten.

Was damals noch niemand ahnen konnte: Rund 75 % der 20 Milliarden Fleischhühnchen, die heute in Mastbetrieben auf allen fünf Kontinenten leben, stammen von einem 1950 gezüchteten US-Superhuhn ab. Der Hühnerkonsum ist seit der Erfindung dieser neuen Art geradezu explodiert: Mittlerweile liegt er bei weltweit rund 800 Millionen Tonnen Hühnerfleisch pro Jahr.

Natürlich funktioniert diese globale Massenproduktion nur mit beinahe totaler Effizienz – vom genetisch angezüchteten Fleischansatz bis hin zur Fütterung. Nur noch um die fünf Wochen dauert heute die Aufzucht eines 2,5-Kilo-Tieres, das später zu Teilstücken, vor allem zu Brust und Schenkel, verarbeitet wird. Ein Tier, das im Ganzen als Brathähnchen verkauft wird, brauchte oft sogar eine Woche weniger, um sein Schlachtgewicht von 1,5 Kilogramm zu erreichen.

Doch eine solche Effizienz geht immer zulasten von Geschmack und Charakter des Fleisches. Das Prinzip ist dasselbe wie bei Rind oder Schwein *(S. 176 f.)*: Schnell wachsendes, mageres helles Muskelfleisch entwickelt grundsätzlich relativ wenig eigenständiges Aroma.

Und genau darin liegt meiner Überzeugung nach das Imageproblem von Geflügel. Wenn heute jemand sagt: »Es gibt Huhn«, denkt jeder automatisch ans Nullachtfünfzehn-Hähnchen. Noch krasser: Die meisten denken sogar gleich ans ausgelöste, gebratene Hühnerbrustfilet. Ich will beim Thema Geflügel aber auf etwas anderes heraus: Ich bevorzuge immer das ganze Tier.

Ente, Huhn, Gans oder Wildvogel sind visuell sehr tierische Produkte – zunächst schlicht deshalb, weil man oft noch im Ofen oder im Topf das ganze Tier erkennen kann. Es sind aber auch Produkte, zu denen viele von uns einen besonders intensiven Bezug haben. Ich erinnere mich noch genau daran, wie ich als Kind die Haut eines Brathähnchens immer zuerst gegessen habe und wie ich danach das saftige Fleisch mit den Fingern von den Knochen gelöst habe. Das Gleiche habe ich letztes Jahr im Mallorca-Urlaub gemacht. Ich habe auf dem Markt ein gebratenes Huhn gekauft, habe die Haut direkt gegessen und mir aus dem Fleisch später einen Salat gemacht. Und die Erfahrung war mindestens so gut wie früher. ▶

Wenn heute jemand sagt: »Es gibt Huhn«, denkt jeder automatisch ans Nullachtfünfzehn-Hähnchen. Noch krasser: Die meisten denken sogar gleich ans ausgelöste, gebratene Hühnerbrustfilet. Ich will beim Thema Geflügel aber auf etwas anderes heraus: Ich bevorzuge immer das ganze Tier.

▶ Entenbraten und Brathähnchen sind für mich extrem emotionale Lebensmittel. An ihren intensiven Geruch, ihre Haptik und Optik, an ihre Saftigkeit beim Tranchieren kommt für mich kein anderes tierisches Produkt heran. Mir geht es bei Geflügel mittlerweile vor allem um den Genuss, nicht mehr nur ums Sattwerden. Wenn wir es in der Küche wieder mehr mit ganzen Tieren und den richtigen Rassen zu tun bekommen werden – mit Hühnern und Enten, die aus vernünftiger Haltung stammen und die lange genug gelebt haben –, dann werden wir Geflügel auch zunehmend wieder als hochwertiges Lebensmittel begreifen. Denn seien wir ehrlich: Dieses Verständnis ist den meisten von uns verloren gegangen.

Besondere Rassen und Haltungsformen

Das beste Beispiel für diese Emotionalität ist für mich ein französisches **Label-Rouge-Huhn.** Dass man es mit einem natürlichen Produkt zu tun hat, sieht man schon beim Blick in die Kühltheke – Kopf und Füße bleiben beim Label-Rouge dran.

Die Tiere stammen aus alten Rassen, wachsen im Freien auf und benötigen mindestens 11 1/2 Wochen, um ihr Schlachtgewicht zu erreichen. Gerade beim Kochen mit diesen Hühnern spüre ich eine Begeisterung fürs Produkt, wie ich sie bis vor ein paar Jahren gar nicht mehr kannte. Das Gleiche gilt für **Bresse-Hühner.** Die dürfen sogar 4 Monate lang wachsen, also sechzehn Mal so lange wie ihre gemeinen Brathähnchenverwandten.

Das **Perlhuhn** stammt ursprünglich aus Afrika und gehört streng genommen zum Wildgeflügel. Weil es heute aber nicht gejagt, sondern gezüchtet wird, rechnet man es eher zur Klasse der Hühner, mit denen es auch verwandt ist. Die großen Tiere, die mit ihrer kompakten Form entfernt an Pfauen erinnern, können aber nicht im Stall gehalten werden, sie brauchen Auslauf und müssen fliegen können.

Ihr Fleisch ist deshalb dunkler und schmeckt charakterstärker und kräftiger als das der meisten Hühnerrassen. Gerade geschmort entwickelt es eine einzigartige Umami-Aromatik.

Maispoularden (oder Maishühnchen) werden zu mindestens 50 % mit Mais gefüttert, daher kommt auch der deutliche Gelbstich ihrer Haut- und Fleischfarbe. Maispoularden, etwa des Labels »Kikok« (der Fantasiename ist eine Mischung aus »Kikeriki« und »Coq«), wachsen langsamer auf als konventionell gezüchtete Tiere und bekommen insgesamt qualitativ hochwertigeres Futter zu fressen. Kombiniert mit einem ordentlichen Auslauf macht das ihr Fleisch besonders aromatisch und fest.

Enten und Gänse (eine Unterfamilie der Entenvögel) sind Zugvögel, in freier Natur können sie an einem Tag und am Stück mehrere hundert Kilometer fliegen. In den Muskeln, die ihre Flügel antreiben, steckt vergleichsweise viel Myoglobin – damit sie besonders viel Sauerstoff aufnehmen können *(S. 176)*. Auch das Fleisch ihrer domestizierten Artgenossen schmeckt deshalb noch besonders aromatisch, es ist aber auch deutlich kerniger und spröder als zum Beispiel das eines Huhns. Dieses Fleisch (zum Beispiel aus den Keulen einer Ente) wird besonders zart,

Wenn wir es in der Küche wieder mehr mit ganzen Tieren und den richtigen Rassen zu tun bekommen werden – mit Hühnern und Enten, die aus vernünftiger Haltung stammen und die lange genug gelebt haben –, dann werden wir Geflügel auch zunehmend wieder als hochwertiges Lebensmittel begreifen.

wenn man es als »Confit« zubereitet – also in Salzlake einlegt und danach bei moderater Hitze mehrere Stunden lang in Fett gart. Ich empfehle jedem, sich mit diesem alten Rezept, das einst dazu diente, die Haltbarkeit zu verlängern, zu beschäftigen *(S. 274)*. Ich kenne keinen besseren Weg, das eigene Verständnis für dieses wunderbare Lebensmittel zu schärfen.

Das sehr magere Fleisch von Wildgeflügel wie **Fasan, Wachtel oder Rebhuhn** erfordert eine hohe Sensibilität bei der Zubereitung. Auf keinen Fall darf es zu lange zu heißen Temperaturen ausgesetzt werden. Perfekt ist auch dieses Fleisch für mich in seiner Schlichtheit. Eine Chichi-Wachtel im Sterneladen interessiert mich nicht besonders. Eine Wachtel beim Portugiesen – einfach nur auf den Grill gepackt – hat mich noch jedes Mal umgehauen.

Geflügel kaufen: eine Frage der Haltung

Die Qualität von Geflügel hängt fast komplett von der Haltung der Tiere ab. Mit Label-Rouge-Hühnern, Kikok-Masthähnchen und einigen anderen Qualitätssiegeln liegt man so gut wie immer richtig – nur bekommt man sie nicht überall. Meiner Erfahrung nach findet man wirklich gutes Geflügel nur selten im Supermarkt. Deshalb lohnt es sich, in der Umgebung nach guten Züchtern Ausschau zu halten – oft bieten die ihre artgerecht gehaltenen Hühner auch auf Wochenmärkten an. Ich achte seit einiger Zeit außerdem auf das Prädikat »Zweitnutzungsrassen« – bei diesen Rassen werden nicht nur die Weibchen zu Legehennen, sondern auch die Männchen zu Masthähnchen aufgezogen (ansonsten werden männliche Küken häufig direkt nach dem Schlüpfen getötet). Informationen dazu gibt es zum Beispiel auf der Website der Initiative »Bruderhahn«: www.bruderhahn.de.

Das sehr magere Fleisch von Wildgeflügel wie Fasan, Wachtel oder Rebhuhn erfordert eine hohe Sensibilität bei der Zubereitung.

HÜHNERBRÜHE

ZUTATEN für 4 Personen | **ZEIT** 2 1/2 Stunden

ZUBEREITUNG

1 Suppenhuhn à ca. 2 kg
1 Gemüsezwiebel
1 Bund Suppengrün (Lauch,
  Sellerie, Möhre), geputzt,
  geschält, gewaschen und mit
  Küchengarn zusammengebunden
3 Lorbeerblätter
1 TL schwarze Pfefferkörner
1 TL Pimentkörner
1 EL Salz
1 TL Zucker
10 g Ingwer, in feine Scheiben
  geschnitten
2 Nelken
2—3 Zweige Thymian
4 Stiele Petersilie
Salz
Pfeffer zum Abschmecken

Das Huhn von innen und außen unter fließendem, kaltem Wasser abspülen, anschließend trocken tupfen.

Die Zwiebel samt Schale quer halbieren. Anschließend in einer heißen Pfanne ohne Fett auf den Schnittflächen goldbraun rösten.

Das Huhn in einen großen Topf geben und mit ca. 4 l kaltem Wasser bedecken. Langsam aufkochen lassen und dabei ggf. den Schaum an der Oberfläche abschöpfen.

Die Hitze reduzieren, das vorbereitete Suppengrün, die Zwiebelhälften sowie die übrigen Gewürze und Kräuter zugeben und bei niedriger Hitze für 1 1/2 bis 2 Stunden leise köcheln lassen.

Das Huhn und das Suppengrün mit einer Schaumkelle aus der Brühe heben. Die Brühe bei Bedarf einkochen und mit Salz und Pfeffer würzen. Anschließend durch ein feines Sieb passieren. (Wer kein feines Sieb hat, kann auch ein normales Sieb mit einem Passiertuch auslegen.)

ANRICHTEN

Die Suppe sofort servieren oder weiterverarbeiten.

TIPP

Sie können die Brühe auch heiß in sterilisierte Einmachgläser füllen, abkühlen lassen und im Kühlschrank aufbewahren oder abgekühlt in Beutel füllen und einfrieren. So hält sie sich mehrere Monate.

Das gegarte Hühnerfleisch kann bei folgenden Rezepten verwendet werden: Hühnerkroketten *(S. 292)*, Argis Hühnersuppe *(S. 368)*, Gebratene Spitzpaprika mit Hühnerfleisch *(S. 61)*.

DAS BRATHUHN

ZUTATEN für 4 Personen | **ZEIT** 70 Minuten (plus 24 Stunden Marinierzeit)

ZUBEREITUNG

1 Maishuhn à ca. 1,4 kg
500 ml naturtrüber Apfelsaft
60 g Salz
1 Bio-Zitrone
2 Zweige Rosmarin
3–4 EL Olivenöl

Das Huhn unter fließendem kaltem Wasser von innen und außen abwaschen und anschließend trocken tupfen.

Für die Lake den Apfelsaft, 500 ml Wasser und Salz in eine große Schüssel gießen und mit einem Schneebesen so lange verrühren, bis sich das Salz aufgelöst hat.

> Jetzt haben Sie eine sogenannte Salzlake, auch »Brine« genannt, hergestellt. Das Fleisch saugt während des Marinierens Flüssigkeit auf und gibt sie beim Garen nicht vollständig wieder ab. Dadurch wird das Fleisch ganz langsam von innen und außen gewürzt. Nach dem Garen ist es zudem viel saftiger.

Lake und Huhn in einen großen Gefrierbeutel geben und ohne Lufteinschlüsse fest verschließen. Den Beutel zur Sicherheit in einen Topf oder eine Schale geben und das Huhn für 24 Stunden im Kühlschrank marinieren.

Nach dem Marinieren:
Den Backofen auf 180 °C Ober-/Unterhitze vorheizen.

Die Zitrone waschen, trocken tupfen und die Schale mit dem Sparschäler dünn abschälen. Das Huhn aus der Lake nehmen, trocken tupfen und mit den Rosmarinzweigen und der Zitronenschale füllen. Jetzt jeweils die Keulen und Flügel mit Küchengarn zusammenbinden. Das Huhn rundherum mit Olivenöl einpinseln, in eine ofenfeste Form geben und 50 bis 60 Minuten im Ofen (zweite Schiene von unten) garen.

ANRICHTEN

Das Huhn aus dem Ofen nehmen, in Stücke teilen und servieren.

GÄNSEKEULEN-CONFIT

ZUTATEN für 4 Personen | **ZEIT** 3 Stunden

ZUBEREITUNG

500 g Gänseschmalz
4 Gänsekeulen à ca. 500 g
Salz
Olivenöl
1 EL Koriandersaat
3 Sternanis
10 Wacholderbeeren
5 Lorbeerblätter
3 breite Streifen Bio-Orangen-
   schale

Den Backofen auf 160 °C Ober-/Unterhitze vorheizen.

Das Gänseschmalz in einem ofenfesten großen Topf bei geringer Temperatur schmelzen lassen, anschließend vom Herd nehmen.

Die Gänsekeulen trocken tupfen. Rundherum mit Salz würzen und in das Gänseschmalz legen. Mit Olivenöl auffüllen, bis die Keulen vollständig bedeckt sind. Die Gewürze und die Orangenschale zugeben und den Topf bei geringer Hitze erwärmen.

Einen Bogen Backpapier auf Topfgröße zuschneiden und auf das Fett legen.

Die Temperatur etwas erhöhen, das Fett einmal leicht blubbernd aufkochen und den Topf anschließend für 2 1/2 bis 3 Stunden in den Ofen schieben (zweite Schiene von unten).

Machen Sie nach 2 1/2 Stunden eine Garprobe: Drücken Sie mit dem Finger oder mit einem Löffel in die Keule. Die Fasern sollten sich leicht und ohne Widerstand lösen lassen.

Sie können das Confit auch zusätzlich goldbraun grillen, dazu den Backofen auf 240 °C vorheizen. Die Gänsekeulen mit einer Schaumkelle aus dem Fett heben, abtropfen lassen, mit der Hautseite nach oben auf ein Backblech legen und 10 bis 15 Minuten unter dem Backofengrill goldbraun grillen (auf der mittleren Schiene). Dabei darauf achten, dass sie nicht zu dunkel werden.

INFO

Beim Confieren wird das Fleisch über einen längeren Zeitraum im eigenen Fett gegart. Das gegarte Fleisch wird vom Knochen gelöst und in kleine Stücke gezupft. Traditionell wird es dann mit dem Fett (Schmalz) vermengt und in Steinguttöpfe gefüllt. Die Oberfläche wird mit Fett bedeckt. Das Confit ist kalt eingelagert mehrere Monate haltbar. Sie können die Keulen aber auch sofort und pur essen oder weiterverarbeiten zu Gänsekeulen-Confit auf geröstetem Landbrot *(S. 277)*.

TIPP

Die Gänsekeulen können auch schon am Vortag rundherum eingesalzen werden.

Dazu passt Rotkohl *(S. 93)*.

GÄNSEKEULEN-CONFIT AUF GERÖSTETEM LANDBROT

ZUTATEN für 2—4 Personen | **ZEIT** 25 Minuten (plus Confieren)

ZUBEREITUNG

1 Bund Frühlingszwiebeln, gewaschen

2 confierte Gänsekeulen, im Ganzen *(S. 274)*

3—4 EL geschmolzenes Gänseschmalz, vom Confieren

2 EL Sojasauce

Pfeffer

1/2 TL Korianderkörner, im Mörser grob zerstoßen

2 EL Olivenöl

4 Scheiben helles Landbrot

Wurzelansatz und ca. 5 cm vom dunkelgrünen Teil der Frühlingszwiebeln abschneiden. Anschließend in feine Ringe schneiden.

Die Gänsekeulen mit einer Schaumkelle aus dem Fett heben und auf Küchenpapier abtropfen lassen.

Die Haut entfernen und das Fleisch vom Knochen lösen, mit zwei Gabeln in kleine Stücke zupfen und in eine Schüssel geben. Mit Gänseschmalz, Sojasauce, Pfeffer und Koriander würzen und gut vermengen. Die Frühlingszwiebeln unterheben.

Olivenöl in einer Pfanne auf niedriger Stufe erhitzen. Die Brotscheiben darin von beiden Seiten goldbraun rösten. Aus der Pfanne nehmen und auf Küchenpapier abtropfen lassen.

ANRICHTEN

Das gezupfte Gänsekeulen-Confit auf den Brotscheiben verteilen und servieren.

BBQ-ENTE MIT GESALZENEN KIRSCHEN

ZUTATEN für 4 Personen | **ZEIT** 2 1/2 Stunden (plus 6 Stunden Einsalzen)

ENTE

1 Ente à ca. 1,8—2 kg
Salz
6 EL Sojasauce
1 EL Weißweinessig
1/2 TL geräuchertes Paprikapulver
1/2 TL Cayennepfeffer

BBQ-SAUCE

5 EL Hoisinsauce
7 EL Ketchup
2 EL Sojasauce
3 EL Ahornsirup
1 1/2 TL Apfelessig
1 TL Cayennepfeffer
1 1/2 TL geräuchertes Paprikapulver
1/2 TL Salz
Pfeffer

KIRSCHEN

500 g Kirschen
1 EL Zucker
10 g Salz
3 EL Himbeeressig

ANRICHTEN

Die Ente mehrere Stunden vorher vorbereiten. Hierfür den Vogel von innen und außen unter kaltem, fließendem Wasser abbrausen. Anschließend mit einem Küchentuch trocken reiben und ggf. übrige Federkiele entfernen.

Auf die Brustseite legen und die Flügelknochen mit Küchengarn zusammenbinden. Dann rundherum großzügig mit Salz einmassieren, mit der Brustseite nach oben in eine flache Form geben, mit einem Stück Küchenpapier bedecken und für mindestens 6 Stunden, am besten aber über Nacht, in den Kühlschrank stellen.

Die Ente mindestens 1 Stunde vor der Zubereitung aus dem Kühlschrank nehmen. Dann den Backofen auf 180 °C Ober-/Unterhitze vorheizen. Das Backblech auf die unterste Schiene des Ofens schieben.

Sojasauce, Weißweinessig, Paprikapulver, Cayennepfeffer und 2 EL Wasser zu einer Marinade verrühren. Die Ente rundherum damit einpinseln. Einen Teil der Marinade übrig lassen. Anschließend mit der Brustseite nach oben auf den Grillrost des Backofens setzen und diesen auf die mittlere Schiene des Backofens schieben (über das Backblech).

Die Ente für 2 Stunden backen. Dabei zwei Mal im Abstand von ca. 30 Minuten mit der restlichen Marinade einpinseln, um 180 Grad drehen und weiterbacken. Den Ofen nach Ende der Garzeit auf Grillfunktion (240 °C) umstellen und für 5 bis 10 Minuten knusprig grillen.

BBQ-Sauce:
Während die Ente gart, die BBQ-Sauce zubereiten: Alle Zutaten für die BBQ-Sauce in einer Schüssel verrühren.

Die Kirschen (am besten mit einem Kirschentkerner) entkernen, in einer großen Schüssel mit Salz und Zucker würzen und mit den Händen gut vermengen. Für ca. 30 Minuten ziehen lassen, anschließend Himbeeressig zugeben und gut vermengen.

Die gebackene Ente aus dem Ofen nehmen und für 5 bis 8 Minuten ruhen lassen, anschließend nach Belieben portionieren und zusammen mit den Kirschen und der BBQ-Sauce servieren.

GEGRILLTE HÜHNERKEULEN MIT APFEL-SELLERIE-SALAT

ZUTATEN für 4 Personen | **ZEIT** 40 Minuten (plus 1 Stunde Marinierzeit)

APFEL-SELLERIE-SALAT

1 Chicorée à ca. 200 g
250 g Knollensellerie, geschält
2 grüne Äpfel (z.B. Granny Smith)
Saft von 1 Zitrone
120 g griechischer Joghurt
50 g Mayonnaise
Salz
Pfeffer

HÜHNERKEULEN

Saft von 1/2 Zitrone
4 EL Olivenöl
Salzflocken
1 EL edelsüßes Paprikapulver
2 EL flüssiger Honig
Pfeffer
4 Hühnerkeulen à ca. 300 g, ohne
   Knochen und mit Haut (das
   macht der Metzger)
1 EL Butter

ANRICHTEN

2 EL Rauchmandeln, fein gehackt
   (alternativ andere gesalzene
   Nüsse)

Den Chicorée längs halbieren, den sehr bitteren Strunk keilförmig entfernen und die Blätter in feine Streifen schneiden.

Den geschälten Sellerie sowie die Äpfel (ohne Kerngehäuse) in sehr dünne Scheiben hobeln oder schneiden. Die Scheiben längs in feine Streifen schneiden.

Zitronensaft, Joghurt und Mayonnaise in einer großen Schüssel verrühren. Chicorée-, Apfel- und Selleriestreifen unterheben und mit Salz und Pfeffer würzen. Den Salat eine Stunde durchziehen lassen.

Für die Marinade Zitronensaft, Olivenöl, eine Prise Salzflocken, Paprikapulver und Honig in einer Schüssel glatt rühren und mit Pfeffer würzen.

Die Hühnerkeulen in die Marinade legen und diese ca. 2 bis 3 Minuten mit den Händen einmassieren. Anschließend mindestens 10 Minuten ruhen lassen.

Eine Grillpfanne auf mittlerer Stufe erhitzen. Die Hühnerkeulen mit der Hautseite nach unten in die Pfanne legen und ca. 10 bis 12 Minuten grillen, dabei zwei Mal wenden. Beim Wenden um 180 Grad drehen, sodass ein schönes Grillmuster entsteht. Kurz vor Ende der Garzeit die Butter in der Pfanne zerlassen und die Keulen darin wenden. Aus der Pfanne nehmen und mit Salzflocken würzen.

Je nach Pfannengröße sollten Sie das Fleisch in zwei Durchgängen braten. Die fertig gegarten Hühnerkeulen können bis zum Servieren bei 80 °C im Ofen warm gehalten werden.

Die Keulen mit dem Salat auf Tellern anrichten. Den Salat mit den gehackten Rauchmandeln bestreuen.

CHEESE WAGON

GEBRANNTES HOISIN-HUHN

ZUTATEN für 4 Personen | **ZEIT** 1 Stunde (plus 24 Stunden Marinierzeit)

ZUBEREITUNG

1 ganzes (Brat-)Huhn à
 1,4—1,6 kg
60 g Salz
5 EL Hoisinsauce
5 EL Sonnenblumenöl
1/2 EL edelsüßes Paprikapulver

Das Huhn unter fließendem, kaltem Wasser von innen und außen abwaschen und anschließend trocken tupfen.

Für die Lake das Salz in 1 l Wasser verrühren, bis es sich aufgelöst hat.

Jetzt haben Sie eine sogenannte Salzlake, auch »Brine« genannt, hergestellt. Das Fleisch saugt während des Marinierens Flüssigkeit auf und gibt sie beim Garen nicht vollständig wieder ab. Dadurch wird das Fleisch ganz langsam von innen und außen gewürzt. Nach dem Garen ist es zudem viel saftiger.

Lake und Huhn in einen großen Gefrierbeutel geben und ohne Lufteinschlüsse fest verschließen. Den Beutel zur Sicherheit in einen Topf oder eine Schale geben und für 24 Stunden im Kühlschrank marinieren.

Nach dem Marinieren den Backofen auf 180 °C Ober-/Unterhitze vorheizen.

Hoisinsauce, Öl und Paprikapulver in ein hohes Gefäß geben und mit einem Mixstab verquirlen, bis sie sich zu einer Emulsion verbunden haben.

Das Huhn aus der Lake nehmen, trocken tupfen und rundherum mit der Hoisin-Marinade einpinseln. In eine ofenfeste Auflaufform legen und 40 Minuten in den Ofen schieben (zweite Schiene von unten). Die Temperatur auf 200 °C erhöhen und weitere 15 bis 20 Minuten zu Ende garen.

ANRICHTEN

Das Huhn aus dem Ofen nehmen, kurz ruhen lassen, portionieren und servieren.

MAISPOULARDENBRUST MIT OLIVENBUTTER

ZUTATEN für 4 Personen | **ZEIT** 50 Minuten

ZUBEREITUNG

80 g Taggiasca-Oliven, entsteint,
alternativ andere ungefärbte
schwarze Oliven

1 Knoblauchzehe, geschält

100 g kalte Butter, gewürfelt

Salz

Pfeffer

4 Maispoulardenbrüste Supreme
(Brustfleisch mit Haut und Flügelknochen)

3 EL Olivenöl

50 ml Weißwein

3 EL Buschbasilikum, fein gehackt, alternativ herkömmliches
Basilikum

2 Tomaten, sehr fein gehackt

Fleur de Sel

Entsteinte Oliven, geschälte Knoblauchzehe und Butter in der Küchenmaschine fein pürieren und mit Salz und Pfeffer würzen. Die Olivenbutter in einen
Spritzbeutel füllen.

Die Flügelknochen der Maispoularden mit einem kleinen Messer säubern. Die
Haut vorsichtig mit einem Kochlöffelstiel vom Brustfleisch lösen.

Die Olivenbutter gleichmäßig unter die gelöste Haut spritzen und mit den
Händen so verstreichen, dass die Butter sich unter der Haut verteilt.

Den Backofen auf 160 °C Ober-/Unterhitze vorheizen. Den Boden einer ofenfesten Auflaufform dünn mit ca. 1 EL Olivenöl einpinseln.

Die vorbereiteten Maispoulardenbrüste mit der Hautseite nach unten in die
Form legen, die Fleischseite mit Salz und Pfeffer würzen und mit dem Weißwein angießen. Die Form für 15 bis 20 Minuten in den vorgeheizten Backofen
schieben (zweite Schiene von unten). Anschließend die gegarten Maispoularden aus der Form nehmen und die Hautseite mit einer doppelten Lage
Küchenpapier trocken tupfen.

Restliches Olivenöl in einer großen Pfanne auf mittlerer Stufe erhitzen. Die
Maispoularden auf der Hautseite für 3 bis 4 Minuten knusprig anbraten, wenden und die Pfanne vom Herd nehmen.

Die gebratenen Maispoularden auf das Arbeitsbrett legen und kurz ruhen
lassen. Das gehackte Basilikum und die gehackten Tomaten zum Bratensaft in
die Pfanne geben und einrühren.

ANRICHTEN

Die Maispoularden auf der Hautseite mit Fleur de Sel würzen und nach Belieben portionieren. Mit etwas Bratensaft auf Tellern anrichten.

TIPP

Um den Geschmack der Maispoulardenbrüste zu intensivieren, kann man
sie nach dem Einschmieren für eine Stunde ziehen lassen. Die Gewürzbutter
dient hier als natürlicher Geschmacksverstärker. Experimentieren Sie ruhig
auch mit anderen Kräutern und Gewürzen.

GEBRATENE ENTENBRUST MIT CURRY-MÖHREN UND MELONE

ZUTATEN für 4 Personen | **ZEIT** 35—40 Minuten

ZUBEREITUNG

1 kleine Melone (Charentais oder
   Cantaloupe)
Saft von 1 Limette
2 Entenbrüste à ca. 330 g, am
   besten von der männlichen
   Barbarie-Ente
4 EL Olivenöl
1 Bund schlanke Möhren, geschält
   und gewaschen, das Grün bis
   auf 2 cm abgeschnitten (dickere
   Möhren längs halbieren)
Salz
1/2 Zimtstange
1—2 TL mildes Currypulver
Pfeffer
1 EL Butter

Die Melone halbieren und mit einem Löffel entkernen. Mit einem Kugelausstecher kleine Kugeln aus dem Fruchtfleisch ausstechen. In einer Schüssel mit dem Limettensaft mischen.

1 l Wasser in einem großen Topf mit Dämpfeinsatz zum Kochen bringen.

Die Fleischseite der Entenbrüste mit einem scharfen Messer von Sehnen und Fett befreien.

Das Fleisch anschließend mit der Hautseite nach oben in den Dämpfeinsatz legen. Für ca. 15 Minuten bei mittlerer Hitze und mit geschlossenem Deckel dämpfen. Nach der Hälfte der Zeit einmal wenden.

> Wer keinen Dämpfeinsatz hat, kann auch eine umgedrehte Metallschale auf den Topfboden stellen und einen flachen Teller daraufsetzen. Auf diesen legt man das Fleisch. Es sollte aber nicht mit dem Wasser in Kontakt kommen.

In der Zwischenzeit die Möhren zubereiten: 2 EL Olivenöl in einer tiefen Pfanne (mit Deckel) erhitzen. Die vorbereiteten Möhren ca. 5 Minuten andünsten, dabei gelegentlich schwenken und leicht salzen.

Die Zimtstange zugeben und mit so viel Wasser auffüllen, dass die Möhren knapp bedeckt sind. Zugedeckt bei mittlerer Hitze garen lassen. Nach 5 Minuten die Zimtstange entfernen und weitere 5 Minuten zugedeckt garen. Sind die Möhren bissfest und leicht glasiert, die Hitze etwas reduzieren, das Currypulver untermischen und zugedeckt warm halten.

Die Entenbrüste aus dem Dämpfer nehmen und mit Küchenpapier trocken tupfen. Die Hautseite großzügig mit Salz und Pfeffer würzen.

Das restliche Olivenöl in einer Pfanne auf mittlerer Stufe erhitzen. Die Hautseite der Entenbrüste ca. 5 Minuten goldbraun braten. Wenden, die Butter zugeben und weitere 2 bis 3 Minuten braten. Dabei mehrmals mit der schäumenden Butter übergießen.

ANRICHTEN

Aus der Pfanne nehmen und kurz ruhen lassen. Anschließend längs aufschneiden und mit den Möhren und den Melonenkugeln auf Tellern anrichten.

TIPP

Die süße Fruchtkomponente ist für dieses Gericht sehr wichtig. Die Melone lässt sich wunderbar durch leicht karamellisierte Apfel- oder Birnenstücke ersetzen. Probieren Sie ruhig mal eine »alte« Apfelsorte von Streuobstwiesen.

PERLHUHNFRIKASSEE

ZUTATEN für 4 Personen | **ZEIT** 2 1/2 Stunden

ZUBEREITUNG

200 g frische Perlzwiebeln

1 Perlhuhn à ca. 1,4 kg

2 l Wasser

200 g Möhren, geschält

100 g Knollensellerie, geschält

100 g Lauch, nur den hellen Teil,
   geputzt

1 Lorbeerblatt

Salz

Zucker

15 g getrocknete Morcheln

200 g Kräuterseitlinge, alternativ
   braune Champignons

2 EL Olivenöl

50 g Butter

50 g Mehl

100 ml süße Sahne, steif
   geschlagen

Salz

Pfeffer

Cayennepfeffer

Muskatnuss

Saft von einer 1/2 Zitrone

Die Perlzwiebeln für ca. 10 Minuten in lauwarmes Wasser legen und anschließend schälen.

Das Perlhuhn von innen und außen gründlich unter kaltem, fließendem Wasser abspülen, anschließend trocken tupfen.

Das Perlhuhn mit dem Wasser, den geschälten Möhren und dem geschälten Sellerie, dem geputzten Lauch, dem Lorbeerblatt sowie 2 TL Salz und einer Prise Zucker in einen hohen Topf geben. Bei mittlerer Hitze offen aufkochen, die Hitze reduzieren und für 1 1/4 Stunde sanft köcheln lassen.

Anschließend das Perlhuhn aus dem Topf heben und die Brühe durch ein feines Sieb passieren. 750 ml von der Hühnerbrühe abmessen und beiseitestellen. Das Fleisch noch warm von Haut und Knochen lösen und in kleine Stücke schneiden.

Morcheln für 10 Minuten in 150 ml heißem Wasser einweichen. Das Einweichwasser anschließend durch ein Teesieb gießen und auffangen.

Die Kräuterseitlinge in grobe Scheiben schneiden. Olivenöl in einer Pfanne erhitzen und zuerst die Perlzwiebeln leicht anbraten, dann die Pilze zufügen und zusammen goldbraun braten. Die Pfanne vom Herd nehmen. Butter in einem Topf schmelzen, das Mehl zufügen und mit einem Schneebesen einrühren. Hühnerbrühe und Morchelwasser zugeben und einrühren. Morcheln, Perlzwiebeln und Kräuterseitlinge zugeben und bei geringer Hitze 15 bis 20 Minuten garen und dabei leicht sämig einkochen.

Die steif geschlagene Sahne mit einem Löffel unterheben, mit Salz, Pfeffer, Cayennepfeffer und Muskatnuss abschmecken. Das Hühnerfleisch zugeben und für 3 bis 5 Minuten auf kleinster Stufe erwärmen.

ANRICHTEN

Das Frikassee mit Zitronensaft abschmecken und servieren.

TIPP

Die übrige Hühnerbrühe kann man gut einfrieren oder zum Beispiel für folgende Rezepte verwenden: Blumenkohlrisotto *(S. 100)*, Kürbiscremesuppe, *(S. 132)*, Bologneser Ragout *(S. 211)*.

HÜHNERKROKETTEN

ZUTATEN für 4 Personen | **ZEIT** 30—40 Minuten (plus 30 Minuten Abkühlzeit)

BÉCHAMELSAUCE

60 g Butter
1 Zwiebel, geschält und
  fein gewürfelt
60 g Mehl
500 ml Milch

Butter in einem großen Topf erhitzen. Die Zwiebel darin glasig dünsten. Das Mehl zugeben und für 3 bis 4 Minuten unter ständigem Rühren mitdünsten, ohne dass das Mehl Farbe annimmt. Die Milch nach und nach zugeben und unter weiterem Rühren für ca. 10 Minuten bei geringer Hitze einkochen. (Am besten verwendet man einen Gummispatel oder einen Schneebesen dafür.)

Unbedingt darauf achten, dass die Sauce nicht am Topfboden ansetzt. Sie sollte stetig mehr Bindung bekommen. Das lange Andünsten der Mehlschwitze und das intensive Kochen der Sauce bewirken, dass die fertige Sauce nicht nach Mehl schmeckt.

HÜHNERKROKETTEN

2 gegarte Hühnerbrüste, z.B.
  vom Suppenhuhn *(S. 270)*
Salz
Pfeffer
1 l Frittierfett
4 Eier (M)
100 g Mehl
200 g feine Semmelbrösel
1 TL Salzflocken
1 TL Chiliflocken

Die Hühnerbrüste längs halbieren und in feine Stücke schneiden. Das geschnittene Hühnerfleisch in die Béchamelsauce geben, unterrühren und mit Salz und Pfeffer abschmecken.

Die Masse in eine Auflaufform geben und vollständig auskühlen lassen. (Dafür kann man sie auch kurz ins Gefrierfach stellen.) Am besten lassen sich kleine Nocken aus der Masse formen, wenn sie richtig kalt ist.

In der Zwischenzeit das Frittierfett in einem tiefen Topf auf 175 °C bis 180 °C erhitzen.

Die Panierstraße vorbereiten: Eier mit 1 Prise Salz verquirlen. Je eine Schale mit Mehl, verquirlten Eiern und Semmelbröseln auf die Arbeitsfläche stellen.

Einen Teelöffel in kaltes Wasser tauchen und kleine Nocken aus der Béchamelmasse stechen. Die Nocken vorsichtig im Mehl wenden, überschüssiges Mehl abklopfen, dann durch die verquirlten Eier ziehen und anschließend in den Semmelbröseln panieren. Dabei die Panade leicht andrücken.

Die Kroketten portionsweise ca. 5 Minuten goldbraun und knusprig frittieren. Mit einer Schaumkelle aus dem Fett nehmen und auf Küchenpapier abtropfen lassen.

ANRICHTEN

Salzflocken und Chiliflocken mischen. Die Kroketten mit dem Chilisalz würzen und sofort servieren.

TIPP

Wundern Sie sich bitte nicht, wenn die Béchamelsauce beim Einkochen eine puddingartige Konsistenz bekommt. Sobald die fertige Masse vollständig ausgekühlt ist, wird sie sehr fest. Nach dem Frittieren ist sie wieder weich und cremig.

FRITTIEREN

Viele Menschen haben Respekt vor dem Frittieren und Angst davor, nicht mitzube-kommen, ob eine Pommes innen noch roh und fest ist, während sie außen schon verbrennt. Sie haben das Gefühl, keinen Einfluss darauf zu haben, was genau im heißen Fett passiert. Diese Angst ist nachvollziehbar, woher sie kommt, ist aller-dings auch klar: Die meisten Menschen frittieren zu selten. Wenn ich nur einmal im Jahr Kartoffeln kochen würde, hätte ich damit auch große Probleme. Dem Prinzip nach ist Frittieren jedenfalls nicht komplizierter als Kochen, Backen oder Braten. Im Gegenteil: Weil Fett Hitze extrem gut leitet, herrscht fast überall in einer Fritteuse die gleiche Temperatur. Behält man die im Blick (am besten mit einem Thermome-ter), kann man den Garprozess beim Frittieren beinahe komplett kontrollieren – viel besser jedenfalls als beim Grillen oder Braten. Oder wissen Sie immer, wie heiß die Glut in Ihrem Holzkohlegrill ist, wenn Sie die Steaks auf den Rost packen?

DIE TECHNIK: D-ZUG UND BUMMELBAHN IN EINEM

Frittieren besteht aus zwei parallel verlaufenden grund-verschiedenen Prozessen. Zum einen wirkt das heiße Fett mit sehr großer Wucht direkt auf die Oberfläche des Frit-tierguts ein, ganz ähnlich wie beim Braten, nur mit noch mehr Wumms. Dieses Schockgaren vollzieht sich un-heimlich schnell, denn Fett ist ein besonders gutes Leit-medium für Hitze (deshalb kann man seinen Arm zwar in einen Backofen mit 200 °C heißer Luft halten, aber nicht in 200 °C heißes Fett).

Andererseits vollzieht sich im Inneren des Garguts ein ganz normaler, recht behäbiger Garprozess. Dort wirken nämlich deutlich niedrigere Temperaturen, weil die ur-sprüngliche Hitze des Fetts deutlich langsamer transpor-tiert wird (der Superleiter Fett dringt ja nicht ins Innere ein). Bis sich also zum Beispiel die Stärkezellen in einem Stück Kartoffel so verändert haben, dass sie sich in eine innen zarte und luftige Pommes verwandelt, dauert es eine Weile. Das kann man sich wie bei Salzkartoffeln im kochenden Wasser vorstellen.

> *Fett ist keine Flüssigkeit*
>
> *Heißes Fett ist zwar flüssig, seiner Funktion beim Frit-tieren nach ist es aber eine Hitzequelle – wie die heiße Luft im Backofen oder die heiße Glut im Grill. Ziel des Frittierens ist es auch nicht, möglichst viel Fett in ein Lebensmittel hi-neinzubekommen, im Gegenteil: Im Idealfall übernimmt die trockene Kruste schon nach wenigen Sekunden den Job des Fettabwehrspielers. Kommt das Frittiergut aus dem Fett, sollte man es sofort auf Küchenpapier betten, das saugt das überschüssige Oberflächenfett auf.*

DIE REGELN DES FRITTIERENS

1. Fett aufheizen

Das Fett wird auf Betriebstemperatur gebracht (170 bis 180 °C). Nicht jedes Fett eignet sich gleichermaßen zum Frittieren, denn manche Öle und flüssige Fette verbrennen bei solch hohen Temperaturen. Entscheidend ist deshalb, dass das Fett über einen hohen »Rauchpunkt« verfügt, dass es also erst bei sehr hohen Temperaturen verbrennt. Geeignet sind etwa Kokosfett, Sonnenblumenöl, Erdnussöl oder geklärte Butter. Verschiedene Fette besitzen außerdem unterschiedliche Aromen und beeinflussen deshalb auch den Geschmack des Frittierguts.

TIPP Erhitzen Sie das Öl zunächst für einige Minuten auf etwa 60 °C (vor allem, wenn Sie festes Fett verwenden, das zunächst schmelzen muss), so verteilt sich die Hitze gleichmäßiger.

2. Kruste knusprig backen

Sofort nachdem ein wasserhaltiges Lebensmittel ins heiße Fett eintaucht, trocknet seine Oberfläche aus. Dadurch entsteht eine knusprige Kruste. Gleichzeitig vollzieht sich die sogenannte Maillard-Reaktion. Technisch gesehen ist die ziemlich kompliziert – verschiedene chemische Verbindungen werden ab 140 °C in andere Verbindungen umgewandelt. Kulinarisch gesehen ist das Ergebnis eine Offenbarung, denn die Kruste färbt sich wunderbar golden und bildet duftende Röstaromen. Dafür muss das Fett aber wirklich heiß sein, sonst saugt das Frittiergut zu viel davon auf, eine Kruste kann sich dann nicht mehr bilden. Haben Sie kein Thermometer zur Hand, können Sie zur Temperaturkontrolle ein langes Holzstäbchen ins Fett tauchen (etwa den Stiel eines Kochlöffels). Bilden sich an dessen Oberfläche kleine Bläschen und steigen diese kräftig bitzelnd auf (aber nicht wild sprudelnd, dann ist es zu heiß), hat das Fett die richtige Temperatur erreicht.

TIPP Hat sich eine schöne Kruste gebildet, kann dem Frittiergut nicht mehr viel passieren – außer es verbrennt. Deshalb sollten Sie ab sofort mit relativ niedriger Temperatur arbeiten. Behalten Sie die Farbe der Kruste und die Wasserdampfbläschen im Blick. Werden die Pommes zu dunkel oder bitzelt es zu stark: Temperatur runter! Als Sofortmaßnahme können Sie eine ganze, rohe geschälte Kartoffel ins Fett geben, die zieht blitzschnell Hitze.

3. Das Innere des Frittierguts garen

Das Wasser im Inneren der frittierten Lebensmittel verdunstet, wandert als Dampf erst an die Oberfläche des Frittierguts und von dort hinüber ins Fett. Im Gegenzug breitet sich Hitze im Frittiergut aus, und die fürs Garen typischen Prozesse können ablaufen.

TIPP Frisches Fett gart relativ langsam, denn Fett und Wasser (das aus dem Frittiergut dringt) stoßen sich von Natur aus ab. Je mehr Lebensmittel allerdings schon im selben Fett gebadet haben, desto mehr Emulgatoren (Verbindungsstoffe) bilden sich, und desto intensiver wird der Kontakt. Deshalb wird die dritte Portion Pommes immer knuspriger als die erste – bei gleicher Temperatur. Bewahren Sie bei der ersten Charge deshalb die Geduld, es ist normal, dass sie länger braucht. Schneiden Sie das Frittiergut vor dem Frittieren außerdem nicht in zu große Stücke (Pommes Frites zum Beispiel nie dicker als 1 1/2 Zentimeter), sonst hat die Hitze von Anfang an keine Chance, rechtzeitig in den Kern zu gelangen.

Dicke Pommes frittieren Sie am besten zwei Mal:
1. Runde bei 150 bis 160 °C – herausnehmen, abkühlen und abtropfen lassen – 2. Runde bei 170 bis 180 °C. Bei dünnen Pommes genügt ein Frittiergang bei 170 °C.

FISCH

Mit keinem anderen Thema in diesem Buch habe ich mich so schwergetan wie mit diesem. Einerseits liebe ich Fisch, besonders gerne esse ich geschmacklich charakterstarke Exemplare wie Makrele oder Meeräsche. Andererseits bin ich mir nicht sicher, ob ich überhaupt noch empfehlen kann, Fisch zu essen. ▶

▶ Kein Wunder: Der Dornhai, dessen Fleisch in Deutschland als »Seeaal« und »Schillerlocke« verkauft wird, wurde in den vergangenen Jahrzehnten extrem überfischt. Weil die Tiere außerdem wenig Nachwuchs zeugen, stehen sie heute auf der Roten Liste der Weltnaturschutzunion (WWF) und gelten als »gefährdet«.

Beim echten Aal sieht es noch schlimmer aus. Auf der langen Wanderschaft der Tiere in die Sargassosee – das ist ein Teil des Atlantiks südöstlich der USA, in dem alle Aale der Welt laichen – werden sie von Fischereiflotten aus zahlreichen Ländern gejagt. Heute gilt der Europäische Aal als »vom Aussterben bedroht«.

EXTREM BEWUSST EINKAUFEN!

Wer Fisch essen möchte, muss das sehr bewusst tun und sich dabei mindestens drei Fragen stellen.

Der einzige Weg, den ich sehe: Wer Fisch essen möchte, muss das sehr bewusst tun und sich dabei mindestens drei Fragen stellen.

1. Wie ist es um die weltweiten Bestände bestellt? Konsequenz: Gefährdete Arten kommen gar nicht auf den Teller. Zum Beispiel Blauflossenthunfisch, Aal und alle Hai- und Rochenarten.

2. Woher stammt der Fisch? Hering aus der Ostsee zum Beispiel kann man guten Gewissens essen, Hering aus dem nordwestlichen Atlantik vor der kanadischen Küste dagegen nicht.

3. Wie wurde der Fisch gefangen? Scampi (auf deutsch: Kaisergranat) aus dem Nordostatlantik etwa kann man kaufen, wenn sie in Körben gefangen wurden (die nachtaktiven Tiere werden durch Köderfische in Körbe gelockt, deren Klappen sich nur in eine Richtung öffnen), nicht aber, wenn sie aus Grundscherbrettnetzfischerei stammen.

Weil man das alles als Verbraucher aber nicht vor jedem Einkauf und für jede Fischart selbst recherchieren kann, braucht man verlässliche Empfehlungen. Ich orientiere mich am Fischratgeber des WWF. Der ist nach einem verständlichen Ampelprinzip aufgebaut – so braucht es nur zwei, drei Mausklicks, um die Situation einer Fischart zu überprüfen: *www.fischratgeber.wwf.de*

Grundsätzlich empfiehlt der WWF übrigens, Meeresfisch und aus ihm erzeugte Produkte zu kaufen, die mit dem MSC-Siegel oder mit Biosiegeln ausgezeichnet sind. Dem schließe ich mich an.

Aquakultur
Fische werden nicht nur in Meeren, Flüssen und Seen gefangen, sondern auch in großen Unterwasserfarmen gezüchtet. Und von denen gibt es immer mehr: Etwa 50 Millionen Tonnen Fisch und Meeresfrüchte werden inzwischen pro Jahr in Süßwasser- und Meereszuchten auf Schlachtgewicht gefüttert. Das ist jeder zweite Fisch, der heute auf der Welt gegessen wird. Die konventionelle Fischerei geht dementsprechend zurück. Die Fangschiffflotte von Norwegen etwa, einer der wichtigsten Fischereinationen der Welt, hat sich in den ersten zehn Jahren dieses Jahrhunderts halbiert. Aquakulturen sind aber nicht per

se umweltfreundlicher als Netz- oder Fangleinenfischerei. Die Farmfische werden nämlich mit Wildfischen gefüttert, pro gezüchteten Lachs braucht es zum Beispiel 20 Kilogramm davon, oft werden die aber nicht nachhaltig gefangen. Außerdem belasten Fischkot, Nahrungsreste, Antibiotika und Chemikalien, die aus den Netzkäfigen in Flüsse und Meere dringen, die Umwelt. Auch bei Zuchtfisch sollte man sich deshalb unbedingt an die Empfehlungen des WWF halten. Bedeutet: Am besten Bioprodukte und »ASC«-zertifizierte Fische kaufen. Mehr Informationen dazu finden sich auf der Homepage des WWF.

KLEINE FISCHKUNDE

Fischfleisch ist sensibel und reagiert auf Hitze und andere externe Einflüsse viel direkter als das Fleisch von Säugetieren.

Das liegt vor allem daran, dass alle Stoffe im Fischkörper an die niedrigen Temperaturen im Wasser angepasst sind. Fische sind wechselwarme Tiere – das heißt, sie verändern ihre Temperatur mit der Umgebung. Mit mehr als 18 °C haben Fette und Proteine im Fischkörper äußerst selten zu tun, viele Tiefseefische leben sogar konstant in kaltem Wasser von 8, 9, 10 °C. Zum Vergleich: Die Körpertemperatur der meisten Säugetiere liegt bei etwa 38 °C.

Die Muskeln von Fischen werden aber auch deutlich weniger beansprucht als die von Landtieren, einfach gesagt: Schwimmen erfordert weniger Kraft und Kontrolle als Laufen oder Fliegen. Deshalb bilden sich bei Fischen meist keine dicken, festen Muskelbündel, und auch das Bindegewebe, das die Bündel zusammenhält, ist im Vergleich zum Fleisch eines Rinds oder Schweins, das sich ständig mühsam aufrecht und in Bewegung halten muss, extrem dünn und weich.

Im Ergebnis denaturieren die Proteine in Fischmuskeln bei deutlich niedrigeren Temperaturen und unter viel kürzerer Hitzeeinwirkung als jene in den Muskeln von Säugetieren. Sogar saure Flüssigkeiten wie Limettensaft oder Wein reichen oft aus, die Struktur der Eiweiße so zu verändern, dass das Fischfleisch fest und weiß wird – etwa bei eingelegtem Hering oder bei Ceviche.

Wer möchte, kann besonders frisches Fischfleisch (von besonders gesunden Fischen) sogar roh essen. Die filigranen Muskeln und das weiche Bindegewebe lassen sich nämlich sehr einfach zerkauen, zum Beispiel als Sushi oder Heringssalat.

Übrigens: Auch die Situation der Fischarten, die ich in den Rezepten verwendet habe, kann sich innerhalb der kommenden Jahre ändern. Bitte überprüfen Sie deshalb auch hier immer die aktuellen Empfehlungen des WWF.

Und zuletzt: Fragen Sie Ihren Fischhändler! Es gibt viele Alternativen zu thailändischem Pangasius aus der Tiefkühltheke und Sardinen aus dem Mittelmeer (von beiden bitte unbedingt die Finger lassen!).

Fischfleisch ist sensibel und reagiert auf Hitze und andere externe Einflüsse viel direkter als das Fleisch von Säugetieren.

OFENLACHS MIT FENCHEL UND ERBSEN

ZUTATEN für 4 Personen | **ZEIT** 45 Minuten

ZUBEREITUNG

Salz
2 kleine Fenchelknollen
5 EL Olivenöl
ca. 700 g Lachsfilet am Stück
  (mit Haut)
50 g weiche Butter
etwas Fleur de Sel
1/2 TL schwarzer Pfeffer, grob
  zerstoßen
1 TL Fenchelsaat
2 TL Bio-Zitronenschale, fein
  gerieben
250 g junge Erbsenschoten (z.B.
  Knackerbsen oder Sugar Snap
  Peas), alternativ Zuckerschoten
Salz
Pfeffer
125 TK-Erbsen, aufgetaut

Den Backofen auf 200 °C Ober-/Unterhitze vorheizen.

Wasser in einem Topf aufkochen und kräftig salzen. Eine Schüssel mit Eiswasser bereitstellen.

Vom Fenchel das Grün und den Wurzelansatz abschneiden und die einzelnen
Fenchelblätter ablösen. Die größeren Blätter längs halbieren oder vierteln.
Fenchel beiseitelegen.

Eine ofenfeste Auflaufform mit 1 EL Olivenöl einpinseln. Das Lachsfilet quer
halbieren und mit der Hautseite nach unten in die Form legen. Die Butter
gleichmäßig auf den Filets verstreichen, mit Fleur de Sel, Pfeffer, Fenchelsaat
und geriebener Zitronenschale bestreuen.

Den Lachs für 15 bis 20 Minuten in den Ofen schieben (zweite Schiene von
unten).

In der Zwischenzeit das Gemüse zubereiten: Die Erbsenschoten und Fen-
chelblätter für 2 bis 3 Minuten im siedenden Salzwasser bissfest garen.
Mit einer Schaumkelle herausnehmen und sofort im Eiswasser abschrecken.
Anschließend auf Küchenpapier abtropfen lassen.

Das restliche Olivenöl in einer großen Pfanne stark erhitzen. Den Fenchel
zugeben und für ca. 2 Minuten scharf anbraten. Mit Salz und Pfeffer würzen.
Erbsenschoten hinzufügen und 1 weitere Minute braten. Die aufgetauten
TK-Erbsen unterheben und die Pfanne vom Herd nehmen.

ANRICHTEN

Den Lachs aus dem Ofen nehmen, mit zwei Gabeln in Stücke zupfen und
zusammen mit dem Gemüse auf Tellern anrichten und servieren.

GERÄUCHERTE MAKRELE MIT BOZENER SAUCE

ZUTATEN für 4 Personen | **ZEIT** 30—40 Minuten

ZUBEREITUNG

4 Eier (M)
1 1/2 EL Dijon-Senf
4 EL heiße Hühner- oder Rinderbrühe
100 ml Sonnenblumenöl
1—2 EL Weißweinessig
2 EL Schnittlauch, in feine
 Röllchen geschnitten
1 EL Kerbel, gehackt
Salz
Pfeffer
1 Prise Cayennepfeffer
2 geräucherte Makrelen à ca.
 380 g (mit Kopf)

Den Backofen auf 140 °C Ober-/Unterhitze vorheizen.

Wasser in einem kleinen Topf zum Kochen bringen. Die Eier anpiksen, ins Wasser geben und 7 bis 8 Minuten kochen. Anschließend in Eiswasser abschrecken.

Die Eier pellen, Eigelb und Eiweiß getrennt voneinander fein hacken. Das Eigelb, den Senf und die heiße Brühe mit einem Schneebesen in einer Schüssel cremig aufschlagen. Das Öl fadenweise unterrühren. (Die Sauce erhält so eine mayonnaiseähnliche Bindung.) Essig, Schnittlauchröllchen, gehackten Kerbel und gehacktes Eiweiß unterrühren. Mit Salz, Pfeffer und Cayennepfeffer abschmecken.

Die Makrelen in Alufolie wickeln, in den Ofen geben und 10 Minuten erwärmen. Dann häuten und die Filets von den Gräten lösen.

SALAT UND DRESSING

320 g Salat, z.B. Endiviensalat
6 EL Olivenöl
4 EL Zitronensaft
Salz
Pfeffer
3 EL Schnittlauch, grob
 geschnitten
2 EL Kerbelblätter, gezupft

Inzwischen den Salat in grobe Stücke zupfen, in kaltem, stehendem Wasser waschen. Anschließend trocken schleudern oder im Sieb abtropfen lassen.

Dann in eine Schüssel geben und mit Olivenöl und Zitronensaft mischen. Mit Salz und Pfeffer würzen. Schnittlauch und Kerbel unterheben.

ANRICHTEN

Die lauwarmen Makrelenfilets mit Salat und Sauce auf Tellern anrichten und servieren.

GEBRATENE MAKRELE MIT MISO-PERLZWIEBELN

ZUTATEN für 4 Personen | **ZEIT** 30–35 Minuten

MISO-PERLZWIEBELN

2 EL Olivenöl
350 g Perlzwiebeln, geschält
100 ml Mirin (süßer japanischer
  Reiswein, erhältlich im Asia-
  Laden)
50 g helle Misopaste
  (fermentierte Sojabohnenpaste,
  erhältlich im Asia-Laden)
Pfeffer
1 EL Sojasauce

2 EL Olivenöl in einem mittelgroßen Topf erhitzen. Die Perlzwiebeln zugeben und für 3 bis 4 Minuten anrösten. Sobald sie ein wenig Farbe bekommen haben, herausnehmen und in eine Schale geben.

Den Topf erneut erhitzen. 100 ml Wasser, den Mirin und die Misopaste hineingeben und mit einem Schneebesen verrühren. Mit Pfeffer würzen. Die Sauce aufkochen und bei geringer Hitze köcheln lassen. Sojasauce zugeben und auf ca. 1/3 einkochen.

Die Sauce durch ein feines Sieb zu den Perlzwiebeln gießen und für ca. 10 Minuten ziehen lassen.

MAKRELE

2 Makrelen à ca. 400 g, ausgenommen
2 Eier (M)
80 g Pankobrösel (japanische
  Semmelbrösel, erhältlich im
  Asia-Laden), alternativ Semmelbrösel
6 EL Olivenöl
Salzflocken
1–2 TL Chiliflocken

Die Makrelen unter fließendem, kaltem Wasser abspülen, anschließend trocken tupfen.

Die Eier verquirlen und auf einen großen Teller geben. Die Pankobrösel ebenfalls auf einen großen Teller geben.

Die Makrelen zuerst mit beiden Seiten durch das Ei ziehen, danach in den Pankobröseln wenden (die Panade sollte den Fisch nicht vollständig ummanteln).

6 EL Olivenöl in einer großen Pfanne auf mittlerer Stufe erhitzen. Die Makrelen in die Pfanne geben und 4 bis 5 Minuten auf jeder Seite goldbraun braten, dabei stetig mit dem Olivenöl aus der Pfanne übergießen (z.B. mit einem großen Löffel).

Ich verwende hierfür gerne gut eingebrannte, unbeschichtete Pfannen. Wer auf Nummer sicher gehen möchte, verwendet eine beschichtete Pfanne zum Braten. Dann klebt der Fisch garantiert nicht am Pfannenboden an. Sollten die Makrelen nicht zusammen in die Pfanne passen, brät man sie am besten nacheinander. Die erste fertige Makrele kann im vorgeheizten Backofen bei 80 °C warm gehalten werden.

Die Makrelen aus der Pfanne nehmen und auf Küchenpapier abtropfen lassen.

ANRICHTEN

Die Makrelen mit den Perlzwiebeln auf Platten anrichten, mit Salzflocken und Chiliflocken würzen und sofort servieren.

TIPP

Sollten Ihnen die Zwiebeln noch nicht weich genug sein, können Sie sie noch einmal in der Sauce aufkochen und danach ziehen lassen.

GEBRATENER WOLFSBARSCH MIT GERIEBENER TOMATENSAUCE

ZUTATEN für 4 Personen | **ZEIT** 30 Minuten

ZUBEREITUNG

500 g reife Tomaten
1 kleine rote Zwiebel, geschält
  und fein gewürfelt
Salz
Zucker
8 Stiele Basilikum
6 EL Olivenöl
4 Wolfsbarschfilets à ca. 200 g,
  mit Haut und ohne Gräten
Pfeffer

Die Tomaten halbieren und das Fruchtfleisch mit den Schnittflächen nach unten auf einer Küchenreibe bis zur Schale grob in eine Schüssel raspeln. Die Zwiebelwürfel untermischen und mit Salz und Zucker abschmecken.

Basilikumblätter abzupfen. Die Hälfte der Blätter grob schneiden und im Mörser mit einer Prise Salz fein zerreiben. 2 EL Olivenöl untermischen.

Die Fischfilets unter fließendem, kaltem Wasser abspülen und mit Küchenpapier trocken tupfen. Die Hautseite im Abstand von ca. 2 cm leicht einschneiden.

Das restliche Olivenöl in einer großen Pfanne erhitzen. Die Fischfilets von beiden Seiten mit Salz und Pfeffer würzen und auf der Hautseite bei mittlerer Hitze ca. 6 bis 8 Minuten braten. Die Fischfilets wenden und in ca. 1 Minute zu Ende braten. Währenddessen die restlichen Basilikumblätter in die Pfanne geben und ausbacken lassen.

> Ich verwende gerne gut eingebrannte, unbeschichtete Pfannen. Wer auf Nummer sicher gehen möchte, verwendet eine beschichtete Pfanne zum Braten. Dann klebt der Fisch garantiert nicht am Pfannenboden an. Sollten die Fischfilets nicht zusammen in die Pfanne passen, brät man sie am besten nacheinander. Die ersten fertigen Filets können im vorgeheizten Backofen bei 80 °C warm gehalten werden

Filets und Basilikumblätter aus der Pfanne nehmen und auf Küchenpapier abtropfen lassen.

ANRICHTEN

Den Fisch mit der Tomatensauce und dem Basilikum auf Tellern anrichten und mit dem Basilikumöl aus der Pfanne beträufeln.

TIPP

Grundsätzlich gilt: Fischfilets mit Haut immer vor dem Braten mit Salz und Pfeffer würzen. Das Filet auf der Hautseite bei mittlerer Hitze fast gar braten, wenden und nur noch kurz auf der Fleischseite zu Ende braten. So wird die Haut knusprig und bekommt eine schöne goldbraune Farbe.

GEBRATENE FORELLE MIT SÜSSEN ZITRONEN

ZUTATEN für 2 Personen | **ZEIT** 35 Minuten

ZUBEREITUNG

2 Bio-Zitronen
1 1/2 EL Zucker
Salz
500 g grüner Spargel
40 g Semmelbrösel
4 Forellenfilets mit Haut à
  ca. 120 g (küchenfertig, ohne
  Gräten)
2 TL Senf
ca. 2 EL Mehl
etwas Olivenöl
2—3 EL glatte Petersilie, gehackt
Salzflocken

Die Zitronen schälen und die weiße Haut vollständig abschneiden. In Scheiben schneiden und Kerne entfernen. Die Zitronenscheiben nebeneinander auf eine Platte legen, gleichmäßig mit dem Zucker bestreuen und ziehen lassen.

Wasser in einem großen Topf aufkochen und kräftig salzen. Eine Schüssel mit Eiswasser bereitstellen.

Die holzigen Enden vom Spargel abschneiden und die Stangen im unteren Drittel schälen.

Den Spargel im kochenden Wasser ca. 1 1/2 Minuten bissfest blanchieren, mit einer Schaumkelle aus dem Topf heben und sofort im Eiswasser abschrecken. Anschließend abtropfen lassen.

Semmelbrösel ohne Fett in einer Pfanne goldbraun anrösten, anschließend auf einen Teller geben.

Die Fleischseite der Forellenfilets dünn mit Senf bestreichen. Je 2 Filets mit den Fleischseiten aufeinanderlegen.

Das Mehl auf einem großen flachen Teller verteilen. Die doppelten Filets darin vorsichtig von beiden Seiten wenden.

Olivenöl in einer großen Pfanne auf mittlerer Stufe erhitzen. Die Filets auf jeder Seite 2 bis 3 Minuten goldbraun braten. Dabei mehrmals mit dem Bratfett übergießen. Herd ausschalten, die Filets aus der Pfanne nehmen und das Fett auffangen. Die gerösteten Semmelbrösel, gehackte Petersilie und 1 Prise Salzflocken mit dem Bratfett mischen. (Das kann auch einfach direkt in der Pfanne geschehen.)

ANRICHTEN

Die Fischhaut nach Geschmack entfernen oder dranlassen. Den Fisch mit dem Spargel und den süßen Zitronen auf Tellern anrichten und mit den Petersilienbröseln bestreuen.

TIPP

Wer sich bei der Garzeit vom Fisch unsicher ist, kann ihn nach dem Braten für wenige Minuten bei 160 °C in den Ofen geben.

MATJESFILETS IN PFEFFER-PFIRSICH-VINAIGRETTE

ZUTATEN für 4 Personen | **ZEIT** 25 Minuten

ZUBEREITUNG

2 TL schwarzer Pfeffer
4 EL Olivenöl
4 EL Weißweinessig
2 rote Zwiebeln, geschält und in
  sehr feine Würfel geschnitten
2 Pfirsiche, halbiert, entsteint und
  in sehr feine Würfel geschnitten
2 TL eingelegter roter Pfeffer,
  abgetropft
2 TL eingelegter grüner Pfeffer,
  abgetropft
2 EL Oregano, fein gehackt
Salzflocken
8–12 Matjesfilets à ca. 50 g
  (2–3 Filets pro Person)

Eine Pfanne leicht erhitzen und den schwarzen Pfeffer darin unter Schwenken rösten, bis er duftet. Die Pfanne sollte nicht zu heiß werden, und der Pfeffer sollte nicht anfangen zu rauchen. (Fängt der Pfeffer an zu rauchen, entwickeln sich Bitterstoffe.) Den Pfeffer kurz abkühlen lassen und anschließend im Mörser zerstoßen.

Olivenöl und Essig in eine Schüssel geben. Zwiebel- und Pfirsichwürfel, schwarzen Pfeffer, eingelegten Pfeffer und Oregano hinzufügen, unterrühren und mit Salzflocken würzen.

ANRICHTEN

Die Matjesfilets auf Tellern anrichten und mit der Vinaigrette beträufelt servieren.

ROTBARSCH MIT INGWERSAUCE

ZUTATEN für 4 Personen | **ZEIT** 35 Minuten

ZUBEREITUNG

1 Rotbarsch à ca. 1 kg, geschuppt,
  ohne Kopf (alternativ Fischfilets)
40 g Ingwer, geschält
Saft von 1 Zitrone
2 EL Sojasauce
5 EL Olivenöl
3 TL brauner Zucker, alternativ
  weißer Zucker
3 Frühlingszwiebeln
40 g Speisestärke
ca. 1/2 l Erdnussöl
Zitronensaft
2 EL Koriandersaat

Den Fisch säubern. Hierfür den Fisch, vor allem die Bauchhöhle, unter fließendem, kaltem Wasser gut ausspülen. Anschließend mit Küchenpapier trocken tupfen. An den dicksten Stellen der Filets mit einem scharfen Messer im Abstand von 2 cm 1 bis 2 cm tiefe Schnitte setzen. So ergibt sich ein gleichmäßiges Ergebnis beim Garen.

Den Ingwer längs in feine Scheiben und dann in sehr feine Streifen schneiden. Zitronensaft, Sojasauce, Olivenöl und Zucker in einer Schüssel verrühren. Von den Frühlingszwiebeln nur den hellen Teil in sehr feine Ringe schneiden. Zusammen mit dem Ingwer zur Sauce geben.

Die Speisestärke auf dem Boden einer tiefen Form (der Fisch sollte hineinpassen) verteilen.

Eine große Pfanne oder einen Bräter (der Fisch sollte flach darin liegen können) auf mittlerer Stufe erhitzen. Sollten weder Bräter noch Pfanne in dieser Größe vorhanden sein, den Fisch in große Koteletts schneiden.

So viel Erdnussöl in die Pfanne geben, bis der Boden ca. 1 cm bedeckt ist. Die Pfanne jetzt stark erhitzen. Den Fisch mit etwas Zitronensaft würzen, kräftig salzen und rundherum in der Speisestärke wälzen. Überschüssige Stärke leicht abklopfen.

Den Fisch vom Körper weg in das heiße Öl legen und 4 bis 5 Minuten goldbraun braten. Dann vorsichtig mithilfe eines Pfannenwenders wenden. Anschließend die bereits gebratene Seite sowie die Bauchhöhle des Fisches stetig mit dem heißen Öl aus der Pfanne übergießen (z.B. mit einem großen Löffel), während die zweite Seite ebenfalls 4 bis 5 Minuten goldbraun brät. In der letzten Minute die Koriandersaat mit in die Pfanne geben.

ANRICHTEN

Den Fisch und die Koriandersaat aus der Pfanne nehmen, mit der Ingwersauce anrichten und servieren.

FISCHFRIKADELLEN MIT HONIG-SENF-DIP

ZUTATEN für 4 Personen | **ZEIT** 35—40 Minuten (mit Anfrieren)

ZUBEREITUNG

600 g Seelachsfilet ohne Haut
  und Gräten

100 g Butter

3 kleine Zwiebeln, geschält
  und fein gewürfelt

Salz

1—2 EL Tomatenketchup

1 Ei (M)

2 EL Petersilie, gehackt

1 TL edelsüßes Paprikapulver

1 Prise Cayennepfeffer

Saft von 1/2 Zitrone

Ca. 100 g Pankobrösel (japanische Semmelbrösel, erhältlich
  im Asia-Laden)

60 g Butterschmalz

1 EL grober Senf

1 EL feiner Senf

1 TL Eichenhonig, alternativ
  jeder flüssige Honig

200 g griechischer Sahnejoghurt
  (10 %)

ANRICHTEN

TIPP

Das Seelachsfilet auf Gräten überprüfen und diese ggf. mit einer Pinzette entfernen. Den Fisch in grobe Würfel schneiden, dann für 5 Minuten auf einem Teller ins Gefrierfach stellen und leicht anfrieren.

Inzwischen die Butter in einem kleinen Topf zerlassen und die Zwiebelwürfel darin glasig dünsten. Anschließend vom Herd nehmen und abkühlen lassen.

Den Fisch aus dem Gefrierfach nehmen und in der Küchenmaschine mit einer kräftigen Prise Salz in kurzen Intervallen fein zerkleinern.

Die Fischmasse in eine Schüssel geben, Ketchup, Ei, gehackte Petersilie, Paprikapulver, Cayennepfeffer und gedünstete Zwiebeln zugeben und unterheben. Mit Zitronensaft und einer Prise Salz abschmecken.

Die Pankobrösel auf dem Boden einer flachen Auflaufform verteilen.

Mit leicht angefeuchteten Händen aus der Fischmasse 8 Frikadellen formen und anschließend rundherum in den Pankobröseln panieren.

Eine große, beschichtete Pfanne auf mittlerer Stufe erhitzen, Butterschmalz darin zerlassen und die Frikadellen von jeder Seite ca. 5 Minuten anbraten.

In der Zwischenzeit Senf, Honig und Sahnejoghurt zu einem Dip verrühren.

Die Frikadellen auf Küchenpapier abtropfen lassen und zusammen mit dem Dip servieren.

Der Weg zum Fischbrötchen ist kurz. Frische Brötchen, die Frikadellen, ein paar Salatblätter, Zwiebelringe, Tomatenscheiben und der Dip ergeben das perfekte Fischbrötchen.

Auch lecker: Frikadellen mit lauwarmem Erbsensalat *(S. 46)*.

SKREI IN GURKEN-BUTTER-SAUCE

ZUTATEN für 4 Personen | **ZEIT** 40 Minuten

ZUBEREITUNG

Meersalz
750 g Skrei mit Haut, ohne Gräten
(Winterkabeljau, alternativ
Dorsch oder Kabeljau)
2 EL Olivenöl
80 g Schalotten, geschält und
fein gewürfelt
1 TL Fenchelsaat
2 Lorbeerblätter
1 TL weiße Pfefferkörner
3 EL Reisessig, alternativ milder
Weißweinessig
350 ml Weißwein
1 Salatgurke
Salz
Zucker
8 Stiele Dill
1 EL Butter
50 ml Weißwein
Mehl
200 g kalte Butter, in kleine
Würfel geschnitten

1 1/2 l kaltes Wasser und 10 g Meersalz mit einem Schneebesen verrühren, bis sich das Salz aufgelöst hat.

Den Fisch in vier Tranchen schneiden, dabei ggf. Gräten mit einer Pinzette entfernen. Die Salzlake in eine Form füllen und die Fischstücke für ca. 10 Minuten darin einlegen. Der Fisch sollte mit der Lake bedeckt sein.

Für den Pochierfond einen flachen, weiten Topf auf mittlerer Stufe erhitzen. Olivenöl zugeben und heiß werden lassen. Schalottenwürfel, Fenchelsaat, Lorbeerblätter und Pfefferkörner zugeben und glasig dünsten. Mit Reisessig ablöschen und mit dem Weißwein auffüllen, aufkochen und auf etwa die Hälfte einkochen lassen. Anschließend die Hitze auf die kleinste Stufe reduzieren, der Fond sollte jetzt nicht mehr kochen!

Den Fisch aus der Salzlake nehmen und mit Küchenpapier trocken tupfen.

Die Gurke schälen, längs halbieren und mit einem Löffel das Kerngehäuse entfernen. Dann in feine Würfel schneiden, mit je einer Prise Salz und Zucker in einer Schüssel würzen und vermengen. Beiseitestellen.

Den Fisch in den Pochierfond legen (der Fond sollte 75 °C bis maximal 85 °C heiß sein) und ca. 15 Minuten auf kleinster Stufe zugedeckt gar ziehen lassen. Der Fisch sollte innen noch einen glasigen Kern haben.

Währenddessen die Gurken in einem Sieb abtropfen lassen und in eine Schale geben. Die Hälfte des Dills fein schneiden und untermischen.

Die Butter zusammen mit dem Weißwein, 40 ml Wasser, den restlichen Dillzweigen (gezupft) und einer Prise Salz in einer Pfanne aufkochen. Den Sud durch ein feines Sieb in einen kleinen Topf passieren, eine Prise Mehl zugeben und unter Rühren leicht binden. Den Sud erneut erwärmen und die kalten Butterwürfel mit einem Schneebesen einrühren.

Die Gurken in die Sauce geben und mit einer Prise Salz würzen.

ANRICHTEN

Den Fisch aus dem Pochierfond heben, die Haut entfernen, zusammen mit der Gurken-Butter-Sauce anrichten und servieren.

TIPP

Je länger der Fisch zu Beginn in der Salzlake eingelegt wird, desto fester wird das Fleisch.

DORADEN-CARPACCIO MIT LIMETTEN-PFEFFERSCHOTEN-VINAIGRETTE

ZUTATEN für 4 Personen | **ZEIT** 25 Minuten

ZUBEREITUNG

4 Doradenfilets mit Haut, frisch und gut gekühlt
8 EL Traubenkernöl
1 große grüne Pfefferschote (im Vergleich zur Chili größer und weniger scharf)
Saft von 1 Limette
200 ml naturtrüber Apfelsaft
1 TL feiner Senf
Salz

Doradenfilets ggf. mit einer Pinzette entgräten. Dann mit einem scharfen, flexiblen Messer von der Haut schneiden. Hierfür das Filet mit der Hautseite nach unten flach auf das Schneidbrett legen. Am Schwanzende zwischen Haut und Fleisch einen kleinen Schnitt setzen, damit man die Haut besser fassen kann. Die Haut festhalten und die Klinge flach auf der Haut ansetzen, dann das Filet längs zum Kopfende von der Haut schneiden. Natürlich kann man die Filets im Fischgeschäft auch gleich ohne Haut kaufen!

Je Filet 1 Stück Klarsichtfolie (ca. 10 cm lang) auf die Arbeitsfläche legen und sehr dünn mit 1/2 EL Traubenkernöl einpinseln.

Die Doradenfilets in dünne Scheiben schneiden. Die Scheiben je eines Filets kreisförmig, eng nebeneinander auf je eine Folie legen. Mit einer weiteren Lage Folie bedecken. Die Filetscheiben mit dem Topfboden eines Stieltopfs oder einem Plattiereisen mit kurzen, weichen Schlägen flach klopfen, sodass sich die Filets miteinander verbinden.

Die obere Lage Folie vorsichtig abziehen, das Carpaccio jeweils auf einen großen Teller stürzen und leicht andrücken. Dann die übrige Folie ebenfalls vorsichtig abziehen. Das Carpaccio bis zur Verwendung kalt stellen.

Die Pfefferschote längs halbieren, entkernen und in sehr feine Würfel schneiden. Limettensaft, Apfelsaft, restliches Traubenkernöl, Senf und eine Prise Salz in eine kleine Schüssel geben und mit dem Schneebesen verrühren, anschließend die Pfefferschote zugeben.

ANRICHTEN

Die Vinaigrette auf dem Carpaccio verteilen und sofort servieren.

SAIBLINGSFILETS AUS DEM OFEN MIT GEBRATENEN SPECK-KARTOFFELN

ZUTATEN für 2 Personen | **ZEIT** 1 1/2 Stunden

ZUBEREITUNG

400 g Kartoffeln, (festkochend)
Salz
100 g geräucherter Speck am
 Stück
1 EL weiche Butter
Pfeffer
2 Saiblingsfilets à ca. 180 g,
 mit Haut, ohne Gräten
1 Schalotte, geschält und fein
 gewürfelt
2 EL Butterschmalz
1 EL Olivenöl
1 EL Cornichonwasser
1 EL Dill, gehackt
4 Cornichons, in dünne Scheiben
 geschnitten
Salzflocken

Die Kartoffeln unter fließendem, kaltem Wasser gründlich waschen. In einen Topf geben, knapp mit Wasser bedecken, leicht salzen und zugedeckt bei mittlerer Hitze 25 bis 30 Minuten garen. Danach abgießen, heiß pellen, abkühlen lassen und anschließend in ca. 1 cm große Würfel schneiden.

Inzwischen den Backofen auf 80 °C Ober-/Unterhitze vorheizen.

Speck in sehr feine Würfel schneiden.

Einen großen ofenfesten Teller (oder eine Auflaufform) mit einem Teil der weichen Butter bestreichen und mit Pfeffer bestreuen. (Die Fischfilets sollten nebeneinander auf den Teller bzw. in die Auflaufform passen.)

Die Filets mit der Fleischseite nach unten auf den Teller legen. Die Hautseite mit der restlichen Butter bestreichen.

Den Teller stramm mit Frischhaltefolie abdecken und für 20 bis 25 Minuten in den Ofen (zweite Schiene von unten) geben.

Eine große Pfanne erhitzen, den Speck ohne Fett zugeben und bei mittlerer Hitze darin auslassen. Die fein gewürfelten Schalotten zugeben und glasig dünsten. Speck und Schalotten aus der Pfanne nehmen und beiseitestellen, dabei das Bratenfett in der Pfanne lassen.

Butterschmalz mit in die Pfanne geben und heiß werden lassen. Die Kartoffelwürfel zugeben und bei mittlerer Hitze 10 bis 15 Minuten rundherum goldbraun braten.

Olivenöl und Cornichonwasser verrühren, den Dill unterheben.

Cornichonscheiben und Speckmischung unter die Bratkartoffeln heben und die Pfanne vom Herd nehmen.

Den Fisch aus dem Ofen nehmen, die Folie entfernen und die Haut vorsichtig abziehen.

ANRICHTEN

Den Fisch in kleine Stücke zupfen oder schneiden und auf einem großen Teller anrichten. Die Speck-Kartoffeln darüber verteilen und mit der Olivenöl-Cornichonwasser-Vinaigrette beträufeln. Mit Salzflocken würzen und servieren.

TIPP

Die Zubereitungszeit verkürzt sich, wenn Sie gekochte Kartoffeln vom Vortag oder direkt rohe Kartoffeln verwenden.

GANZE DORADE AUS DEM OFEN MIT PFIRSICH-RUCOLA-SALAT

ZUTATEN für 4 Personen | **ZEIT** 1 Stunde

DORADE MIT KRÄUTER-PESTO

ca. 400 g grobes Meersalz
1 Zweig Rosmarin
1 kleines Bund Thymian
8 Stiele Basilikum
3 Knoblauchzehen, geschält
  und grob gehackt
Abrieb von 1/2 Bio-Zitrone
50—100 ml Olivenöl
4 Doraden à ca. 450 g, geschuppt, ausgenommen und
  gewaschen
Salzflocken

Den Backofen auf 200 °C Ober-/Unterhitze vorheizen.

Ein Backblech mit einem Bogen Backpapier auslegen und das Meersalz flächig darauf verteilen. Das Backblech 10 bis 15 Minuten in den Ofen schieben.

In der Zwischenzeit das Kräuterpesto zubereiten: Rosmarinnadeln von den Stielen zupfen und mit dem Thymian (samt Zweigen) fein hacken. Basilikumblätter abzupfen. Die gehackten Kräuter, die Basilikumblätter, den gehackten Knoblauch und den Zitronenabrieb in ein hohes Gefäß geben und unter Zugabe des Olivenöls mit einem Mixstab pürieren.

Die Doraden mit Küchenpapier trocken tupfen. Die Rückenflosse mit einer Schere abschneiden. Die Doraden auf jeder Seite im Abstand von ca. 2 cm ca. 1 cm tief einschneiden.

Die Doraden in eine große Schale geben und das Kräuterpesto von innen und außen mit den Händen einmassieren. (Das können Sie auch schon am Vortag tun.) Das Backblech aus dem Ofen nehmen, die Doraden nebeneinander auf das Salzbett legen und mit Salzflocken würzen. Für 30 bis 35 Minuten in den Ofen schieben (zweite Schiene von unten). Nach 25 Minuten die Temperatur auf 240 °C erhöhen. In der Zwischenzeit den Salat zubereiten.

PFIRSICH-RUCOLA-SALAT

2—3 EL Olivenöl
2 Prisen Zucker
Saft von 1 Limette
4 Pfirsiche, entkernt und in
  feine Scheiben geschnitten
1 rote Zwiebel, geschält und
  in feine Streifen geschnitten
1 große rote Chilischote, in
  dünne Ringe geschnitten
50 g Rucola, gewaschen

Olivenöl, Zucker und Limettensaft in einer großen Schüssel verquirlen. Pfirsichscheiben, Zwiebelstreifen, Chiliringe und Rucola zugeben und mit den Händen vermengen.

ANRICHTEN

Die Doraden mit dem Salat auf Tellern anrichten und servieren.

TIPP

Das Pesto können Sie je nach Geschmack und Saison mit den verschiedensten Kräutern machen.

GEBRATENE WILDGARNELEN

ZUTATEN für 4 Personen | **ZEIT** 30 Minuten

ZUBEREITUNG

16 Wildgarnelen mit Kopf und
 Schale à ca. 60 g
ca. 6—8 EL Olivenöl (je nach
 Pfannengröße)
4 frische Knoblauchzehen,
 geschält
3 Stiele Rosmarin, grob gezupft
1 EL glatte Petersilie, gehackt
2 kleine rote Chilischoten
150 g Kirschtomaten, halbiert
Salzflocken
1 EL Butter

Die Garnelen mit einem scharfen Messer am Rücken entlang leicht einschneiden und den Darm entfernen. Anschließend unter fließendem, kaltem Wasser abspülen, abtropfen lassen und mit Küchenpapier trocken tupfen.

Olivenöl in einer großen Pfanne fast bis zum Rauchpunkt erhitzen. (Wichtig: Der Pfannenboden sollte vollständig mit Olivenöl bedeckt sein.)

Je nach Pfannengröße sollten Sie die Garnelen in zwei Durchgängen braten, denn der erste Kontakt der Garnelen mit dem heißen Olivenöl sollte »pfeffern«!

Die Garnelen nebeneinander in die Pfanne legen und insgesamt ca. 5 Minuten braten. Nach ca. 2 Minuten den geschälten Knoblauch und den gezupften Rosmarin zugeben und die Garnelen wenden. Gehackte Petersilie, Chilischoten und die halbierten Kirschtomaten zugeben, durchschwenken, mit Salzflocken würzen und für weitere 2 Minuten braten. In der letzten Minute die Butter zugeben und die Garnelen unter Schwenken in der schäumenden Butter glasieren.

ANRICHTEN

Die Garnelen mit den Tomaten auf einem großen Teller anrichten, mit dem Sud aus der Pfanne übergießen und servieren.

MIESMUSCHELN MIT SOFRITTO

ZUTATEN für 4 Personen | **ZEIT** 35—40 Minuten

GRUNDSAUCE SOFRITTO

1 kleine Dose Tomaten
  (400 g EW)
1 EL Olivenöl
1 EL Butter
100 g Karotten, geschält und
  fein gewürfelt
100 g Staudensellerie, geputzt
  und fein gewürfelt
100 g Zwiebeln, geschält und
  fein gewürfelt
3 Knoblauchzehen, geschält
  und fein gehackt
200 ml Hühner- oder Gemüsebrühe
2 Lorbeerblätter
Salz, Pfeffer

Die Tomaten im Sieb abgießen, kalt abspülen und abtropfen lassen. Anschließend grob hacken.

Olivenöl und Butter in einer großen Pfanne erhitzen. Karotten-, Staudensellerie- und Zwiebelwürfel sowie den gehackten Knoblauch zugeben, bei mittlerer Hitze farblos und bissfest andünsten. Brühe, Lorbeerblätter und Tomaten zugeben und einmal kurz aufkochen lassen.

Die Sauce mit Salz und Pfeffer würzen.

> Nun kann die Sauce sofort verzehrt oder nach Belieben verfeinert werden. Sie ist eine solide Basis: Einmal gekocht, lassen sich unzählige Kombinationen kreieren. Ergänzen Sie einfach mal Ingwer, Oliven, Anchovis oder Gewürze wie Thymian und Rosmarin. Mit dieser Grundsauce kann man auch hervorragend Schmorsaucen ansetzen, z.B. für ein Kaninchenragout oder Miesmuscheln.

VARIATION MIT MIESMUSCHELN

1 kg Miesmuscheln
3 EL Olivenöl
200 ml trockener Weißwein
1—2 EL glatte Petersilie, gehackt

Zunächst die beschädigten Muscheln entfernen. Die restlichen in einer Schüssel mit kaltem Wasser gründlich waschen, anschließend das Wasser abgießen. Bei stark verschmutzten Muscheln diesen Vorgang zwei- bis dreimal wiederholen. Falls notwendig, mit einem kleinen Messer die kleinen bräunlichen Fäden (»Bärte«) entfernen. Nach dem Waschen kurz im Wasser ruhen lassen, jetzt sammelt sich der ausgewaschene Sand am Schüsselboden. Muscheln vorsichtig herausheben, in einem Sieb abtropfen lassen und die geöffneten Muscheln entfernen.

3 EL Olivenöl in einem hohen Topf fast bis zum Rauchpunkt erhitzen. Die Muscheln zugeben, kurz andünsten und mit Weißwein ablöschen. Den Topf mit einem Deckel verschließen und maximal 3 Minuten kochen lassen. (Die Muscheln werden später nochmals mit dem Sofritto gegart und müssen deshalb nur kurz kochen. Zu lang gegarte Muscheln werden zäh wie Gummi.) Die Muscheln im Sieb abgießen, abtropfen lassen und dabei den Fond auffangen.

Grundsauce Sofritto zubereiten. Dabei anstelle der Brühe den Muschelfond zum Aufkochen verwenden.

Muscheln und gehackte Petersilie zugeben, unterrühren und 3—4 Minuten in der Sauce erwärmen.

ANRICHTEN

Das Muschel-Sofritto in tiefen Tellern anrichten und servieren.

MUSCHELN BÉARNAISE

ZUTATEN für 4 Personen | **ZEIT** 45 Minuten

MUSCHELN

1 1/2 kg große Miesmuscheln
2 Knoblauchzehen
3 EL Olivenöl
4 Schalotten, geschält und grob
  klein geschnitten
2 Zweige Thymian
100 ml Weißwein
Pfeffer

Zunächst die beschädigten Muscheln entfernen. Die restlichen in einer Schüssel mit kaltem Wasser gründlich waschen, anschließend das Wasser abgießen. Bei stark verschmutzten Muscheln diesen Vorgang zwei- bis dreimal wiederholen. Falls notwendig, mit einem kleinen Messer die kleinen bräunlichen Fäden (»Bärte«) entfernen. Nach dem Waschen kurz im Wasser ruhen lassen, jetzt sammelt sich der ausgewaschene Sand am Schüsselboden. Muscheln vorsichtig herausheben, in einem Sieb abtropfen lassen und die geöffneten Muscheln entfernen.

Die Knoblauchzehen samt Schale andrücken.

Olivenöl in einem großen Topf erhitzen. Knoblauch und klein geschnittene Schalotten zugeben und 1 bis 2 Minuten glasig dünsten. Die Muscheln und den Thymian zugeben, kurz mitdünsten und mit Weißwein ablöschen. Mit Pfeffer würzen und zugedeckt ca. 6 Minuten garen bis sie sich geöffnet haben. Die Muscheln in einem Sieb abgießen und das Fleisch noch warm aus den Schalen lösen. Die Schalen aufbewahren.

SAUCE BÉARNAISE

5 Stiele frischer Estragon
3—4 EL Weißweinessig
1 Schalotte, geschält und fein
  gewürfelt
4 weiße Pfefferkörner
160 g Butter
2 Eigelb (M)
1 Prise Cayennepfeffer
Salz
ca. 500 g grobes Meersalz

Estragonblätter abzupfen und fein hacken.

Den Essig mit 40 ml Wasser in einen kleinen Topf gießen, die gewürfelten Schalotten, Pfefferkörner und 1 EL des Estragons dazugeben und bei geringer Hitze auf 3 bis 4 EL Flüssigkeit einkochen lassen.

Die Butter in einem Topf zerlassen und auf kleinster Stufe warm halten.

Die Essigreduktion durch ein feines Sieb passieren. Eigelbe mit der Reduktion in eine Schüssel geben und mit einem Schneebesen über dem heißen Wasserbad luftig (zur »Rose«) aufschlagen. Die zerlassene Butter mit dem Schneebesen fadenweise schlagen. Mit Salz sowie einer Prise Cayennepfeffer abschmecken und den übrigen gehackten Estragon unterheben. Die Sauce Béarnaise vom Wasserbad nehmen und beiseitestellen.

ANRICHTEN

Das grobe Meersalz gleichmäßig auf einem Backblech verteilen. Die einzelnen Muschelschalen auf das Salzbett legen und je eine ausgelöste Muschel in je eine Schale legen. Die Muschelschalen gleichmäßig bis zum Rand mit Sauce Béarnaise füllen, mit dem Küchengasbrenner kurz abflämmen und sofort servieren.

TIPP

Alternativ auf oberster Schiene direkt unter den heißen Backofengrill (240 °C) schieben und goldbraun überbacken.

MUSCHELN »BLOODY MARY«

ZUTATEN für 4 Personen | **ZEIT** 35 Minuten

ZUBEREITUNG

1 kg Miesmuscheln
3 EL Olivenöl
2 Knoblauchzehen, geschält und
 in feine Scheiben geschnitten
1 rote Chilischote, in feine
 Scheiben geschnitten
100 ml Weißwein
100 ml Geflügelbrühe
400 g Kirschtomaten, halbiert
2 EL kalte Butter
Salz
Zucker

Zunächst die beschädigten Muscheln entfernen. Die restlichen in einer Schüssel mit kaltem Wasser gründlich waschen, anschließend das Wasser abgießen. Bei stark verschmutzten Muscheln diesen Vorgang zwei- bis dreimal wiederholen. Falls notwendig, mit einem kleinen Messer die kleinen bräunlichen Fäden (»Bärte«) entfernen. Nach dem Waschen kurz im Wasser ruhen lassen, jetzt sammelt sich der ausgewaschene Sand am Schüsselboden. Muscheln vorsichtig herausheben, in einem Sieb abtropfen lassen und die geöffneten Muscheln entfernen.

Olivenöl in einem großen Topf erhitzen. Knoblauch- und Chilischeiben zugeben und glasig dünsten. Die Muscheln zugeben, kurz mitdünsten und mit Weißwein ablöschen. Geflügelbrühe zugießen und zugedeckt ca. 6 Minuten garen bis die Muscheln sich geöffnet haben.

Die Muscheln abgießen, den Sud dabei auffangen. Muschelfleisch noch warm aus den Schalen lösen.

Den Muschelsud aufkochen, die halbierten Kirschtomaten zugeben und für 3 bis 5 Minuten köcheln lassen. Mit dem Stabmixer fein pürieren und anschließend durch ein feines Sieb streichen. Den Tomaten-Muschelsud erneut aufkochen, Butter einrühren, mit Salz und einer Prise Zucker abschmecken. Das Muschelfleisch zugeben und im Sud erwärmen.

ANRICHTEN

Die Suppe in tiefen Tellern servieren.

TIPP

Wenn die Tomaten nicht fruchtig genug sind, mit Zucker abschmecken. Zum Verfeinern des Geschmacks eignet sich frisch gezupftes Basilikum hervorragend!

PULPO MIT GERÖSTETEN KARTOFFELN UND PIMENT D'ESPELETTE

ZUTATEN für 4 Personen | **ZEIT** 2 Stunden

ZUBEREITUNG

1,3—1,5 kg Pulpo, am Stück
3 Knoblauchzehen, angedrückt
2 Lorbeerblätter
6 große Pellkartoffeln, gekocht,
  am besten vom Vortag
4 EL Olivenöl
Salz
1 EL Butter
ca. 1/2 TL Piment d'Espelette
Fleur de Sel

Den Pulpo gründlich unter fließendem, kaltem Wasser abspülen und tropfnass in einen großen Topf geben. Angedrückte Knoblauchzehen und Lorbeer zugeben und zugedeckt 3 bis 4 Minuten bei starker Hitze aufsetzen, bis sich etwas Sud am Topfboden gebildet hat. Dann die Hitze reduzieren und zugedeckt 1 bis 1 1/2 Stunden leise köcheln lassen.

In der Zwischenzeit die Kartoffeln pellen und in ca. 1 cm dicke Scheiben schneiden.

Den Topf mit dem Pulpo vom Herd nehmen und mit geschlossenem Deckel für 10 Minuten ziehen lassen.

Olivenöl in einer großen Pfanne erhitzen. Die Kartoffeln darin bei mittlerer Hitze von allen Seiten goldbraun braten. Mit Salz würzen und aus der Pfanne nehmen.

Dann den Pulpo mit einer Schaumkelle auf das Arbeitsbrett heben. Die Arme und den Kopf in mundgerechte Stücke schneiden. Bei Bedarf unter kaltem, fließendem Wasser abspülen.

Wer mag, kann die Haut und die Saugnäpfe mit den Händen vom Fleisch abziehen, sodass nur das weiße Fleisch übrig bleibt.

Die Pfanne erneut erhitzen. Butter zugeben und den Pulpo darin für ca. 2 Minuten von allen Seiten knusprig braten.

ANRICHTEN

Kartoffeln und Pulpo auf Tellern anrichten, mit Fleur de Sel und Piment d'Espelette würzen und servieren.

INFO

Der Pulpo verliert beim Erhitzen Flüssigkeit und gart dadurch im eigenen Saft.

WILDGARNELEN-CARPACCIO

ZUTATEN für 4 Personen | **ZEIT** 1 Stunde

ZUBEREITUNG

12 Wildgarnelen à ca. 60 g, mit
  Kopf und Schale
8 EL Olivenöl
1 TL Tomatenmark
100 ml Portwein
1 haselnussgroßes Stück Ingwer,
  in dünne Scheiben geschnitten
1 Stängel Zitronengras, geputzt
  und in dünne Scheiben geschnitten
3 Kaffirlimettenblätter (erhältlich
  tiefgefroren im Asia-Laden)
50 g Staudensellerie
ca. 12 feine Staudensellerie-
  blätter, abgezupft
ca. 12 feine Koriander-
  blätter, abgezupft
40 g feines Salz
Saft von 2 Limetten

Die Garnelen schälen und die Köpfe abdrehen. Köpfe und Schalen für den Sud aufbewahren. Die Garnelen längs halbieren und den Darm mit einer Pinzette (oder einem Zahnstocher) entfernen. Anschließend unter fließendem, kaltem Wasser abspülen, abtropfen lassen und mit Küchenpapier trocken tupfen.

2 EL Olivenöl in einem Topf erhitzen. Garnelenköpfe und -schalen zugeben und ca. 4 Minuten bei starker Hitze anrösten. Tomatenmark zugeben und unter Rühren ca. 2 Minuten mitrösten. Mit Portwein ablöschen, 200 ml Wasser, die Ingwer- und Zitronengrasscheiben sowie die Limettenblätter zugeben. Den Sud aufkochen, die Hitze reduzieren und die Flüssigkeit in ca. 10 Minuten auf die Hälfte einkochen lassen. Den Herd ausstellen und den Fond 20 Minuten ziehen lassen.

In der Zwischenzeit den Staudensellerie in feine Scheiben schneiden und mit den Koriander- und Sellerieblättern in eine Schüssel mit Eiswasser legen. (Dadurch werden sie richtig frisch und knackig.)

400 ml kaltes Wasser in eine Schüssel geben und das Salz unter Rühren vollständig auflösen. Garnelen für 2 Minuten darin einlegen. (Das intensiviert ihr Aroma, und sie bekommen eine festere Konsistenz.) Herausnehmen, im Sieb abtropfen lassen und mit Küchenpapier trocken tupfen.

Einen Bogen Backpapier auf die Arbeitsfläche legen und dünn mit 1 EL Olivenöl bestreichen. Die Garnelen nebeneinander auf das Backpapier legen, sodass eine rechteckige Fläche entsteht. Mit 1 EL Olivenöl beträufeln und mit einem weiteren Bogen Backpapier abdecken. Nun mit einem Plattiereisen (oder einem Stieltopf) mit kurzen, weichen Schlägen flach klopfen.

Die obere Lage Backpapier vorsichtig abziehen, das Carpaccio auf eine große Platte stürzen, leicht andrücken und das übrige Backpapier vorsichtig abziehen. Bis zur Verwendung abgedeckt kalt stellen.

Den Fond durch ein feines Sieb in einen kleinen Topf passieren und bei mittlerer Hitze auf die Hälfte einkochen. Vom Herd nehmen und Limettensaft und restliches Olivenöl mit dem Schneebesen unterschlagen.

Staudensellerie, Staudensellerie- und Korianderblätter aus dem Eiswasser nehmen und abtropfen lassen.

ANRICHTEN

Das Carpaccio mit der Garnelen-Limetten-Vinaigrette beträufeln und mit Staudensellerie, Staudensellerie- und Korianderblättern bestreuen.

INFO

Den Trick mit der Salzlake habe ich mir von Hans Haas abgeschaut.

RISOTTO MIT CALAMARETTI

ZUTATEN für 4 Personen | **ZEIT** 30—40 Minuten

ZUBEREITUNG

12 Calamaretti, im Ganzen oder
    vom Fischhändler küchenfertig
    geputzt
5 EL Olivenöl
2 kleine Schalotten, geschält
    und fein gewürfelt
1 Knoblauchzehe, geschält und
    fein gehackt
200 g Risottoreis
100 ml Weißwein
900 ml warmer Geflügelfond
Salz
80 g Mascarpone
2 EL kalte Butter
1 Tomate, fein gehackt
1 EL Schnittlauch, fein gehackt
Pfeffer

Die Haut und die Seitenflossen der Calamaretti unter fließendem, kaltem Wasser abziehen. Die Fangarme und das Chitinstück aus dem Körperbeutel (der Tube) ziehen. Tuben von innen unter fließendem, kaltem Wasser säubern. Die Fangarme mit einem scharfen Messer knapp über den Augen so vom Kopf trennen, dass die Arme miteinander verbunden bleiben. Das Kauwerkzeug herausdrücken. (Wenn Sie die Calamaretti schon küchenfertig gekauft haben, fallen diese Schritte weg.)

Die Calamaretti unter fließendem, kaltem Wasser abbrausen, anschließend trocken tupfen.

Die Hälfte der Calamarettituben in feine Ringe und die Hälfte der Arme in kleine Stücke schneiden. Die übrigen Calamarettituben seitlich aufschneiden und aufklappen. Die Außenseite der Tuben mit einem sehr scharfen Messer rautenförmig einschneiden, dabei nicht durchschneiden. (Dieser Schritt dient nur der Optik und kann auch weggelassen werden.) Zusammen mit den restlichen Fangarmen beiseitestellen.

3 EL Olivenöl in einem großen Topf erhitzen. Die gewürfelten Schalotten, den gehackten Knoblauch und die geschnittenen Calamarettistücke zugeben und darin anbraten. Nach 2 Minuten den Risottoreis zugeben und unter ständigem Rühren mitrösten.

> Normalerweise werden Schalotten und Reis farblos angeschwitzt. Hier werden sie leicht angeröstet, um den würzigen Geschmack der Calamaretti zu unterstützen.

Nach 3 bis 4 Minuten mit Weißwein ablöschen und den warmen Geflügelfond nach und nach zugeben, dabei ständig rühren. Risotto bei geringer Hitze ca. 15 Minuten garen. Dabei ab und zu umrühren, anschließend den Herd ausstellen und das Risotto 2 bis 3 Minuten ruhen lassen.

In der Zwischenzeit 100 ml kaltes Wasser und 6 g Salz in einer Schale verrühren, bis das Salz vollständig aufgelöst ist. Die eingeschnittenen Calamarettituben und die restlichen Fangarme für 3 Minuten in der Salzlake einlegen.

Das restliche Olivenöl in einer Pfanne erhitzen. Die Calamaretti aus der Salzlake nehmen und mit Küchenpapier trocken tupfen. Anschließend für ca. 2 Minuten in der Pfanne scharf anbraten.

ANRICHTEN

Mascarpone, Butter, gehackte Tomaten und Schnittlauch zum Risotto geben und einrühren. Mit Salz und Pfeffer abschmecken und mit den gerösteten Calamaretti auf Tellern anrichten.

MEHL
EIER
MILCH

Mehl, Eier und Milch sind wahre Wunderzutaten: Sie lassen sich in zahlreiche verschiedene Formen und Konsistenzen verwandeln. Man denke nur an Käse, Pasta, Kuchen oder Brot.

TEIG

Mehl scheint unersetzlich in deutschen Küchen. Der Bäckerverband in Berlin versucht seit einigen Jahren sogar, deutsches Brot zum Weltkulturerbe erklären zu lassen. Ganz ungetrübt ist die Begeisterung über dieses Grundnahrungsmittel aber nicht mehr, denn es hat sich in den vergangenen Jahren ein Imageproblem eingehandelt: Viele Menschen sind verunsichert, sie glauben, das Gluten im Getreide macht krank, verursacht zumindest Magengrummeln und Unwohlsein. Ich finde, man muss diese Sorgen ernst nehmen, auch wenn sich die Ursache dieser zunehmenden Beschwerden – nennen wir sie der Einfachheit halber »leichte Getreideunverträglichkeit« – in vielen Fällen medizinisch nicht erklären lässt. Viele Teige würden aber zusammenfallen und auseinanderlaufen, stabilisierten die Kleberproteine aus dem Getreide nicht die Struktur des Teiges. Wegen einer Getreideunverträglichkeit ganz auf Teigwaren zu verzichten, wäre jammerschade – aber vielleicht ist das auch gar nicht nötig. Denn unabhängig davon, woran es liegt: Mit modernem Zuchtgetreide scheinen mehr und mehr Menschen Probleme zu haben. Da liegt eine Idee nahe – versuchen wir es doch mit alten Sorten.

URGETREIDE

Mit modernem Zuchtgetreide scheinen mehr und mehr Menschen Probleme zu haben. Da liegt eine Idee nahe – versuchen wir es doch mit alten Sorten.

Emmer ist ein Vorfahre des Weizens. Er muss eine der ersten Getreidesorten gewesen sein, die unsere Urahnen vor etwa 12.000 Jahren im Mittleren Osten anbauten. Ihren archaischen Ursprung sieht man den Körnern des Emmers noch heute an: Klein und verschrumpelt wirken sie im Vergleich zu denen des modernen Zuchtweizens. Dafür beinhaltet Emmer aber deutlich mehr wichtige Nährstoffe, etwa Zink und Beta-Carotin – und deutlich weniger Kleberproteine, also Gluten. Außerdem schmeckt Emmer aromatischer und nussiger als moderner Weizen.

Eine andere, eng mit dem Emmer verwandte Urweizensorte ist Einkorn. Seine Körner sind recht weich, deshalb kann man aus ihnen auch Flocken fürs Frühstück herstellen. Außerdem schmeckt Einkornmehl etwas süßlich.

Auch Dinkel ist eine Weizenart, aber deutlich jünger als Emmer und Einkorn. Erstmals wurde er wohl vor etwa 5000 Jahren angebaut. Er schmeckt sehr aromatisch und besitzt viele wichtige Inhaltsstoffe – etwa Natrium, Kalzium, Eisen, Zink und besonders viel Magnesium.

Am Dinkel lässt sich besonders gut erklären, warum die alten Sorten in der jüngeren Vergangenheit an Bedeutung verloren: Zum einen ist seine Verarbeitung ziemlich aufwendig, zum anderen bringt er deutlich weniger Ertrag als Zuchtweizen. Wie Emmer und Einkorn besitzt Dinkel zudem relativ wenig Gluten, was das Backen etwas schwieriger macht. Im kälteren und feuchteren Klima der nördlichen Gegenden Deutschlands wächst Weizen traditionell schlechter als etwa in Bayern und Baden-Württemberg. Deshalb bauten die Bauern dort schon immer vor allem Roggen an. Alte Roggensorten sind im Geschmack kräftig und meist etwas süßlicher als ihre modernen Verwandten. Probieren könnte man zum Beispiel einmal Waldstaudenroggen, Bergroggen oder Champagnerroggen.

Übrigens: Auch aus völlig glutenfreien Getreidesorten, etwa Hirse, Reis und Mais, sowie aus einigen Getreideersatzpflanzen wie Buchweizen (Knöterichgewächs), Amaranth (Fuchsschwanzgewächs) und Quinoa (aus der Gattung der Gänsefüße) lässt sich mit der richtigen Technik Leckeres backen.

Mehltypen

Auf jeder Mehltüte ist vorne dick eine Zahl gedruckt: »405« steht da zum Beispiel, oder »1050«. Diese Mehltypennummer gibt an, wie viele Mineralstoffe aus der Schale jeweils im gemahlenen Getreide stecken, und sie hat Auswirkungen darauf, wie hell oder dunkel ein Mehl aussieht und für welche Zubereitungen es sich am besten eignet. Der Hintergrund: Getreide wird in der Mühle nicht nur gemahlen, sondern auch gesiebt und sortiert. Je mehr Schalenanteile dabei ins Mehl gelangen, desto höher ist die Typennummer (bei Weizenmehl geht das bis »1600«), desto dunkler ist das Mehl und desto gröber und griffiger fühlt es sich an. Im Extremfall kommen alle Bestandteile des Korns ins Mehl, dann heißt es »Vollkorn«. Wird die Schale aber herausgesiebt, bleibt nur das stärkehaltige weiße Innere des Korns übrig – es befinden sich kaum Schalenanteile im Mehl, deshalb ist die Typennummer niedrig (am wenigsten Mineralstoffe stecken im Weizenmehl »405«).

VOM KORN ZUM TEIG

Eins haben alte und neue Getreidesorten in jedem Fall gemein: Einfach zerkauen kann man ihre Körner nicht, man muss sie vorher schon einigermaßen raffiniert weiterverarbeiten. Zuerst werden sie gemahlen – logisch –, danach wird es ein klein wenig komplizierter.

1. Die Teigzutaten – je nach Teig Mehl und verschiedene flüssige Komponenten – werden vermengt. Die Flüssigkeit verbindet sich mit der aufquellenden Stärke des Mehls. Das funktioniert bei Weizenmehl besonders gut, weil lange Eiweißketten – das Gluten – beide miteinander verkleben.

2. Der Teig wird geknetet. Das verschiebt und vernetzt die Klebereiweiße im Mehl so, dass eine besonders elastische Struktur entsteht.

3. Ist Hefe enthalten, »geht« der Teig. Enzyme aus dem Getreidekorn (dieselben, die auch auf der menschlichen Zunge sitzen) wandeln Teile der Stärke in Zucker um. Der wiederum wird von Hefen vergoren. Diese Gärung lässt erste Aromastoffe entstehen und es bilden sich Millionen von Kohlendioxidbläschen. Die steigen im Teig auf und setzen sich überall in seinem Inneren ab – das macht Hefeteig so wunderbar locker. ▶

▶ **4.** In der Hitze des Ofens verdampft die Feuchtigkeit aus dem Teig – ein entscheidender Moment: Entweder kann der Teig sein Volumen jetzt nämlich halten (und das fertige Produkt bleibt locker-luftig), oder er fällt in sich zusammen.

5. Ab einer Temperatur von 110 °C beginnt der Teig, sich braun zu färben, bei 140 °C karamellisieren die Zucker, beides erzeugt Geschmack. Bei noch höheren Temperaturen entsteht eine Kruste mit unvergleichbaren Röstaromen, wie man sie etwa von Brot kennt.

SAUERTEIG

Vermengt man Getreide mit Wasser und lässt diesen Brei eine Weile lang stehen, bilden sich darin von ganz alleine bestimmte Mikroorganismen, allen voran Milchsäurebakterien – und eben Hefe.

Der Sauerteig wird meist zum Brotbacken verwendet. Jeder Brotteig muss gären, sonst könnte er weder Volumen noch Luftigkeit entwickeln und bliebe kompakt und fest. Für diese Gärung braucht es immer Hefe – das bedeutet aber nicht, dass man mit Kulturhefe backen muss.

Vermengt man Getreide nämlich mit Wasser und lässt diesen Brei eine Weile lang stehen, bilden sich darin von ganz alleine bestimmte Mikroorganismen, allen voran Milchsäurebakterien – und eben Hefe. Vermischt man diesen »Sauerteig« mit mehr Mehl und mehr Wasser zum eigentlichen Teig, vergärt diese natürliche Hefe den Zucker. Die Milchsäurebakterien bilden unterschiedliche Säuren (Milchsäure, aber auch zum Beispiel Essig- und Ameisensäure) und bringen damit den typisch säuerlichen Charakter ins Brot. Deshalb schmeckt ein Sauerteigbrot immer aromatischer und aufregender als ein reines Hefebrot.

HEFETEIG

Beim Hefeteig lässt man Mehl und Wasser keine Zeit, wilde Hefen zu bilden, stattdessen vermengt man sie gleich zu Beginn mit Kulturhefe. Die Lockerung des Teiges funktioniert aber nach demselben Prinzip wie beim Sauerteig: Während der alkoholischen Hefegärung aufsteigende Kohlensäurebläschen erhöhen das Volumen des Teiges und lassen ihn »gehen«. Die Faustregel: Je länger man einen Hefeteig gehen lässt, desto lockerer und fluffiger wird er – das gilt nicht nur für Pizza-, Brot- und Brötchenteig (Wasser, Mehl, Hefe + Salz), sondern auch für süße Krapfen, Plundern, Strudel oder Schnecken (Wasser, Mehl, Hefe + eher wenig Zucker) und bestimmte Kuchen wie Gugelhupf, Hefezopf oder Stollen (Wasser, Mehl, Hefe + eher viel Zucker).

MÜRBETEIG UND BLÄTTERTEIG

Manchmal geht es dem Bäcker aber darum, einen Teig gerade nicht zu lockern. Weihnachtskekse, Tortenböden (Mehl, Wasser, Fett, Zucker), die Böden von Zwiebelkuchen oder auch von französischer »Quiche« oder englischem »Pie« (Mehl, Wasser, Fett, Salz) sollen nicht aufgehen, sondern in Form bleiben und

eine dichte, »mürbe« Konsistenz entwickeln. Zu diesen Mürbeteigen gibt man deshalb keine Hefe, man lässt auch alle anderen Trieb- und Lockerungsmittel (etwa Backpulver oder Hirschhornsalz) draußen. Außerdem werden Mehl und Wasser nicht zu einem elastischen Netzwerk geknetet, sondern nur so lang miteinander vermengt, wie unbedingt nötig, um einen zusammenhängenden Teig herzustellen. In seinem Inneren soll der Teig aber gerade nicht homogen sein – besonders deutlich wird das beim Blätterteig. Dem sieht man auf den ersten Blick an, dass er aus verschiedenen Teilen und Schichten besteht, nämlich aus zusammen- und übereinandergelegten Mürbeteigplatten.

NUDELTEIG

Auch beim Nudelteig geht es nicht um Lockerheit, sondern – im Gegenteil – darum, Mehl und Wasser besonders fest aneinander zu binden. Deshalb muss man Nudelteig nach dem Kneten unbedingt ruhen lassen, erst dann nämlich können die Mehlpartikel Wasser binden und die Klebereiweiße des Weizens (das Gluten) Mehl und Wasser in einer hartnäckigen Struktur verketten – »verkleben« eben. Indem man ihn später immer wieder zu immer dünneren Platten ausrollt, drängt man schließlich auch die Luftbläschen aus dem Teig, das macht ihn noch einmal stabiler. Im kochenden Wasser (Faustregel: 1 Liter Wasser pro 100 Gramm Pasta/Nudeln) schließlich quellen die Stärkekörnchen im Mehl auf, dadurch erst werden Nudeln zart. Besonders zart werden sie übrigens, wenn man neben Mehl, Wasser und Salz auch Eier unter den Teig knetet (üblich etwa in Italien und Deutschland, nicht üblich in Indien und China), das liegt am hohen Fettgehalt des Eigelbs, das Nudeln außerdem mehr Farbe, Nährwert und Geschmack verleiht.

GNOCCHI IN SCHNITTLAUCH-BUTTER

ZUTATEN für 4 Personen | **ZEIT** 1 Stunde 40 Minuten

ZUBEREITUNG

1 kg große mehlige Kartoffeln
2 Eigelb (M)
20 g Kartoffelstärke
1 gehäufter EL Mehl (nach Gefühl)
Muskatnuss
Salz
Mehl zum Arbeiten
200 ml Geflügelbrühe oder
  kräftige Gemüsebrühe
50 g kalte Butter
3 EL Schnittlauch, fein
  geschnitten
Pfeffer
ca. 20 g Parmesan, gerieben
  (nach Belieben)

Den Backofen auf 200 °C Ober-/Unterhitze vorheizen.

Die Kartoffeln gründlich abbürsten, waschen und mit einem spitzen Messer mehrfach einstechen. Auf das Backblech geben und 45 bis 50 Minuten im Ofen (zweite Schiene von unten) backen.

Die Kartoffeln noch heiß pellen, kurz ausdämpfen lassen und durch eine Kartoffelpresse in eine Schüssel pressen. Die Eigelbe zu den warmen Kartoffeln geben und mit der Stärke, dem Mehl, geriebener Muskatnuss und Salz zügig mit den Händen zu einem glatten, geschmeidigen Teig kneten. Sollte der Teig zu feucht sein, einfach noch etwas mehr Mehl unterkneten.

Die Arbeitsfläche mit Mehl bestäuben, den Teig zu mehreren langen, fingerdicken Rollen formen.

Jede Rolle mit einem Messer in ca. 2 cm große Stücke schneiden und diese zu Kugeln formen. Die Gnocchi einzeln über einen Gabelrücken oder ein Gnocchibrett rollen. So bekommen sie die typische Form mit dem Streifenmuster. Die Gnocchi mit etwas Mehl bestäuben und mit einem Küchentuch abdecken.

Reichlich Salzwasser in einem großen, weiten Topf zum Kochen bringen. Die Gnocchi portionsweise hineingeben, die Hitze reduzieren und ziehen lassen. Sobald die Gnocchi an die Wasseroberfläche steigen, sind sie gar. Dann mit einer Lochkelle abschöpfen und in Eiswasser abschrecken. In ein Sieb gießen und abtropfen lassen. Mit den übrigen Gnocchi genauso verfahren.

Die Brühe in einer tiefen Pfanne aufkochen. Die Butter in Flocken zusammen mit den Gnocchi zugeben. Unter gelegentlichem Schwenken auf mittlerer Stufe leicht sämig einkochen lassen. Dann verbindet sich die Brühe mit der Butter.

Die Schnittlauchröllchen vorsichtig unterheben und mit Pfeffer würzen.

ANRICHTEN

Die Gnocchi auf Tellern anrichten und mit geriebenem Parmesan bestreut servieren.

POLENTA MIT GEBRATENEM MAIS

ZUTATEN für 4 Personen | **ZEIT** 30—35 Minuten

ZUBEREITUNG

150 g Instant-Polenta (vorgegarte
   Polenta)
1 l Gemüsebrühe
6 EL Olivenöl
2 Scheiben Toastbrot ohne Rinde,
   in sehr kleine Würfel geschnitten
2 Maiskolben à ca. 250 g
1 mittelgroße rote Pfefferschote
   (im Vergleich zur Chili größer
   und weniger scharf), in feine
   Ringe geschnitten
2 Knoblauchzehen, geschält und
   fein gehackt
3 EL kalte Butter
Fleur de Sel
1 großer EL Mascarpone
Salz
Pfeffer
Muskatnuss
2—3 EL Parmesan, gerieben

Die Polenta in einem tiefen Topf bei geringer Hitze 2 bis 3 Minuten farblos anrösten, dabei stetig rühren. Mit Gemüsebrühe auffüllen, einmal aufkochen lassen und anschließend 20 Minuten leicht köcheln lassen. Nach und nach ca. 350 ml Wasser einrühren und die Polenta quellen lassen, gelegentlich umrühren.

In der Zwischenzeit die Croutons und den Mais zubereiten: Dazu 3 EL Olivenöl in einer Pfanne auf geringer Stufe erhitzen. Die Toastwürfel unter Schwenken rundherum goldbraun braten. Die Croutons aus der Pfanne nehmen und auf Küchenpapier abtropfen lassen.

Die Maiskolben quer halbieren und die Maiskörner mit einem Messer vom Kolben schneiden.

Restliches Olivenöl in der Pfanne erhitzen. Mais, Pfefferschote und Knoblauch ca. 2 Minuten braten. 1 EL Butter zugeben und die Zutaten ca. 1 Minute auf dem Herd darin schwenken. Mit Fleur de Sel würzen.

Mascarpone und restliche kalte Butter in die Polenta einrühren. Mit Salz, Pfeffer und Muskatnuss abschmecken.

ANRICHTEN

Die Polenta auf Teller verteilen und mit gebratenem Mais, Croutons und geriebenem Parmesan bestreuen.

TIPP

Auch wenn die Packungsangabe besagt, dass die Polenta in 5 Minuten fertig ist, ruhig länger kochen lassen!
Ich mag Polenta besonders weich und suppig, das ist jedoch jedem selbst überlassen. Wer es nicht so suppig mag, nimmt zum Quellen weniger Wasser.

FRÜHLINGSROLLEN

ZUTATEN für 4 Personen | **ZEIT** 40 Minuten

ZUBEREITUNG

12 Blätter TK-Frühlingsrollenteig
(ca. 21,5 x 21,5 cm, erhältlich im
Asia-Laden)
600 g gemischtes Gemüse
(z.B. Staudensellerie, Paprika,
Möhre, Brokkoli, Champignons,
Lauch, Wirsing)
1 EL Olivenöl
25 g frischer Ingwer, geschält
und fein gehackt
Salz
Pfeffer
Zucker
1 TL Currypulver (Schärfegrad
nach Geschmack)
1 TL Chiliflocken
Saft von 1/2 Zitrone
30—40 g Pankobrösel
(japanische Semmelbrösel,
erhältlich im Asia-Laden),
alternativ Semmelbrösel
2 Eier (M), verquirlt
200 ml Sonnenblumen- oder
Erdnussöl
6 EL Hoisinsauce

Teigblätter auftauen lassen. Stückgemüse (wie Möhren oder Paprika) grob klein schneiden und in der Küchenmaschine oder auf der Küchenreibe in Intervallen grob raspeln. Blattgemüse (wie Lauch oder Wirsing) in feine Streifen schneiden. Wer Pilze nimmt, schneidet diese auch in feine Streifen.

Olivenöl in einer Pfanne stark erhitzen. Das Gemüse und den Ingwer für 4 bis 5 Minuten braten (ggf. in zwei Durchgängen). Mit Salz, Pfeffer, 1 Prise Zucker, Currypulver und Chiliflocken würzen.

Das Gemüse in eine große Schüssel geben und mit dem Zitronensaft mischen. Die Pankobrösel zugeben, locker vermengen und mit Salz und Zucker abschmecken.

Die aufgetauten Teigblätter nebeneinander auf die Arbeitsfläche legen. Die Ränder dünn mit Ei bestreichen und 2 bis 3 EL der Gemüsemischung auf jede der unteren Teighälften verteilen. Dabei ca. 2 cm Abstand zu den Rändern lassen. Anschließend die seitlichen Ränder über die Füllung legen, ebenfalls mit Ei bestreichen und die Füllung dann von unten nach oben fest einrollen.

Öl in einer großen Pfanne auf mittlerer Stufe erhitzen. Die Frühlingsrollen darin unter mehrmaligem Wenden goldbraun ausbacken (ggf. in zwei oder drei Durchgängen).

ANRICHTEN

Frühlingsrollen aus der Pfanne nehmen, auf Küchenpapier abtropfen lassen und mit der Hoisinsauce servieren.

HERZHAFTER KARTOFFELKUCHEN

ZUTATEN für 4–6 Personen | **ZEIT** ca. 2 1/2 Stunden

ZUBEREITUNG

Den Backofen auf 180 °C Ober-/Unterhitze vorheizen.

1,4 kg große vorwiegend
  festkochende Kartoffeln
Salz
2 Zwiebeln, ca. 80 g, geschält
125 ml lauwarme Milch
1/2 Würfel frische Hefe
2 EL Mehl (Type 405)
4 Eier (M)
100 g Schmand
Pfeffer
Muskatnuss
2 EL weiche Butter
4–5 EL Semmelbrösel

Wasser in einem Topf aufkochen und leicht salzen. 300 g Kartoffeln waschen, mit der Gemüsebürste putzen und im kochenden Salzwasser 20 bis 25 Minuten garen. Die Kartoffeln abgießen, noch heiß pellen und beiseitestellen.

Anschließend die übrigen Kartoffeln waschen, schälen und mit den geschälten Zwiebeln fein reiben. (Durch die geriebene Zwiebel werden die geriebenen Kartoffeln nicht braun.)

Die geriebenen Kartoffeln in die Mitte eines (sauberen) Küchenhandtuchs geben. Die Enden zusammendrehen und das Wasser aus den Kartoffeln pressen. Den austretenden Saft in einer Schüssel auffangen und 20 Minuten stehen lassen. Dabei setzt sich Kartoffelstärke am Boden der Schüssel ab. Nun das Kartoffelwasser vorsichtig abgießen. Die Stärke wird später noch benötigt.

Die gegarten Kartoffeln grob reiben oder durch eine Kartoffelpresse drücken und mit den ausgepressten roh geriebenen Kartoffeln in einer großen Schüssel vermengen und beiseitestellen.

Die Milch in einem Topf lauwarm (ca. 36 °C) erwärmen, in eine Schüssel geben und die Hefe hineinbröseln und auflösen. Mehl zur Hefemilch geben und untermischen. Die Schüssel mit einem Küchenhandtuch abdecken und für ca. 10 Minuten gehen lassen.

Die Eier mit dem Schmand in einer Schüssel verquirlen und mit der Hefemilch und der abgesetzten Kartoffelstärke (alternativ 1 gehäuften EL Speisestärke) unter die Kartoffelmasse heben.

Den Kartoffelteig kräftig mit Salz, Pfeffer und Muskat abschmecken. (Auch hier gilt wieder: Stärke schluckt Geschmack! Sie dürfen den Teig leicht überwürzen.)

Eine runde ofenfeste Auflaufform (28 ø, ca. 6 cm hoch) großzügig mit Butter einfetten und mit den Semmelbröseln ausstreuen. Überschüssige Brösel aus der Form schütten.

Den Kartoffelteig in die Form geben, glatt streichen und für 1 Stunde in den vorgeheizten Ofen (zweite Schiene von unten) schieben. Nach 1 Stunde die Ofentemperatur auf 250 °C erhöhen und weitere 10–15 Minuten backen.

Den Kartoffelkuchen aus dem Ofen nehmen und ca. 10 Minuten abkühlen lassen. Anschließend vorsichtig aus der Form stürzen und in Stücke schneiden.

TIPP

Wer mag, kann die Stücke in einer großen Pfanne mit etwas Butter anbraten.

EIER

Jedes Ei ist chemisch gesehen ein kleines Wunder: In seinem Inneren steckt ein einmaliger Mix aus Fett, Proteinen, Vitaminen und Mineralien, der nicht nur von Natur aus praktisch verpackt ist, sondern sich auch ganz ohne Kühlschrank oder Eisfach einige Wochen lang hält.

Für den Koch mindestens genauso wunderbar: Wegen ihrer Inhaltsstoffe lassen sich Eier so schnell, so einfach und so fundamental in ihrer Erscheinung verändern wie kein zweites natürliches Lebensmittel.

EIER SIND VIELFÄLTIG – UND ÜBERALL

Eier sind nicht nur nahrhaft und aromatisch, die chemische Wandlungsfähigkeit macht sie auch zu besonders vielfältigen Nahrungsmitteln: Man kann sie kochen (Frühstücksei), pochieren (Eggs Benedict), braten (Spiegelei), im Ofen backen (etwa mit Milch und Käse), einlegen (Soleier) und sogar frittieren. Außerdem lassen sie sich zu einer Vielzahl von Lebensmitteln verarbeiten, die wir Tag für Tag essen: zu Pasta, Kuchen, Knödeln, Quiches, Eis, paniertem Schnitzel oder Mayonnaise. In unzähligen Fertigprodukten stecken Eier sowieso.

WAS IST DAS CHEMISCHE GEHEIMNIS DES EIS?

Kurze Antwort: die Gerinnung (Koagulation) der Proteine in seinem Inneren. Die lange Antwort ist eine Spur komplizierter. Aus chemischer Sicht ist ein Ei ein in einer Kalkschale gefangener Teich aus vielen Millionen Wassermolekülen, in dem deutlich weniger, deutlich größere Proteinmoleküle schwimmen. Diese Proteine haben keine einfache, räumliche Struktur – sie sind also nicht etwa wie ein Ball oder ein Würfel geformt –, sondern bestehen selbst aus langen Ketten von Tausenden aneinandergereihten Atomen. Auf das Verhalten dieser Ketten kommt es in der Küche an.

In einem rohen, unbehandelten Ei sind sie nämlich zu kompakten Bündeln aufgewickelt (die kann man sich wie Wollknäuel vorstellen). Versetzt man die Proteine allerdings in Bewegung (etwa, indem man sie durch Hitze in Wallung bringt oder mit einem Schneebesen durcheinanderwirbelt), entwirren sich die einzelnen Ketten – nur um sich im Anschluss in den anderen Ketten zu verheddern. So entsteht ein dreidimensionales Netzwerk aus Proteinketten. Dieses Netzwerk trennt die Wassermoleküle voneinander und schließt sie als winzige Mengen Flüssigkeit in kleine Kämmerchen ein.

Aus dem glitschig-flüssigen, transparenten Ei wird so eine mehr oder weniger feste Masse. Weil sich außerdem das Sonnenlicht im dichten Proteinnetzwerk bricht, ist das Eiweiß nicht mehr durchsichtig, sondern erscheint dem menschlichen Auge als weiß.

WASSER VERDUNSTEN LASSEN

Wird ein Ei erhitzt, verdunstet das Wasser in seinem Inneren nach und nach. Je länger und je stärker Hitze dabei wirkt, desto trockener endet das Ganze. Das ist nicht nur graue Theorie, sondern birgt sozialen Sprengstoff: die ewige Diskussion um die richtige Kochzeit beim

JEDES EI IST
CHEMISCH GESEHEN
EIN KLEINES WUNDER.

Frühstücksei – von vier Minuten (sogar das Eiweiß schwabbelt noch) über sieben Minuten (das Eigelb ist noch halbwegs flüssig) bis zu neun Minuten (nur der innerste Kern des Eigelbs ist noch nicht ganz hart).

Setzt man Eier als eine von mehreren Zutaten eines Gerichts ein, will man dessen Konsistenz in der Regel zwar fester werden lassen, allerdings selten so fest wie beim Frühstücksei. Um Flüssigkeiten nur leicht stocken zu lassen, kann man mit wenig Hitze arbeiten oder ausschließlich Eigelb verwenden – das gerinnt erst bei deutlich höheren Temperaturen (ab 80 °C) als Eiweiß (ab 63 °C).

EIERMASSE STRECKEN

Mischt man das Ei mit anderen Zutaten, bevor man es erhitzt oder schlägt, gerät das Endergebnis automatisch zarter, denn die Konzentration der Proteine sinkt. Keine andere natürliche Zutat besitzt schließlich so viele davon wie ein Ei. Deshalb mischt man Eier zum Beispiel mit Sahne, bevor man einen Schokopudding schlägt, oder mit Zucker, um die fluffig-cremige Konsistenz einer Mousse au Chocolat zu erreichen.

Auch mit Säure (zum Beispiel Zitronensaft) oder Salz lassen sich Eierspeisen mit etwas zarterer Konsistenz kochen – etwa, wenn man Eiquirl salzt, bevor man ihn in der Pfanne zu Rührei stocken lässt.

BINDEN UND KLÄREN

Eier haben chemisch gesehen noch einiges mehr drauf, oft werden ihre beiden Hauptbestandteile dabei separat eingesetzt. Eine in der Küche extrem wichtige Eigenschaft des Eigelbs besteht zum Beispiel in seiner Fähigkeit, Wasser und Fett aneinander zu binden.

Das liegt am Lecithin, einem bestimmten Stoff im Eigelb. Grob gesagt: Wasser besteht aus negativ geladenen Wasserstoffatomen und positiv geladenen Sauerstoffatomen, beide ziehen sich gegenseitig an. Ölmoleküle hingegen sind nicht geladen, deshalb verbinden sie sich nicht mit Wasser. Emulgatoren wie das Lecithin aus dem Eigelb sind in der Regel an einer Seite geladen (hier können sie sich mit dem Wasser verbinden), an der anderen neutral (dort können sie sich mit dem Öl verbinden).

Das ist wahnsinnig praktisch und hilft vor allem beim Anrühren von Saucen (Hollandaise, Mayonnaise, Vanillesauce). Und obwohl es in der Küche nur ganz wenige feste mathematische Größen gibt, beim »Emulgieren« gilt immer die Faustregel: mindestens 5 % Eigelb pro gebundener Masse. Mit dem Eigelb eines mittelgroßen Eis (etwa 20 g) lassen sich also höchstens 400 g Mayonnaise oder Vanillesauce herstellen (am besten nimmt man aber gleich ein bisschen mehr und gibt ein Ei auf rund 200 g Öl-Wasser-Gemisch).

Eiweiß kann man zum Beispiel in heißen Flüssigkeiten gerinnen lassen, dadurch stockt es und bindet Trübstoffe. Die können dann mit dem Eiweiß herausgesiebt werden – und schon ist eine gerade noch trübe Fleischbrühe appetitlich klar.

TORTELLONI MIT SARDELLENBUTTER

ZUTATEN für 4 Personen | **ZEIT** 1 1/2 Stunden (plus 1 Stunde Teigruhe)

NUDELTEIG

300 g Mehl (Type 405)
3 Eier (M)
1 EL Olivenöl

Mehl, Eier und Olivenöl in eine Schüssel geben und mit den Händen grob verkneten.

Dann den Teig auf die Arbeitsfläche geben und mit den Händen in 10 bis 15 Minuten zu einem geschmeidigen, glatten Teig kneten. (Ist der Teig zu trocken und bröselig, hilft es, die Hände mit etwas kaltem Wasser anzufeuchten und dann weiterzukneten.)

Den Teig in Klarsichtfolie wickeln und für ca. 1 Stunde ruhen lassen.

TORTELLONI MIT SARDELLENBUTTER

50 g getrocknete Tomaten
  (Soft-Tomaten, ohne Öl)
300 g Kalbshackfleisch
50 g Parmesan, fein gerieben
20 g Semmelbrösel
Salz
Pfeffer
2 Eigelb (M)
Nudelteig
etwas Mehl und Hartweizengrieß
  zum Bearbeiten
4 EL Butter
3 Sardellen, fein gehackt
30 ml trockener Weißwein
Pfeffer
4 EL Schnittlauchröllchen

Die getrockneten Tomaten 15 Minuten in lauwarmem Wasser einweichen. Anschließend leicht ausdrücken und fein würfeln.

Hackfleisch, Parmesan, Semmelbrösel und getrocknete Tomatenwürfel in einer Schüssel verkneten und mit Salz und Pfeffer würzen. Mit angefeuchteten Händen 30 bis 40 kleine Bällchen aus der Hackmasse formen.

Eigelbe mit 2 EL Wasser in einer Schale verquirlen. Die Arbeitsfläche leicht mit Mehl bestreuen. Den Teig in 4 Portionen teilen (übrigen Teig immer abdecken, damit er nicht austrocknet) und nacheinander mit dem Nudelholz zu ca. 2 mm dünnen, rechteckigen Teigbahnen ausrollen.

Teigbahnen in ca. 7 cm große Quadrate schneiden. Die Teigränder dünn mit dem verquirlten Eigelb bestreichen. Je ein Hackbällchen in die Mitte legen, Teig zum Dreieck zusammenklappen, die Ränder andrücken und die zwei gegenüberliegenden Dreiecksspitzen so zusammenfalten, dass die typische Tortelloniform entsteht. Die fertigen Tortelloni auf ein mit Grieß bestreutes Backblech oder Küchentuch legen. Restlichen Teig und restliche Füllung ebenso verarbeiten.

Reichlich Wasser in einem großen Topf zum Kochen bringen und kräftig salzen.

In der Zwischenzeit die Butter in einem breiten Topf schmelzen, die Sardellen darin kurz andünsten und mit Weißwein ablöschen.

Die Tortelloni im kochenden Wasser 5 bis 6 Minuten bissfest garen, vorsichtig mit der Schaumkelle herausnehmen, kurz abtropfen lassen, in der Sardellenbutter schwenken, mit Pfeffer würzen und den Schnittlauch unterheben.

ANRICHTEN

40 g Parmesan, fein gerieben

Mit Parmesan bestreut servieren.

TAGLIARINI AGLIO OLIO

ZUTATEN für 4 Personen | **ZEIT** 1 1/2 Stunden

NUDELTEIG

*ergibt ca. 120 g frische Nudeln
 pro Person:*
300 g Mehl
100 g feiner Pastagrieß (Semola)
4 Eier (M)
Salz
1 EL Olivenöl

Mehl, Grieß, Eier, eine Prise Salz und Olivenöl in eine Schüssel geben und mit den Händen vermengen.

Den Teig auf die Arbeitsfläche geben und mit den Händen in 10 bis 15 Minuten zu einem geschmeidigen, glatten Teig verkneten. Dabei ab und zu die Hände mit etwas kaltem Wasser anfeuchten. So bekommt er eine schön geschmeidige Konsistenz. Den fertigen Teig in Klarsichtfolie wickeln und ca. 1/2 Stunde ruhen lassen.

TAGLIARINI AGLIO OLIO

Nudelteig
Pastagrieß zum Bearbeiten
6 EL Olivenöl
3 Knoblauchzehen, geschält und
 in hauchdünne Scheiben geschnitten
1 kleine Chilischote, in feine Ringe
 geschnitten
1 EL Petersilie, gehackt
Pfeffer

Den Teig in drei Stücke teilen. Diese jeweils kurz mit den Händen kneten, damit der Teig sich leichter bearbeiten lässt.

Die Arbeitsfläche mit etwas Grieß bestäuben und ein Teigstück daraufgeben. Mit dem Nudelholz gleichmäßig ca. 2 mm dünn zu einem Rechteck ausrollen. Das Teigrechteck mit Grieß bestäuben und aufrollen. Darauf achten, dass der Teig immer ausreichend mit Grieß bestreut ist, damit die Nudelschichten nicht zusammenkleben. Die fertige Rolle mit einem scharfen Messer quer in dünne Streifen schneiden, mit den Händen auflockern, mit etwas Grieß bestreuen und mit einem Küchentuch abdecken. Mit dem übrigen Teig genauso verfahren.

Reichlich Wasser in einem großen Topf aufkochen und salzen (ca. 10 g Salz auf 1 l Wasser). Die Nudeln darin in ca. 4 Minuten bissfest garen.

Inzwischen das Olivenöl in einem großen Topf auf niedriger Stufe erhitzen. (Der Topf sollte so groß sein, dass die Pasta hineinpasst.) Knoblauchscheiben und Chiliringe zugeben und farblos andünsten, die gehackte Petersilie untermischen und mit Pfeffer würzen.

Die Nudeln im Sieb abgießen, dabei ca. 50 ml Nudelwasser auffangen.

Nudeln und Nudelwasser zum Knoblauchöl geben, untermischen und vom Herd nehmen.

ANRICHTEN

Salzflocken

Die Nudeln auf Tellern anrichten, mit Salzflocken würzen und sofort servieren.

TIPP

Man sollte alle seine Nudelgerichte mit etwas Nudelwasser abrunden! Es würzt das Gericht zusätzlich mit Salz, die Stärke im Wasser gibt eine leichte Bindung, die Pastasauce wird ein wenig gestreckt und nicht so schnell von den Nudeln aufgesogen.

WIRSING-LASAGNE

ZUTATEN für 4 Personen | **ZEIT** 40 Minuten (plus 55 Minuten Garzeit im Ofen)

ZUBEREITUNG

700 g Wirsingkohl
Salz
2 EL Butter
3 Zwiebeln, geschält und fein
  gewürfelt
2 Knoblauchzehen, geschält und
  in dünne Scheiben geschnitten
Pfeffer
Muskatnuss
250 ml Sahne
8 Lasagneplatten (etwa
  100—150 g), ohne Vorkochen
250 g Bergkäse, grob gerieben
100 g Serranoschinken, in dünnen
  Scheiben

Acht große äußere Wirsingblätter ablösen, abspülen und beiseitelegen. Den übrigen Wirsing vierteln, den Strunk herausschneiden und grob klein schneiden.

Wasser in einem Topf aufkochen und leicht salzen. Eine große Schüssel mit Eiswasser bereitstellen.

Den geschnittenen Wirsing im kochenden Salzwasser ca. 1 Minute blanchieren. Anschließend mit einer Schaumkelle herausnehmen, im Eiswasser abschrecken und im Sieb abtropfen lassen, gut ausdrücken und in eine Schale geben.

Das Wasser erneut zum Kochen bringen und die ganzen Wirsingblätter in 4 bis 5 Minuten garen. Mit einer Schaumkelle aus dem Wasser nehmen und ebenfalls im Eiswasser abschrecken. Anschließend gut abtropfen lassen und leicht ausdrücken. Die Blätter nebeneinander zwischen zwei Küchentücher legen und mit einem Nudelholz flach rollen. Anschließend beiseitelegen.

> Beim Ausrollen der Wirsingblätter wird die Struktur der großen mittleren Blattrippe gebrochen, und das übrige Wasser wird aus den Blättern gedrückt.

Den Backofen auf 180 °C Ober-/Unterhitze vorheizen.

1 1/2 EL Butter in einem großen Topf auf mittlerer Stufe erhitzen. Zwiebelwürfel und Knoblauchscheiben für 2 Minuten farblos andünsten. Den geschnittenen Wirsing zugeben und für 2 Minuten mitdünsten. Mit Salz, Pfeffer und Muskatnuss würzen.

Die Sahne zugeben und einmal aufkochen lassen. Die Hitze reduzieren und den Wirsing weitere 3 Minuten köcheln lassen. Anschließend vom Herd nehmen.

Eine ofenfeste Auflaufform (ca. 26 x 18 x 7 cm) mit Butter einfetten. Die Lasagne in folgender Weise einschichten: Zwei Lasagneplatten nebeneinander in die Form legen und mit etwas Olivenöl beträufeln. Zwei Wirsingblätter nebeneinander darauflegen, etwas geriebenen Bergkäse, gezupften Schinken und den Rahmwirsing auf den Wirsingblättern verteilen und erneut etwas Bergkäse darüberstreuen. Insgesamt vier weitere Lagen in dieser Reihenfolge einschichten, die Lasagne etwas andrücken und den übrigen Bergkäse großzügig darüberstreuen.

Die Lasagne für ca. 55 Minuten in den Ofen schieben (zweite Schiene von unten).

ANRICHTEN

Aus dem Ofen nehmen, kurz ruhen lassen und servieren.

ARGIRIOS »ARGI« SIMOS'
GEBUNDENE HÜHNERSUPPE À LA TIM

ZUTATEN für 4 Personen | **ZEIT** 25 Minuten

ZUBEREITUNG

80 g Langkornreis
1 EL Butter
1 EL Mehl
1 l Hühnerbrühe
4 Eigelb (M)
Saft von 1 Zitrone
Salz
Pfeffer
Muskatnuss
60 g TK-Erbsen
1 gegarte Hühnerbrust vom
  Suppenhuhn, in kleine Stücke
  geschnitten *(S. 270)*

Den Reis nach Packungsangabe in leicht gesalzenem Wasser bissfest garen.

In der Zwischenzeit die Butter in einem Topf zerlassen. Das Mehl zugeben und für 2 Minuten unter stetigem Rühren andünsten. Immer weiterrühren, die Brühe zugeben und einmal aufkochen lassen, anschließend warm halten.

Eigelbe und Zitronensaft in einer Schüssel mit dem Schneebesen schaumig aufschlagen. 250 ml der heißen Brühe zuerst fadenweise, dann in einem dünnen Strahl unter die Ei-Mischung rühren. (So wird das Ei langsam auf die Temperatur der Brühe gebracht und gerinnt nicht.)

Die Ei-Brühe-Mischung langsam zur restlichen Brühe in den Topf schütten und bei geringer Hitze erwärmen (nicht mehr aufkochen). Dabei stetig mit dem Schneebesen rühren. Mit Salz, Pfeffer und einer Prise Muskatnuss abschmecken. Die Brühe bekommt jetzt eine ganz leichte Bindung.

Den Reis abgießen. Erbsen und Hühnerbrust in der Suppe erwärmen und den Reis zugeben.

ANRICHTEN

Die Suppe in tiefen Tellern anrichten und servieren.

PIZZA MIT SAUERKRAUT UND LARDO

ZUTATEN für 4 Personen | **ZEIT** 1 Stunde (plus 1 1/2–2 Stunden Gärphase)

PIZZATEIG

1/2 Würfel frische Hefe aus
  dem Kühlregal
500 g Mehl (Type 00, alternativ
  Type 405)
1/2 EL Salz
1 EL Olivenöl
Mehl zum Bearbeiten

PIZZA MIT SAUERKRAUT
UND LARDO

1 EL Olivenöl
1 EL Butter
5 Zwiebeln, geschält, in feine
  Streifen geschnitten
Salz
Pfeffer
1 Prise Zucker
4 Kugeln Pizzateig
8 EL Crème fraîche
400 g frisches Sauerkraut, im
  Sieb abgetropft
200 g Lardo, in hauchdünne
  Scheiben geschnitten
2 TL Kümmelsamen
4 EL Olivenöl

Die Hefe in eine Schale bröseln, mit einem Schneebesen 250 ml lauwarmes Wasser einrühren, bis sich die Hefe aufgelöst hat.

Mehl und Salz in eine Schüssel geben und eine große Mulde hineindrücken. Hefemischung und Olivenöl in die Mulde geben und verkneten. Die Arbeitsfläche mit wenig Mehl bestäuben und den Teig aus der Schüssel nehmen. Dann für mindestens 10 Minuten mit den Händen zu einem glatten Teig kneten.

Den fertigen Teig zu einer Kugel formen, in einer Schüssel mit einem feuchten Küchentuch abdecken und an einen warmen Ort stellen. Der Teig braucht jetzt mindestens 1 1/2 bis 2 Stunden zum Gehen. Dabei sollte sich das Teigvolumen verdoppeln.

Anschließend erneut auf der leicht bemehlten Arbeitsfläche durchkneten. Dann vierteln, zu 4 Kugeln formen und vor der Verarbeitung mit einem Küchentuch abgedeckt eine weitere 1/2 Stunde auf der Arbeitsfläche ruhen lassen.

Den Backofen samt Backblech oder Pizzastein (zweite Schiene von unten) auf 250 °C vorheizen.

> Ein Pizzastein sollte mindestens 30 bis 45 Minuten vor dem Gebrauch vorgeheizt werden.

Olivenöl und Butter in einer großen Pfanne auf mittlerer Stufe erhitzen. Die Zwiebeln zugeben und 8 bis 10 Minuten goldgelb andünsten. Mit Salz, Pfeffer und Zucker abschmecken und auf einen Teller geben.

4 Bögen Backpapier auf die Größe des Backblechs oder Pizzasteins zuschneiden.

Die Arbeitsfläche mit Mehl bestäuben, die Teigkugeln mit den Fingern flach drücken und mit einem Nudelholz dünn ausrollen. Die Pizzaböden jeweils auf einen Bogen Backpapier legen.

Jede Pizza mit 2 EL Crème fraîche bestreichen. Zwiebeln, Sauerkraut und Lardo darauf verteilen. Mit Kümmelsamen bestreuen und mit Olivenöl beträufeln.

Dann mithilfe des Backpapiers auf das Backblech oder den Pizzastein legen. Die Pizza für 10 bis 15 Minuten im Ofen backen. Mit den übrigen Pizzen genauso verfahren.

BUTTER-PIZZA

ZUTATEN für 4 Personen | **ZEIT** 1 Stunde (plus 1 1/2—2 Stunden Gärphase)

PIZZATEIG

1/2 Würfel frische Hefe aus
 dem Kühlregal
500 g Mehl (Type 00, alternativ
 Type 405)
1/2 EL Salz
1 EL Olivenöl
Mehl zum Bearbeiten

Die Hefe in eine Schale bröseln, mit einem Schneebesen 250 ml lauwarmes Wasser einrühren, bis sich die Hefe aufgelöst hat.

Mehl und Salz in eine Schüssel geben und eine große Mulde hineindrücken. Hefemischung und Olivenöl in die Mulde geben und verkneten. Die Arbeitsfläche mit wenig Mehl bestäuben und den Teig aus der Schüssel nehmen. Dann für mindestens 10 Minuten mit den Händen zu einem glatten Teig kneten.

Den fertigen Teig zu einer Kugel formen, in einer Schüssel mit einem feuchten Küchentuch abdecken und an einen warmen Ort stellen. Der Teig braucht jetzt mindestens 1 1/2 bis 2 Stunden zum Gehen. Dabei sollte sich das Teigvolumen verdoppeln.

Anschließend erneut auf der leicht bemehlten Arbeitsfläche durchkneten. Dann vierteln, zu 4 Kugeln formen und vor der Verarbeitung mit einem Küchentuch abgedeckt eine weitere 1/2 Stunde auf der Arbeitsfläche ruhen lassen.

BUTTER-PIZZA

4 Kugeln Pizzateig
200 g weiche Butter
Muskatnuss
Pfeffer
80 g Parmesan, fein gerieben
1 Bund Schnittlauch, in feine
 Röllchen geschnitten

Den Backofen samt Backblech oder Pizzastein (zweite Schiene von unten) auf 250 °C vorheizen.

 Ein Pizzastein sollte mindestens 30 bis 45 Minuten vor dem
 Gebrauch vorgeheizt werden.

4 Bögen Backpapier auf die Größe des Backblechs oder Pizzasteins zuschneiden.

Die Arbeitsfläche mit Mehl bestäuben, die Teigkugeln mit den Fingern flach drücken und mit einem Nudelholz dünn ausrollen. Die Pizzaböden jeweils auf einen Bogen Backpapier legen.

Jede Pizza mit 40 bis 50 g weicher Butter einstreichen. Mit frisch geriebener Muskatnuss und Pfeffer würzen. Mit Parmesan bestreuen und mithilfe des Backpapiers auf das Backblech oder den Pizzastein legen. Die Pizza für 10 bis 15 Minuten im Ofen backen. Mit den übrigen Pizzen genauso verfahren.

ANRICHTEN

Die Pizzen mit Schnittlauch bestreut servieren.

MILCHPRODUKTE

MILCH IST DAS EINZIGE NATÜRLICHE NAHRUNGSMITTEL DES MENSCHEN, DAS WIRKLICH NUR DAS IST – EIN NAHRUNGSMITTEL.

Milch ist das einzige natürliche Nahrungsmittel des Menschen, das wirklich nur das ist – ein Nahrungsmittel. Jedes Stück Fleisch war einmal ein Muskel, der Energie in Kraft und Bewegung übersetzte. Nüsse sind ihrer Funktion nach Samen, aus ihnen entstehen neue Nussbäume.

Pflanzen dienen uns Menschen auch als Kleidung, und sie erzeugen den Sauerstoff, den wir atmen. Milch aber hat nur einen Zweck: heranwachsenden Kälbern, Zicken und Lämmern Kraft anzufüttern und sie gesund zu ernähren.

Sie konzentriert die Energie und die Nährstoffe aus den Pflanzen, die ein Muttertier frisst, in einer Art Zaubertrank. Der Trick: Hat ein Kalb noch keine Zähne, um Gras zu kauen, trinkt es das Gras eben. Vor etwa 7000 Jahren haben wir diesen Zaubertrank gekapert. So lange schon trinken erwachsene Menschen nämlich die Milch anderer Säugetiere. Von Kühen, Schafen und Ziegen, aber auch von Büffeln (Indien), Yaks (Tibet) und Kamelen (Somalia).

VOLLE KONZENTRATION AUFS PRODUKT

Mir war lange nicht klar, dass es qualitative Unterschiede bei Milch und Molkereiprodukten gibt. Saure Sahne war für mich immer ein Fettgehalt, kein eigenständiges Lebensmittel, schon gar keines mit Aroma und Charakter. Das hatte ich auch in der Ausbildung nicht anders gelernt. Ich glaube, dass sich vor 20 Jahren weit weniger Menschen mit der Qualität von Crème fraîche, Joghurt oder Butter beschäftigt haben. Die meisten haben eben gekauft, was im Supermarktregal lag.

In den letzten Jahren hat sich das geändert. Viele Menschen schauen generell genauer hin, wenn es um Lebensmittel geht – sie denken und fragen nach.

Auch ich habe irgendwann angefangen, mich intensiver mit dem Thema Milch zu beschäftigen. Am meisten habe ich dabei von den Menschen gelernt, die Sahne, Butter und Käse handwerklich herstellen: von Milchbauern und Käsemachern, die ich auf Biohöfen und in Hofläden kennenlernen durfte. Mein Erweckungserlebnis war ein Käsekuchen mit ganz feiner Milchsäurenote und besonders intensivem österreichischem Topfen-Aroma. Als ich ihn probierte, dachte ich nur: Ach – so charakterstark kann Quark schmecken! Seitdem bin ich überzeugt, dass jeder, der sich einmal auf handwerklich hergestellten Quark, Käse oder Schmand einlässt, den Unterschied zur Nullachtfünfzehn-Ware herausschmecken wird.

Für mich ist die Milch sogar zum Symbol geworden. Ich glaube mittlerweile, dass es sich bei so gut wie allen Lebensmitteln lohnt, genau hinzuschauen, zu probieren – und dabei seinem Geschmack und seiner Intuition zu folgen. Ich jedenfalls bin gerade auf der Suche nach der perfekten Zwiebel. ▶

▶ WAS IST MILCH?

Milch direkt aus dem Euter einer Kuh – sogenannte Rohmilch – lebt, denn sie enthält eine ganze Reihe höchst aktiver Mikroorganismen – zum Beispiel weiße Blutkörperchen, Enzyme und Bakterien.

Weil diese Mikroorganismen sehr instabil sind, ist der Verkauf von Rohmilch streng reguliert. Man bekommt sie nur im Direkt-ab-Hof-Verkauf auf dem Bauernhof oder als sogenannte Vorzugsmilch, die nur von besonderen, staatlich zugelassenen und kontrollierten Betrieben hergestellt werden darf. Rohmilch ist geschmacklich nicht mehr jedermanns Sache. Probieren sollte man sie trotzdem einmal, ich finde, es ist interessant zu wissen, von welchem Urprodukt die unzähligen Molkereiprodukte abstammen, die wir täglich zu uns nehmen.

Jede andere Milch, egal ob aus Bio- oder Supermarkt, ist behandelt. Das ist nicht schlimm, im Gegenteil, es ist ziemlich nützlich. Andernfalls wäre der Umgang mit Milch im Alltag nämlich kompliziert.

Bei der Pasteurisierung wird Rohmilch auf mindestens 72 °C erhitzt, das tötet fast alle Mikroorganismen in ihr ab. So macht man Milch haltbar und schützt sie vor Verunreinigungen. Erhitzt man sie aber sehr hoch, verändert das zwangsläufig ihren Geschmack. Dieses künstliche Aroma von hochpasteurisierter »ESL-Milch« (84 bis 134 °C) und vor allem das von ultrahochpasteurisierter »H-Milch« (mehr als 135 °C) kennt jeder, auch wenn es sich schwer beschreiben lässt.

Bei der Homogenisierung wiederum wird die Milch durch ein sehr feines Sieb gepumpt. Das lässt sie cremig und schön weiß werden. Der eigentliche Grund für das Verfahren ist aber ein anderer: Die winzigen Maschen des Siebes zerreißen die kleinen Fettklumpen in der Milch. Geschähe das nicht, würde sich das Milchfett innerhalb weniger Stunden an der Oberfläche absetzen, dann müsste man die Milch jeden Morgen erst einmal eine Weile lang umrühren oder kräftig schütteln.

WAS WIRD AUS MILCH?

Die vielen Mikroorganismen in der Milch besitzen ein paar küchenchemisch extrem wertvolle Eigenschaften, dank derer Milch seit jeher vielfältig verarbeitet werden kann: zu Sahne, Butter, Quark, Joghurt und Buttermilch – und zu weltweit etwa 4000 verschiedenen Käsesorten.

Alle diese Milchprodukte basieren auf den drei wesentlichen Grundbestandteilen der Milch: Milcheiweiß, Milchfett und Milchzucker.

Die dickflüssige Milchfettschicht, die sich oben auf nicht homogenisierter Milch absetzt, heißt Rahm. Den schöpfte man früher per Hand ab und verarbeitete ihn weiter. Seit dem 19. Jahrhundert wird Milch in Zentrifugen geschleudert – so kann man Rahm noch effektiver abtrennen. In der Milch, die unterhalb der Fettschicht zurückbleibt, steckt natürlich deutlich weniger Fett als zuvor – deshalb nennt man sie Magermilch. Der Rahm selbst kann zu unterschiedlichen Molkereiprodukten weiterverarbeitet werden. Erhitzt man ihn lediglich, um unerwünschte Mikroorganismen abzutöten, behält er seinen ursprünglichen Milchzuckergehalt und schmeckt leicht süßlich. Deshalb heißt er auch Süßrahm oder süße Sahne.

Mischt man den Rahm unter die zurückgebliebene Magermilch, kann man deren Fettgehalt kontrolliert steigern, beim Ergebnis unterscheidet man zwischen Kaffeesahne (10 %), Schlagsahne (30 %), Konditorsahne (bis 40 %) und Creme Double (ab 40—45 %).

Schlägt man den Rahm, etwa mit einem Schneebesen, bricht man die Fettzellen in seinem Inneren auf, er verwandelt sich dadurch in eine cremig-goldene, mehr oder weniger feste Masse: in Süßrahmbutter. Diese eignet sich besonders zum Backen oder für Desserts, sie verleiht aber auch manchem herzhaften Lebensmittel eine feine Süße, zum Beispiel Spargel, Möhren oder Erbsen. Neben der Butter entsteht eine fettarme, trübe Flüssigkeit (Fettanteil von unter 1 %), die man trinken kann – als Buttermilch. Versetzt man den Rahm mit Milchsäurebakterien, wird er in seiner Konsistenz cremig-fest und erhält einen säuerlichen Geschmack. Auch hier unterscheidet man je nach Fettgehalt, etwa zwischen Sauerrahm oder saurer Sahne (10 %), Sour Cream (bis 20 %), Crème légère (20 %), Schmand (20 bis 29 %) und Crème fraîche (ab 30 %).

Auch gesäuerte Sahne kann man zu Butter schlagen, logischerweise heißt die dann aber Sauerrahmbutter und passt besonders gut zu Herzhaftem, also zum Beispiel zwischen eine Scheibe Sauerteigbrot und Käse oder Wurst, in Eintöpfe oder Fleischgerichte wie Geschnetzeltes. Beim Kochen aber aufpassen: Mit Butter brät man nicht an, sie darf längst nicht so heiß werden wie Oliven- oder gar Sonnenblumenöl. Eher gibt man Butterflocken gegen Ende des Kochvorgangs ins Essen, um noch einmal die Aromen der anderen Zutaten herauszukitzeln.

Setzt man Milchsäurebakterien nicht dem Rahm, sondern bereits der Rohmilch zu, wandeln diese den Milchzucker in verschiedene Säuren um, dadurch verklumpt ein Teil der Milchproteine (die sogenannten Caseine) und der andere Teil (Molkeproteine) tut das nicht. So teilt sich die Milch in (halbwegs) festen Joghurt und in flüssige Molke.

Ganz ähnlich läuft es, wenn man sogenannten Lab (einen Enzymmix, der aus den Mägen junger Kälber gewonnen wird) in die Rohmilch gibt. Auch dann bildet sich flüssige Molke, die feste Masse nennt man diesmal Bruch, man kann aber auch gleich Frischkäse sagen. Der besitzt andere chemische Eigenschaften als Joghurt und kann deshalb zu Käse weiterverarbeitet werden. Man unterscheidet zum Beispiel zwischen Hüttenkäse oder Quark (ja, auch Quark ist ein Frischkäse, also eine Vorstufe von Käse). Unter den Frischkäsen gibt es viele Spezialfälle, Ricotta zum Beispiel wird aus der flüssigen Molke, nicht aus dem festen Bruch gewonnen. Ich arbeite gern mit Ricotta, ich finde, er schmeckt wie eine mildere Variante von Quark – säuerlich und mit leicht süßlichen Aromen. Andere Frischkäsesorten wiederum werden nicht durch die Zugabe von Lab, sondern von Zitronensaft oder Essig zum »Dickwerden« gebracht, zum Beispiel Paneer, den man in vielen indischen Curry-Gerichten findet.

Frischkäse lässt sich aber auch aus Rahm herstellen, dann heißt er streng genommen Rahmfrischkäse und ist naturgemäß deutlich fetter. Die italienische Geheimwaffe Mascarpone ist sogar ein Doppelrahmfrischkäse und kommt auf einen Fettgehalt von satten 80 %.

Welche Sahne wofür?

Sahne macht fast jedes Gericht cremiger und aromatischer. Je nach Zubereitung und Rezept eignen sich aber unterschiedliche Sahnezubereitungen. Ungesäuerte Sahne (also etwa Schlagsahne oder Crème double) kommt mit Hitze genauso gut zurecht wie Milch, beide kann man problemlos über Stunden köcheln lassen, zum Beispiel beim Reduzieren einer Sauce (S. 198). Je höher dabei der Fettanteil der Sahne ausfällt, desto besser.

Gesäuerte Sahne, wie Sauerrahm oder Sour Cream, flockt jedoch bei hohen Temperaturen aus (winzige Partikel lösen sich, kleine Bröckchen entstehen), deshalb sollte man sie auch erst in die Suppe geben, wenn die schon etwas Zeit zum Abkühlen hatte. Gesäuerte Sahnen (zum Beipiel auch Schmand oder Crème fraîche) sind dafür deutlich weniger empfindlich gegenüber säurehaltigen Zutaten wie Zitronensaft oder Wein, daher verwendet man sie zum Beispiel für herzhafte Cremes oder Dips. Wenn ihr Fettgehalt besonders hoch ist, kann man gesäuerte Sahne auch in heißen Saucen mitkochen, das gilt aber eigentlich nur für Crème fraîche.

Extreme Kälte zerstört die Struktur der Fettkügelchen in der Sahne für immer. Einmal eingefrorene Milch oder Sahne (genau wie Suppen oder Saucen, die Sahne enthalten) kann man deshalb nicht wieder erhitzen – dabei würden sich Fettpfützen bilden.

AVOCADO MIT BUTTERMILCH UND GRANATAPFEL

ZUTATEN für 4 Personen | **ZEIT** 25 Minuten (plus 2 Stunden Kühlzeit)

ZUBEREITUNG

3 Avocados (am besten der
   Sorte »Hass«)
Saft von 1 1/2 Zitronen
Salz
Cayennepfeffer
100 ml Sahne, steif geschlagen
8 Scheiben Toastbrot ohne Rinde
6 EL Olivenöl
4 EL Granatapfelkerne (gibt's oft
   frisch gepult beim türkischen
   Gemüsehändler)
Zucker
Weißweinessig
200 ml Buttermilch
1 Prise Piment d'Espelette

Eine der Avocados halbieren, entkernen und das Fruchtfleisch mit einem Esslöffel herauslösen. Gemeinsam mit dem Saft von 1 Zitrone in der Küchenmaschine fein pürieren. Anschließend in eine kleine Schüssel geben, mit Salz und Cayennepfeffer abschmecken und die steif geschlagene Sahne mit einem Gummispatel unterheben. Die Schüssel mit Klarsichtfolie abdecken und diese auf die Oberfläche der Creme drücken (damit die Creme nicht braun anläuft). Die Creme für mindestens 2 Stunden kalt stellen. (Dadurch wird sie fest genug, um schöne Nocken daraus formen zu können.)

Das Toastbrot mit einem Nudelholz sehr flach ausrollen, anschließend mit einem Ausstechring (6 cm ø) Kreise ausstechen.

4 EL Olivenöl in einer Pfanne erhitzen. Die Toastbrotscheiben darin auf mittlerer Stufe knusprig und goldbraun ausbacken. Toast aus der Pfanne nehmen und auf Küchenpapier abtropfen lassen.

Die Granatapfelkerne mit einer Prise Zucker und einem Spritzer Weißweinessig würzen.

Die übrigen Avocados halbieren, den Stein entfernen, das Fruchtfleisch mit einem Esslöffel herauslösen und in grobe Würfel schneiden. Mit dem restlichen Zitronensaft marinieren.

ANRICHTEN

Die Avocadowürfel mithilfe des Ausstechrings auf 4 tiefen Tellern anrichten und mit je 1 Scheibe Toastbrot belegen. Aus der Avocadocreme mit einem angefeuchteten Esslöffel 4 Nocken formen und diese auf die Toastkreise setzen. Mit je 50 ml Buttermilch übergießen und mit dem restlichen Olivenöl beträufeln. Mit Granatapfelkernen bestreuen und mit Piment d'Espelette würzen.

TIPP

Bei diesem Gericht wird mit Absicht so wenig wie möglich gewürzt. Wer mag, kann natürlich mehr salzen.

MOZZARELLA MIT SAUERAMPFER-JOGHURT

ZUTATEN für 2 Personen | **ZEIT** 10 Minuten

ZUBEREITUNG

1 Büffelmozzarella
1 Bund Sauerampfer, ca. 100 g
200 g Sahnejoghurt (10 % Fett)
Salz
Pfeffer
2–3 EL Olivenöl

Den Mozzarella aus der Lake nehmen und abtropfen lassen.

Sauerampfer unter fließendem, kaltem Wasser waschen, anschließend trocken schütteln und die Stiele entfernen.

Die Sauerampferblätter grob schneiden. Blätter mit einer Prise Salz zum Joghurt geben und sehr fein pürieren.

ANRICHTEN

Die Sauerampfer-Sauce in einen großen Teller gießen. Den Mozzarella locker auseinanderzupfen und in die Sauce setzen. Mit Pfeffer würzen und mit Olivenöl beträufelt servieren.

TOPFENKNÖDEL MIT APRIKOSEN

ZUTATEN für 4 Personen | **ZEIT** 1 Stunde 20 Minuten

ZUBEREITUNG

500 g Quark, Magerstufe

100 g Butter, zerlassen

2 Eier (M)

60 g feine Semmelbrösel

Abrieb von 1/4 Zitrone

1 EL Speisestärke

4 EL Zucker

Muskatnuss

Salz

2 EL Basilikum, gehackt

550 g Aprikosen, halbiert und
   entsteint

100 ml Orangensaft

1 TL Butter

1—2 Zitronenscheiben

1 EL Pflanzenöl

Den Quark in die Mitte eines sauberen Küchentuchs geben. Die Enden beutelartig zusammendrehen und die Flüssigkeit (Molke) aus dem Quark pressen. Anschließend das Küchentuch in ein Sieb legen und den Quark für ca. 1/2 Stunde abtropfen lassen. Zur Weiterverarbeitung muss der Quark sehr trocken sein.

Dann den Quark in eine große Schüssel geben und die Butter einrühren.

Die Eier trennen. Eigelbe, Semmelbrösel, Zitronenabrieb, Speisestärke, 2 EL Zucker und 1 Prise Muskatnuss mit der Quarkmasse vermengen.

Die Eiweiße in einer Schüssel mit einem Schneebesen leicht aufschlagen, eine Prise Salz und 1 EL Zucker zugeben und so lange weiterschlagen, bis ein cremig-fester Eischnee entstanden ist.

Den Eischnee und das Basilikum unter die Quarkmasse heben, diese abdecken und für ca. 10 Minuten im Kühlschrank ruhen lassen.

In der Zwischenzeit die Aprikosen zubereiten: 1 EL Zucker in einem Topf bei mittlerer Temperatur schmelzen lassen. Die Aprikosen zugeben und leicht karamellisieren. Mit Orangensaft ablöschen und alles bei geringer Hitze so lange köcheln lassen, bis sich der Zucker gelöst hat und der Orangensaft um die Hälfte eingekocht ist. Dann die Butter zugeben und die Aprikosen unter Schwenken glasieren. Beiseitestellen.

Den Backofen auf 60 °C bis 80 °C Ober-/Unterhitze vorheizen. Zitronenscheiben in 2 l leicht gesalzenes Wasser geben und aufkochen. Quarkmasse aus dem Kühlschrank nehmen.

Zwei Teller dünn mit Pflanzenöl einpinseln. Zwei Esslöffel kurz in warmes Wasser tauchen, anschließend Nocken aus der Quarkmasse formen und auf die geölten Teller legen.

Die Nocken dann portionsweise in das leicht siedende Wasser geben (das Wasser darf nicht sprudelnd kochen) und für 8 bis 12 Minuten darin garen. Anschließend mit einer Schaumkelle aus dem Topf heben, kurz abtropfen lassen und auf einen Teller geben.

Die erste Portion Nocken im Backofen warm halten und die übrige Quarkmasse verarbeiten.

ANRICHTEN

Die Aprikosen erneut kurz erwärmen und zusammen mit den Nocken servieren.

DAS MENÜ

BLATTSALATE MIT JOGHURT-DRESSING UND MARINIERTEN BEEREN

ZUTATEN für 4 Personen | **ZEIT** 20 Minuten

SALAT MIT MARINIERTEN BEEREN

500 g gemischte Blattsalate
 (2/3 süßliche, 1/3 bittere Salate)
200 g gemischte Beeren
 (Himbeeren, Heidelbeeren,
 Brombeeren)
1 EL Olivenöl

Den Salat (je nach Sorte) vom Strunk schneiden und in stehendem, kaltem Wasser waschen. Anschließend im Sieb abtropfen lassen oder in einer Salatschleuder trocken schleudern.

Die Salatschleuder hat den großen Vorteil, dass der Salat richtig trocken wird und das Dressing oder die Vinaigrette nicht verwässert. Außerdem haftet diese dann besser an den Salatblättern.

Die Beeren verlesen, im Sieb unter fließendem, kaltem Wasser abspülen und abtropfen lassen. Anschließend in eine Schüssel geben und vorsichtig mit dem Olivenöl vermengen.

JOGHURT-DRESSING

200 g Joghurt (ca. 3,8 % Fett)
Saft von 2 Zitronen
1/2 TL Salz
Pfeffer
1 EL Zucker

Joghurt und Zitronensaft in einer Schüssel verrühren. Mit Salz, Pfeffer und Zucker abschmecken. Das Dressing sollte kräftig süß-säuerlich sein.

ANRICHTEN

Den Salat in einer großen Schüssel mit dem Dressing mischen, zusammen mit den Beeren anrichten und servieren.

MAFALDINE MIT BOLOGNESER RAGOUT

ZUTATEN für 4 Personen | **ZEIT** 20 Minuten

ZUBEREITUNG

350 g Lieblingspasta,
 z.B. Mafaldine
Bologneser Ragout *(S. 211)*
100 ml Milch
Basilikumblätter, gehackt,
 nach Geschmack

Die Pasta nach Packungsangabe in reichlich kochendem Salzwasser bissfest (»al dente«) garen.

Die gewünschte Menge Bologneser Ragout in einem großen Topf erwärmen, Milch zugeben (die Milch bindet die Säure der Tomatensauce) und unterrühren.

Die Pasta im Sieb abgießen, abtropfen lassen, zum Ragout geben und untermischen.

ANRICHTEN

Die Pasta in tiefen Tellern anrichten und mit gehacktem Basilikum bestreut servieren.

INFO

Sie können je nach Belieben mehr oder weniger Ragout verwenden. Es gilt immer: 10 ml Milch auf 100 g Ragout.

BANANEN-BLITZ-EIS MIT FRUCHT-TATAR

ZUTATEN für 4 Personen | **ZEIT** 30 Minuten (plus 4–6 Stunden Gefrierzeit)

BANANEN-BLITZ-EIS

4 sehr reife Bananen à ca. 220 g,
  geschält und in dünne Scheiben
  geschnitten
2 EL Ahornsirup
Saft von 1 Limette
ca. 200 ml Buttermilch

Die Bananenscheiben nebeneinander in einen großen Gefrierbeutel füllen und für 4 bis 6 Stunden (oder über Nacht) ins Gefrierfach legen.

Die gefrorenen Bananenscheiben, den Ahornsirup und den Limettensaft in der Küchenmaschine in Intervallen pürieren. Dabei die Buttermilch nach und nach zugeben, bis eine cremige Eismasse entsteht. (Ist die Eismasse zu flüssig, kann man sie für kurze Zeit ins Eisfach stellen.)

FRUCHT-TATAR

3 Passionsfrüchte
200 ml Orangensaft
1 EL Zucker
1 Banane, geschält
1 reife Mango, geschält, das
  Fruchtfleisch vom Stein geschnitten
200 g Charentais-Melone, geschält und entkernt, alternativ
  Cantaloupe oder Honigmelone
200 g Erdbeeren, geputzt und
  gewaschen

Die Passionsfrüchte halbieren und das Fruchtfleisch mit einem Löffel herauskratzen. Mit Orangensaft und Zucker verrühren und anschließend durch ein feines Sieb passieren.

Das vorbereitete Obst (Banane, Mango, Charentais-Melone und Erdbeeren) in sehr feine Würfel schneiden und mit dem Passionsfrucht-Dressing vermengen.

ANRICHTEN

Den Obstsalat mithilfe eines Ausstechrings (6 cm ø) anrichten. Mit einem angefeuchteten Esslöffel oder Eisportionierer große Nocken aus der Eismasse formen und auf das Frucht-Tatar setzen. Servieren, bevor das Eis schmilzt.

REGISTER

REZEPTE A–Z

ZUTATEN A–Z

TECHNIKEN & WARENKUNDE
A–Z

IMPRESSUM

1. Auflage

© 2016 Wilhelm Goldmann Verlag, München,
in der Verlagsgruppe Random House GmbH,
Neumarkter Str. 28, 81673 München

Autor: Tim Mälzer

Assistenz Tim Mälzer: Frank Meyer

Projektleitung: Marcel Stut

Texte: Ferdinand Dyck (www.killdarlings.de/dyck),
Hendrik Heisterberg (www.hendrikheisterberg.de)

Rezepttexte: Torsten Hülsmann (www.foodmanufactory.com), Marcel Stut

Foodstyling: Tim Mälzer, Marcel Stut

Produktionsassistenz: Friederike Fänger

Food-Fotos: Matthias Haupt (www.matthiashaupt.de) und Fotos Seite:
2, 14, 15, 29, 32, 48, 56, 72, 84, 112, 126, 134, 156, 170, 174, 212, 217, 262, 282, 298

Fotoassistenz: Jake Campbell (www.jake-campbell.format.com)

Atmo-Fotos: Frank Meyer (www.jumpallintheair.com)

Umschlaggestaltung: weissraum.de(sign)°,
Lucas Buchholz, Bernd Brink

Kreativ Direktion & Gestaltung: Anja Laukemper (www.anjalaukemper.de)

Illustration: Tina Hilscher

Redaktion: Maren Ziegler

Herstellung: Ina Hochbach

Layoutprints: Leo Lab Photographie GmbH, Hamburg

Reproduktion: Lorenz & Zeller, Inning am Ammersee

Druck und Bindung: Mohn Media GmbH, Gütersloh

Printed in Germany

ISBN 978-3-442-39304-6

www.tim-maelzer.de
www.mosaik-verlag.de

Verlagsgruppe Random House FSC® N001967
Gedruckt auf Salzer Touch white, Vol. 1,2-fach, 120 g
Salzer Papier, St. Pölten, Austria

 Dieses Buch ist auch als E-Book erhältlich.